부의 이동 트렌드 2026

※ 일러두기
달러는 1,400원을 기준으로 환산하여 원화와 함께 표기했습니다.

투자와 소비의 기준을 바꿀

부의 이동 트렌드 2026

· 손희애 지음 ·

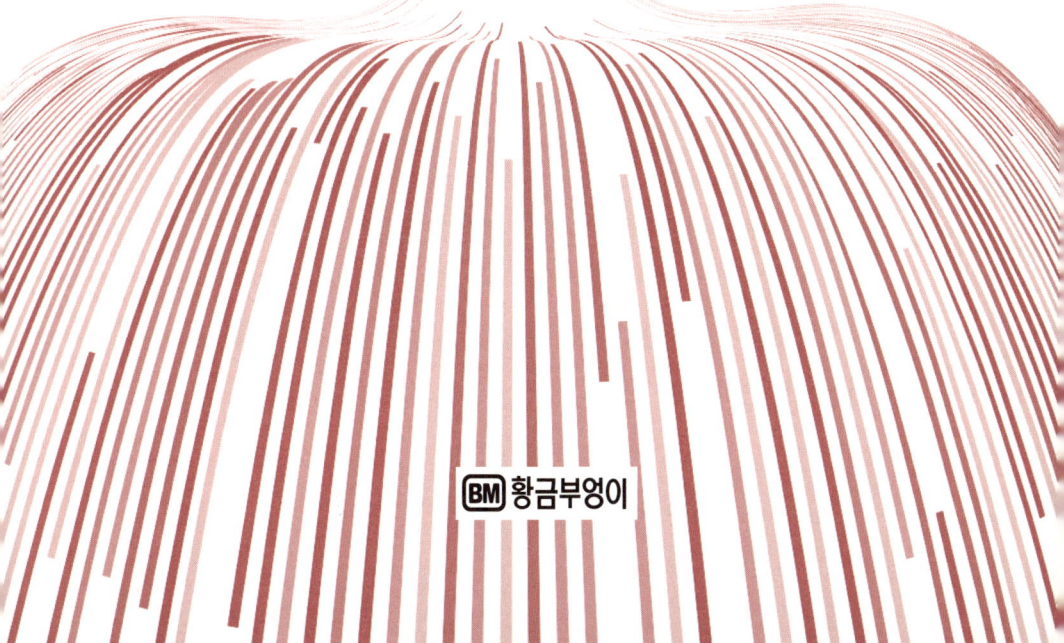

BM 황금부엉이

프롤로그

2026년은 60년 만에 돌아오는 '붉은 말(丙午)의 해'다. 예로부터 붉은색은 부와 열정, 강력한 에너지를 상징했고, 말은 지치지 않는 역동성과 속도, 목표를 향해 돌진하는 힘을 의미했다. 이렇게 활기찬 두 상징이 만난 붉은 말의 해는, 그 이름만으로도 강력한 기운이 새로운 부의 흐름을 만들어낼 역동적인 시기임을 예고한다.

하지만 거칠게 날뛰는 야생마의 등 위에서는 잠시만 고삐를 놓쳐도 순식간에 균형을 잃고 떨어져 나갈 수 있다. 변화의 질주에 그저 몸을 맡기기엔 너무나 빠르고 거칠다. 우리가 지금 서있는 곳은 반세기 동안 우리를 지탱해 온 성장 공식이 붕괴된, 전례 없는 거대한 전환점이기 때문이다.

이 책은 당신이 훌륭한 기수가 될 수 있도록 돕는 안내서다. 이 책에서는 붉은 말이 달려 나갈 바로 그 길, 즉 '부의 이동'이 일어나는 10가지 거대한 갈래를 3부로 나누어 제시한다. 10가지 주제는 단순히 현상을 나열한 것이 아니다. 이는 우리 경제의 기반을 떠받치던 낡은 기둥이 무너진 후 펼쳐진 폐허 위에서 새로운 질서를 구축하는 기술 혁명이자, 부가 양극단으로 쏠리는 뉴노멀의 생존 규칙을 완성하는 핵심 이정표다.

1부 '대한민국이 직면할 현실'에서는 우리 경제의 달라진 흐름을 진단한다. 그동안 대한민국의 경제를 떠받치던 기둥인 인구 구조가 붕괴되기 시작했다. 과거에 눈부신 성장의 축복이었던 인구 보너스 시대는 끝났고, 이제는 생산가능인구가 줄고 부양해야 할 인구가 늘어나는 인구 오너스(Onus) 시대가 도래했다. 잠재성장률이 0%대에 머무는 구조적 저성장 속에서, G2 리스크가 촉발한 관세 전쟁과 탄소 중립이라는 목표가 요구하는 비싼 에너지 비용은 지금까지의 성장 공식으로는 더 나은 미래를 기약할 수 없다는 경고장을 날린다.

이 책에서는 이처럼 낡은 공식이 무너진 자리를 채울 새로운 성장 방정식을 제시한다. 인구 오너스 시대의 해법으로 '액티브 시니어'와 '기계 동료'라는 새로운 노동 주체를 조명하고, VIB 경제와 솔로 이코노미 같은 축소 사회의 소비 시장을 분석한다. 또한 저성장 시대의 부가 '규모'가 아닌 '독점'으로 향하는 흐름을 포착하고, 관세 전쟁의 해법이 될 '프렌드쇼어링'과 안보가 돈이 되는 K-방산, 원전 시장의 기회를 구체적으로 탐색한다.

2부 '새로운 환경의 출현'에서는 이 거대한 균열을 뚫고 나온 새로운 기회, 즉 기술 혁명이 어떻게 전통적인 산업과 투자의 판 자체를 뒤엎는지를 추적한다. AI는 단순 추천을 넘어 고객 맞춤형 생산을 시작했고, 평생직장이 사라진 자리에는 '분초를 다투는' 신노동시장이 열렸다. 금융시장에서는 달러 패권에 도전하는 디지털 화폐가 격돌하고, 비트코인은 누구도 통제할 수 없는 '디지털 금'으로 인정받고 있다.

이 책에서는 이 새로운 기술 환경이 요구하는 투자 전략과 커리어의 방향성을 얻을 수 있다. AI 경제를 뒷받침하는 '두뇌와 혈관', 그리고 신뢰를 기반으로 하는 기술에서 구체적인 투자 기회를 발견한다. 나아가 신노동시장이 창출한 긱워커 인프라와 업스킬링 비즈니스 모델을 살펴보고, 한국의 토큰증권(STO) 시장과 실물자산 조각투자가 가져올 금융 혁명의 청사진을 제시한다.

3부 '선택의 기준이 될 뉴노멀'에서는 부가 양극단으로 쏠리는 모래시계형 사회의 민낯을 파헤친다. 한편에선 VVIP의 명품 리세일 테크가 자산 증식 수단으로 떠오르고, 다른 한편에선 초저가 시장이 급성장한다. 또한 전세사기 대란으로 월세로 내몰린 주거 난민의 고통을 살펴보고 새로운 주거 해법이 제시하는 기회까지 탐색할 것이다.

이 양극화된 시장이 만들어낸 새로운 부의 기회 역시 이 책에서 엿볼 수 있다. 대체 실물자산 투자처로 진화한 리세일 시장의 미래와 초저가 시장의 투평 경제 및 AI 기반 효율화 전략을 분석한다. 동시에 양극화의 그늘이 낳은 디지털 심리 케어 시장의 성장성을 확인한다. 덧붙여 렌트 리스크의 대안으로 떠오른 '기업형 임대주택'과

'프롭테크', 그리고 '코리빙'으로 대표되는 생활 구독 경제의 방향성을 통해 새로운 주거 패러다임을 제안한다.

우리는 갈림길에 서있다. 붉은 말의 힘찬 에너지가 거대한 전환을 가속하는 지금, 변화의 질주 아래서 혼란에 빠진 채 뒤처질 것인가, 아니면 이 거친 에너지를 길들여 그 등 위에 올라탈 것인가.

2026년, 붉은 말은 거친 숨을 내쉬며 출발선에 서있다. 이제 당신의 호흡으로, 당신만의 속도로 고삐를 단단히 쥐고 이 역동적인 에너지의 흐름 위로 도약할 시간이다. 이 책을 덮는 순간, 당신만의 레이스를 시작하는 출발점이 되기를! 그리하여 거친 바람을 가르며 가장 풍요로운 목적지에 다다르기를 진심으로 바란다.

차례

프롤로그 004

1부
대한민국이 직면할 현실

01 저출생 고령화
인구 소멸 시대의 생존 전략

인구 보너스 시대 vs 인구 오너스 시대 019

새로운 노동의 주체 021
멈춰버린 대한민국의 성장판 | 늙어가는 노동력과 국경을 넘어온 노동력
기계 동료의 시대

돈은 어디로 흐르고 있는가 029
VIB(Very Important Baby) 경제학 | 액티브 시니어가 바꾸는 시장
혼자가 표준이 된 사회의 소비 | 지도에서 사라져 가는 도시들

02 | 저성장
잠재성장률 0% 미래

무엇이 우리의 발목을 잡는가? — 047
세계화의 후퇴와 G2(미국·중국) 리스크 | 공짜 돈 시대의 종말과 부채의 무게
코리아 디스카운트, 낡은 규제와 멈춰버린 혁신

저성장 시대의 현주소 — 057
짠테크의 진화: 생존을 위한 처절한 게임 | 기업의 생존법: 성장을 포기하고 현금을 지켜라
노력의 종말: 번아웃에 내몰린 사회

저성장 시대, 돈은 어디로 흐르는가 — 064
규모가 아닌 독점에 주목하자 | 개인 자산의 대이동
스몰 럭셔리와 취향 공동체의 비중이 커진다

03 | 관세
G2 방어막의 균열

무역으로 먹고사는 나라의 숙명 — 075
우리나라가 관세 이슈에 유독 예민한 이유 | 대미(對美) 무역, 무엇으로 버티는가?
대중(對中) 무역, 무엇에 발목 잡혔나?

관세 그 너머, 보이지 않는 무역 리스크 — 082
미국의 다음 타깃이 되는가? | 차이나 쇼크의 공포, 사라지는 제조업 일자리
중국 공급망을 무기로 삼다

관세 장벽 너머로 새로운 항해를 시작하다   **089**

새로운 시장을 찾아서 | 프렌드쇼어링의 수혜자들

안보가 돈이 되는 시대

우리들의 생존 전략   **096**

---

04 | 에너지 비용
전환의 부담

무엇이 에너지 전환을 비싸게 만드는가?   **100**

재생 에너지의 딜레마 | 미니 원전 SMR은 완벽한 해답인가?

에너지 비용을 가중시키는 자원 전쟁

에너지 비용의 현주소   **109**

자동차 시장의 선택과 딜레마 | 탄소국경세의 공포

전기요금 청구서가 바꾼 집안의 풍경

에너지 비용 시대의 호모 에코노미쿠스   **116**

전기를 아껴서 돈을 버는 사람들 | 계산기를 꺼내 든 소비자들

에너지 요새를 구축하는 사람들

에너지 전환 시대의 투자 기회   **122**

돈의 흐름이 모이는 인프라 | 핵심 소재와 효율화 기술의 강자들 | 녹색 거품과 투자의 함정

2부
새로운 환경의 출현

01 | AI
산업을 재편하는 파트너

AI가 바꾸는 소비 시장의 새로운 풍경   **135**
'공장이 나를 기다린다': 온디맨드, 맞춤 생산의 시대
'가격도 실시간으로 변한다': 다이내믹 프라이싱의 시대
'AI가 골라주는 쇼핑': 큐레이션의 진화

AI는 어떻게 나를 이렇게 잘 알까?   **144**
'내 모든 클릭이 AI의 먹잇감': 디지털 페르소나 | '내가 원하기도 전에 미리': AI의 예측 쇼핑
현명한 소비자 vs 알고리즘의 노예, 그 한 끗 차이

AI가 새롭게 여는 소비 산업의 미래   **154**
AI 시대의 두뇌와 혈관 | 나만을 위한 세상을 구현하는 기술 | AI의 그림자를 막는 기술
AI 시대의 새로운 전문가들

02 | 신노동시장
분초를 다툴 일자리

기업의 달라진 고용 풍경 166
공채가 사라진 시대 | 직원이 아닌 파트너: 외부 인력의 부상

N잡러가 될 수밖에 없는 개인들 172
일하는 법이 달라졌다 | 우리는 왜 N잡러가 될 수밖에 없는가

낡은 질서와 새로운 안전망 178
사회안전망의 사각 지대 | 미래 노동시장의 판을 짜라

신노동시장의 새로운 기회들 185
긱워커를 위한 인프라 산업 | 평생학습과 업스킬링(역량 강화) 시장의 폭발
신노동자를 위한 금융의 탄생

03 | 디지털 화폐
호모 크립티엔스의 선택

CBDC: 디지털 금광을 차지하기 위한 전쟁 194
중국의 야망: 디지털 위안화와 달러 패권 도전 | 미국의 우회 전략: 민간을 앞세운 디지털 달러
유럽: 데이터 주권과 빅테크 견제 | 대한민국: 금융강국을 향한 승부수

빅테크의 역습: 화폐 권력의 재설계 207
결제 혁명과 스테이블 코인의 미래 | 스타벅스와 네이버: 기업 화폐는 어떻게 진화하는가
디지털 금, 비트코인이 가진 힘

디지털 화폐가 바꾸는 우리의 일상　　　　　　　　　　216
수수료 제로 전쟁의 시작 | 금융 서비스의 달라진 미래 | 디지털 화폐가 바꾸는 투자의 판

3부
선택의 기준이 될 뉴노멀

01 리세일
중고거래에서 투자 시장으로

리세일 시장의 성장 요인 3가지　　　　　　　　　　230
내 지갑은 소중하니까! | 새 것만이 정답은 아니니까! | 내 방이 곧 백화점!

리세일 시장의 새로운 풍경: 무엇이 어떻게 거래되는가?　　　238
명품 리세일의 화려한 부상 | 새로운 재테크, 리셀 테크의 세계
'가구부터 가전까지 모든 것을 거래한다': 중고시장의 일상화

리세일 시장의 성장으로 짙어진 그림자　　　　　　　245
가품과의 끝나지 않는 전쟁 | 날로 교묘해지는 중고거래 사기
리세일이 오히려 소비를 조장한다?

리세일 시장이 만들어갈 새로운 판　　　　　　　　　　　　**251**

플랫폼의 미래: 통합 확장 VS 전문화 집중 | 브랜드의 미래: 적과의 동침
리세일 시장의 궁극적인 지향점

02 | 부의 양극화
쏠림 속 자산의 새로운 흐름

중산층의 붕괴　　　　　　　　　　　　　　　　　　**260**
나는 중산층일까? | 허리가 사라지는 모래시계형 사회
'이생망'을 외치는 Z세대의 절규

무엇이 우리를 갈라놓았나　　　　　　　　　　　　　**267**
노동 가치를 앞지르는 자산의 증식 속도 | 공식으로 증명된 자산의 상승 속도
한국판 부동산 불패 신화

부의 양극화가 그려낸 풍경들　　　　　　　　　　　　**273**
VVIP, 그들만의 리그 | 가성비를 넘어 초저가로 향하는 사람들
중간의 실종

갈라진 대한민국의 내일　　　　　　　　　　　　　　**282**
초저가 시장의 미래 성장 기회 | 프리미엄의 진화
디지털 심리 케어 시장의 미래

03 | 렌트 리스크
전세사기에서 벗어날 대안

렌트 시장의 현주소   292
데이터로 보는 아파트 월세 선호 현상 | 역전세와 깡통전세의 덫
주거비에 짓눌리는 사람들

렌트 리스크의 근본적 원인   302
세입자를 외면한 법과 제도 | 보증의 배신과 중개의 한계
깜깜이 시장의 비극: 투명성 부재가 낳은 재난

렌트 리스크를 타파할 미래 사회   308
기업형 임대 사업자와 프롭테크 | 생활 구독과 코리빙

1부
대한민국이 직면할 현실

우리가 마주할 미래는 냉정하다.
줄어드는 노동력, 더딘 성장에
불안한 관세와 무거운 에너지 전환의 부담까지 겹친다.
기회가 축소되는 시대, 우리는 새로운 부의 길을 찾아야 한다.

01
저출생 고령화
인구 소멸 시대의 생존 전략

    현재 대한민국은 인구 구조의 지형이 근본적으로 변화하는, 역사상 유례없는 인구학적 전환의 시기를 지나고 있다. 2024년 말을 기준으로, 우리나라의 65세 이상 인구는 다섯 명 중 한 명을 넘어서며 초고령사회에 진입했다. 반면 합계출산율은 0.6명대로 세계 최저 수준을 기록했다. 인구 소멸의 경고등이 켜진 셈이다. 2025년부터 향후 10년간 인구 성장률은 연평균 -0.16%로 예상되며, 이후 감소 속도가 가속화돼 2072년에는 -1.31%에 달할 것으로 전망된다. 고령화 가속화와 출산율 저하라는 이중의 압박 속에서, '우리는 앞으로 어떻게 지속 가능한 미래를 설계할 것인가'라는 근본적 질문과 마주하고 있다.

인구 보너스 시대 vs 인구 오너스 시대

　대한민국의 눈부신 경제 성장, 이른바 '한강의 기적' 뒤에는 보이지 않는 엔진이 있었다. 바로 인구 보너스 시대의 축복이다. 일할 수 있는 생산가능인구(15~64세)의 비중이 압도적으로 높고, 부양해야 하는 아이와 노인의 비중은 낮았던 시기였다. 이는 한 가정에 일하는 어른이 많고 부양할 식구가 적을수록 저축과 투자가 늘고 살림이 나아지는 원리와 같다.

　대한상공회의소의 지속성장 이니셔티브Sustainable Growth Initiative, SGI에 따르면, 생산가능인구 비율이 1970년 54.4%에서 2020년 71.7%로 상승하면서 1인당 GDP 증가율이 연평균 0.93%p 높아졌다. 부모 세대가 경험한 역동적 성장은 인구 구조가 만들어준 거대한 순풍 덕분이라는 것을 알 수 있다. 하지만 순항은 끝났다. 우리나라의 생산가능인구 비율은 2010년대 초중반에 정점(총인구의 73.4%)을 찍고 하락세에 접어들었고, 이제 우리는 그 누구도 가보지 않은 인구 오너스Onus 시대를 향해 가고 있다.

　인구 오너스는 인구 보너스의 정반대 개념이다. 인구 오너스란 생산가능인구가 줄고 부양해야 할 인구가 늘어나 경제 성장이 둔화되는 현상을 말한다. SGI는 2020~2050년의 생산가능인구 비율이 51.2%까지 낮아지면서 1인당 GDP 증가율이 연평균 1.13%p씩 둔화될 것이라고 예측했다. 과거에 성장을 견인했던 인구 구조가 성장의 발목을 잡는 족쇄가 돼버린 셈이다.

이 부담감은 노년 부양비 지표에 적나라하게 드러난다. 노년 부양비는 일하는 사람 100명이 부양해야 할 65세 이상 노인의 수를 뜻한다. 통계청이 전망한 장래인구 추계에 따르면, 2025년에는 생산가능인구 약 3.4명이 노인 1명을 부양하지만, 2036년에는 2명이 1명을 부양해야 한다. 더 나아가 2072년에는 생산가능인구 100명당 노년 부양비가 104.2명이 되어, 일하는 사람 1명이 노인 1명도 부양하기 어려운 사회가 도래할 것이다.

이것은 먼 미래의 이야기가 아니다. 인구 오너스는 당신의 월급 인상률을 둔화시키고, 국민연금 수령액을 불확실하게 만들며, 더 많은 세금을 요구하는 보이지 않는 손으로 작용할 것이다. 우리 부모 세대가 당연하게 누렸던 '성장'이 우리 세대에 이르러 '정체' 또는 '축소'를 의미하게 된 이유가 바로 여기에 있다.

이제 국가 성장, 개인 자산, 기업 실적 등 모든 경제적 결과값 앞에는 인구라는 변수가 작용할 수밖에 없다. 인구는 더 이상 보조적 요소가 아니라, 경제 문제를 풀기 위해 가장 먼저 고민해야 하는 핵심 방정식 그 자체가 되었다.

새로운 노동의 주체

이제는 과거에 '한강의 기적'을 이끌었던 풍부한 노동력을 기대할 수 없다. 그렇다면 앞으로 텅 빈 생산 현장을 누가, 무엇이 채우게 될까? 인구 소멸이 시작된 대한민국을 채워갈 새로운 노동의 주체는 누구인지 살펴보고, 이들의 등장이 기존 일터에 어떤 변화를 가져올지 알아보자.

멈춰버린 대한민국의 성장판

경제의 허리 역할을 해온 생산가능인구가 인류 역사상 유례없는 속도로 줄어들고 있다. 고용노동부는 2020~2030년에 약 320만 명의 생산가능인구가 사라질 것이라고 전망했다. 10년 동안 부산광역시 전체 인구가 노동시장에서 사라지는 셈이니, 충격적인 규모다.

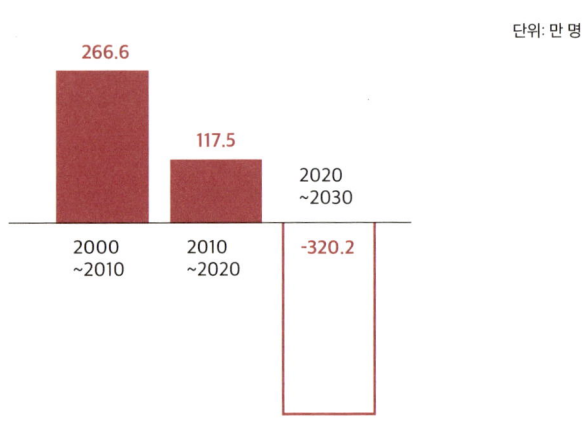

생산가능인구의 변화

한국개발연구원KDI은 이 현상을 냉혹하게 진단한다. 우리 경제의 잠재성장률은 2030년대에 0.7%, 2040년대 후반에는 0.1%까지 하락할 것으로 분석했다. 경제 성장판이 서서히 닫혀가고 있다는 의미다. 과거 우리를 성장시켰던 동력이 이제는 인구 소멸이라는 구조적 한계가 된 것이다.

이것은 단순히 일할 사람이 줄어든다는 의미가 아니다. 풍부한 노동력은 지금까지 기업이 마음껏 공장을 세우고 사업 규모를 확장할 수 있게 해준 토대였다. 하지만 이제는 노동력 자체가 희소자원이 되면서, 기업들은 더 이상 과거처럼 양적으로 팽창하는 성장 전략을 꿈꿀 수 없게 되었다.

현재 경제 성장판이 서서히 닫혀가는 양상은, 우량 기업이 서서히 무너져 내리는 과정과 놀랍도록 닮았다. 가장 먼저 사라지는 것은 공장에 출근할 직원, 즉 노동력 그 자체다. 신입사원은 더 이상 들어오지 않고, 은퇴를 앞둔 베테랑 직원만 점점 늘어나고 있다. 아무리 기술력이 뛰어나고 자본이 풍부해도 공장을 돌리고 서비스를 제공할 사람이 없다면, 기업은 그저 껍데기에 불과할 뿐이다. 이는 국가 총생산량이 물리적으로 늘어날 수 없는, 가장 근본적인 한계에 봉착했다는 의미다.

다음으로 회사의 금고, 즉 미래 성장을 위한 자본이 마른다. 경제의 허리 역할을 하는 청년층은 월급의 상당 부분을 저축하고 투자를 통해 기업의 설비 투자나 신기술 개발에 필요한 종잣돈을 공급한다. 반면 은퇴한 고령층은 그동안 모아둔 자산을 생활비로 지출한다. 과거에는 저축하는 사람이 많았지만, 이제는 자산을 꺼내 쓰는 고령층이 더 많아지면서 기업에 투입될 가용 자본이 급격히 줄어들고 있다. 혈관이 막히면 심장이 뛸 수 없는 것처럼, 자본 순환이 멈춘 경제는 더 이상 성장 동력을 찾을 수 없게 될 것이다.

마지막으로 기업의 미래 먹거리인 혁신이 멈춘다. 역사적으로 새로운 아이디어와 과감한 도전은, 실패를 두려워하지 않는 젊은 세대의 몫이었다. 그러나 사회 전체가 고령화될수록 조직은 현상 유지에 집중하고, 위험 부담을 기피하는 경향이 짙어진다. KDI를 비롯한 여러 연구기관이 '사회 노화가 국가 경쟁력 약화로 이어진다'고 경고하는 이유다. 새로운 도전을 이끌어갈 공격수 없이, 과거의 영광을 지키려는 수비수만 가득한 팀은 결코 승리를 거둘 수 없다.

늙어가는 노동력과 국경을 넘어온 노동력

사라져 가는 노동력 문제를 해결하기 위해 대한민국이 꺼내든 첫 번째 카드는 일하는 노인이다. 2023년 우리나라 65세 이상 고령층의 고용률은 37.3%로, 경제협력개발기구 OECD 평균(13.6%)의 3배에 달하며 압도적인 1위다. 법정 정년은 60세지만, 실제로 노인이 일터를 떠나는 실질 은퇴 연령은 2025년 기준 남성 65.4세, 여성 67세이다.

겉으로 봤을 때는 활기찬 고령층 고용처럼 보이지만, 이면에는 어두운 현실이 숨어있다. 2024년 기준 65세 임금근로자의 35.4%가 단순노무직에 종사하고, 61.2%는 비정규직이며, 절반 가까운 49.4%가 10인 미만 영세사업장에서 일한다. 기업 임원, 엔지니어, 교사 등 각자의 자리에서 전문성을 쌓아온 경력이 무시된 채 저임금 단순 노동에 내몰리고 있는 것이다.

이러한 현실은 개인에게는 고단한 노후를, 사회 전체적으로는 생산성 저하를 초래한다. 노동력이 부족할수록 고령층이 가진 경험과 기술, 노하우는 더욱 중요한 자산이 되어야 하지만, 현재 노동시장은 이들의 경력을 살리지 못하고 단순 노동으로 내모는 비효율적 구조를 유지하고 있다. 이는 국가 전체의 혁신 잠재력과 생산성을 갉

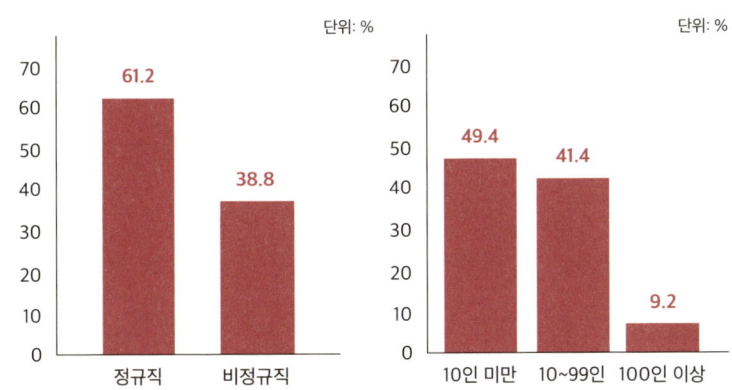

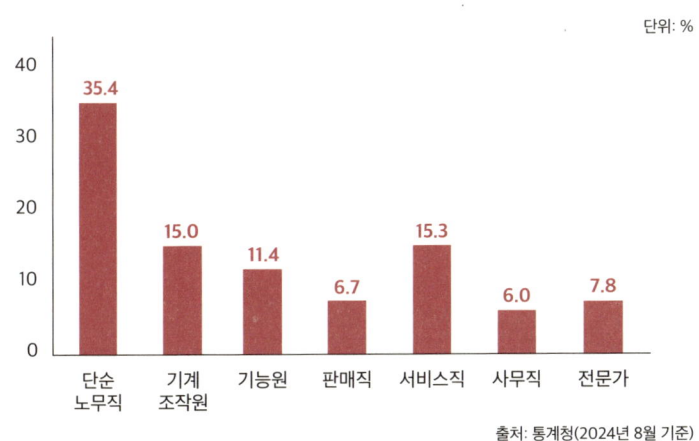

출처: 통계청(2024년 8월 기준)

아먹는 가장 큰 문제다.

다른 나라에서는 이 문제를 어떻게 풀고 있을까? 일본의 실버인

재센터는 은퇴한 회계사가 지역 소상공인의 회계를 돕고, 은퇴한 정원사가 공원을 관리하는 등 고령자의 전문 경력을 지역 사회와 연결하고 있다. 독일의 시니어 엑스퍼트 서비스SES는 은퇴한 마이스터가 중소기업과 청년 세대에게 기술을 전수해 주는 공식 플랫폼을 제공한다. 두 제도 모두 고령층을 단순 노동력으로 보지 않고, 축적된 경험과 지혜를 자산으로 활용한다는 공통점이 있다.

이런 흐름에 발맞춰 우리 정부도 정년연장 카드를 만지작거리고 있다. 이미 일본은 70세 정년 시대를 열었고, 독일은 법정 정년을 67세로 상향 조정 중이며, 미국과 영국은 정년제를 폐지했다. 우리 역시 더 오래 일하는 사회로의 전환이 불가피하다.

그러나 단순히 법정 정년만 늘린다면 청년 일자리 위축과 기업 인건비 부담 상승이라는 부작용을 피할 수 없게 된다. 가장 중요한 과제는 고령층의 경력과 연륜을 어떻게 산업 현장과 연결하고 합당한 가치를 부여할 수 있는가 하는 것이다. 이 질문에 답하지 못한다면, 우리는 '가장 많이 일하는 노인들이 가장 덜 활용되는' 아이러니한 현실과 마주하게 될 것이다.

이러한 흐름 속에서 지방 소도시와 농공단지의 풍경도 변하고 있다. 이제는 한국어 간판만큼이나 베트남어, 우즈베키스탄어 간판을 쉽게 찾아볼 수 있다. 국내 체류 외국인이 260만 명을 넘어섰고 생산가능인구 중 외국인 비중은 5%에 달한다. 이주 노동자는 선택이 아닌 필수 노동력이 되어 농어촌 지역에서는 이주 노동자 없이는 농사와 어획이 이루어지지 않는, 절대 의존 관계가 형성되어 있다.

50인 미만 중소 제조업체와 농림·어업 분야에서 필요로 하는 외국인 인력은 매년 폭발적으로 증가하고 있다. 정부가 외국 인력 도입 쿼터를 사상 최대치로 늘리고, 인구감소 지역 이주 외국인에게 지역특화형 비자를 제공하는 이유도 여기에 있다. 이들의 노동력 없이는 우리나라 경제의 모세혈관이 마비되기 때문이다.

그러나 머리로 이해하는 것과 마음으로 받아들이는 것은 다르다. 이민 확대를 둘러싼 시각은 찬성과 반대가 팽팽히 맞서 있다. 많은 국민들이 이주민 증가로 인한 일자리 경쟁과 사회·문화적 갈등을 심각하게 우려한다. 이는 우리보다 먼저 이 길을 걸었던 나라들이 이미 겪은 일이기도 하다.

1960년대 독일은 가스트아르바이트(초청받은 외국인 노동자)를 대거 수용했다. 덕분에 독일은 부족한 노동력 문제를 해결했지만, 그들을 언젠간 돌아갈 손님처럼 취급하며 사회 통합을 소홀히 했다. 결국 수십 년이 지난 지금까지도 사회·문화적 갈등이 해결되지 않고 있다. 독일의 사례는 체계적인 준비 없이 이민을 확대했을 때의 부작용을 여실히 보여준다.

반면 캐나다는 나이·학력·언어 능력 등을 점수로 환산해 국가 필요 인재를 선별하는 점수제 이민을 도입했다. 이는 저임금 노동력 확보가 아닌, 국가 경쟁력 강화를 목표로 한 전략적 접근이다. 그러나 급격한 이민 증가로 주택난과 의료자원 부족 등이 심화되면서 이민정책의 한계가 여실히 드러나고 있다.

이 모든 사례는 우리에게 묻는다. 어떤 형태의 이민을 받아들일 것인가, 그리고 그들의 경험과 역량을 어떻게 우리 산업과 사회에 통합할 것인가. 이에 대한 근본적 고민을 하지 않고서는 새로운 노동 주체를 제대로 활용할 수도, 다가올 인구 변화에 효과적으로 대응할 수도 없을 것이다.

기계 동료의 시대

사람이 귀한 자원이 되자, 경제는 필연적으로 사람을 대신할 수 있는 해법을 찾기 시작했다. 이른바 기계 동료와 함께 일하는 시대가 성큼 다가온 것이다.

시작은 제조업의 심장부, 공장이었다. 국제로봇연맹IFR 보고서에 따르면, 한국은 제조업 근로자 1만 명당 로봇 수를 나타내는 로봇 밀도에서 1,012대를 기록하며 세계 1위에 올랐다. 제조업 강국인 독일(429대)이나 일본(419대)과 비교해도 압도적이다. 현대자동차 울산공장에서는 수백 대의 로봇 팔이 불꽃을 튀기며 차체를 용접하고, 삼성전자와 SK하이닉스의 반도체 공장에서는 자율주행 로봇이 24시간 내내 웨이퍼를 운반한다.

로봇을 인건비 절감용 대체 수단으로만 보는 시각이 있지만, 중소기업 중앙회의 조사에 따르면, 중소업체들이 스마트 제조를 추진하는 주요 목적으로 생산 효율성 향상(56.5%)과 품질 관리 개선(37.1%)이 비용 절감(22.7%)보다 훨씬 컸다. 이는 기계 동료가 단순히 인선비를 절감하는 대안이 아니라, 사람이 수행하기 어려운 업무를 더 정확하고 신속하게 처리하는 파트너라는 것을 보여준다.

현재도 로봇은 일상 속으로 빠르게 침투하고 있다. 인력난에 시달리는 식당에서는 베어 로보틱스 등의 서빙 로봇이 음식을 전달하고 있고, 쿠팡 물류센터에서는 수천 대의 무인 운반차[AGV]가 상품 선반을 통째로 배달해 작업자의 고된 육체노동을 줄여준다. 서울대병원 같은 대형 병원에서는 약품과 식사를 배달하는 로봇이 도입돼 간호사들이 환자 돌봄과 같은 본질적 업무에 더욱 집중할 수 있게 되었다.

기계 동료는 이제 육체노동을 넘어 지적노동까지 영역을 확장하고 있다. 생성형 인공지능[AI] 덕분이다. 과거에는 AI가 데이터를 분석하고 예측하는 데 그쳤다면, 이제는 보고서를 요약하고 디자인 초안을 만들며 심지어 코딩 업무까지 수행한다. 인간의 고유 영역으로 여겨졌던 업무를 기계가 해내고 있는 셈이다.

맥킨지 글로벌 인스티튜트는 2023년 보고서에서, 생성형 AI가 업무 자동화를 통해 작업자의 업무 시간을 60~70%까지 줄일 수 있으며, 2030~2060년에 모든 업무의 절반이 자동화될 것이라고 분석했다. 이렇듯 생성형 AI의 부상은 전 세계적 변화를 예고하는 신호탄이다.

돈은 어디로 흐르고 있는가

인구 감소는 소비문화도 바꾸고 있다. 과거에는 10~20만 원대에 머물던 소비가 이제는 100만 원대 지출로 자리 잡았고, 애초에 주된 소비 대상이 아니었던 시장들마저 폭발적으로 성장하고 있다.

VIB(Very Important Baby) 경제학

2024년 한국의 연간 출생아는 24만 2,334명으로, 2023년보다 7,295명 늘었다. 9년 만에 처음으로 출생아가 증가한 것이다. 하지만 20년 전인 2004년(47만 7,000명)과 비교하면 절반 수준에 불과하다. 산부인과와 소아청소년과는 줄줄이 문을 닫고 있고, 도심에 있는 초등학교 교실도 점점 비어가고 있다.

이런 현상만 봤을 때 아동 관련 산업은 분명 하향 곡선을 그릴 것처럼 보인다. 하지만 백화점 유아동 매장에 들어서면 전혀 다른 풍경이 펼쳐진다. 아동복 매장에서는 수십, 수백만 원짜리 몽클레르 키즈 패딩과 버버리 칠드런 체크 코트가 불티나게 팔리고, 유모차 매장에선 유모차계의 벤츠라 불리는 스토케와 부가부의 수백만 원짜리 모델들이 가장 좋은 자리를 차지하고 있다.

2022~2024년 백화점 업계는 프리미엄 키즈 전략을 내세워 아동 카테고리 매출이 꾸준히 향상되었다. 현대백화점과 롯데백화점은 2024년까지 전년 대비 15~18% 증가세를 보였고, 신세계백화점의 경우 최근 3년간(2022~2024년) 아동 장르 매출 신장률이 19.9%에서 2.2%로 감소했다가 9.7%로 늘어났다. 프리미엄 키즈 전략 덕분이다. 출생아 수는 줄었지만 아이 한 명에게 들어가는 비용은 가파르게 올라가고 있는 것이다.

이 역설의 중심에는 텐 포켓Ten Pockets이라는 가족 경제 구조가 있다. 아이 한 명을 위해 부모와 조부모는 물론, 이모, 삼촌, 심지어 지인까지 열 명의 어른이 지갑을 연다는 의미다. 조부모가 귀한 손주에게 베푸는 몇 푼의 관대함을 넘어선 것이다. 하나금융연구소의 2025년 보고서를 보면 부유층 조부모의 손주 사랑이 구체적인 숫자로 증명되는데, 손주 임신·출산 축하금은 평균 1,200만 원, 졸업·입학 축하금은 360만 원에 이른다.

치열한 경쟁 사회에서 내 아이만큼은 뒤처지게 할 수 없다는 불안감과 하나뿐인 아이에게 모든 것을 해주고 싶다는 보상 심리가 결합해, 가족 전체의 경제력이 한 아이에게 집중되는 거대한 투자 현상이 형성되었다. 이는 프리미엄을 넘어선 초프리미엄 소비를 이끌어 냈고, 아이의 옷·유모차·식품은 부모의 사회적 지위와 경제력을 과시하는 수단이 되었다.

VIB 경제의 최전선은 단연 교육이다. 최근 몇 년간 〈스카이 캐슬〉, 〈펜트하우스〉, 〈일타 스캔들〉, 〈라이딩 인생〉처럼 입시·사교육을 다룬 드라마가 신드롬을 일으킨 것은 결코 우연이 아니다. 초프리미엄 교육을 향한 우리 사회의 집단적인 욕망과 불안이 그만큼 거대하다는 방증이다. 학령인구(6~21세)가 줄었음에도 2024년 총 사교육비는 영유아·재수생까지 포함하면 40조 원을 기록했다.

특히 유아 사교육 시장의 수요가 견고하다. 2024년 기준, 만6세 미만 영유아를 둔 가구가 3개월간 지출한 사교육비가 8,154억 원이었다. 4세 고시·7세 고시처럼 의대 진학을 목표로 영유아 시절부터 입시를 준비하고, 한 해 수백만 원을 쓰는 영어 유치원에 월평균 154만 원을 투자하는 현상은 부모의 계급적 욕망과 불안감이 결합된 결과다.

결국 유아 사교육 시장은 상위 1% 네트워크라는 희소가치를 판매하는 시장으로 진화했다. 입시 로드맵을 관리하는 프리미엄 입시 컨설팅 시장도 향후 5년 내 수천억 원 규모로 커질 것으로 전망된다.

이 경쟁의 마지막 단계에는 자본이 있다. 어린이 주주는 더 이상 부유층의 전유물이 아니다. 어린 주주들의 보유 상위 종목은 단기 테마주가 아닌 삼성전자, 애플, 테슬라 같은 국내외 우량주에 집중되어 있다. 단기 시세 차익이 아닌, 아이의 미래와 함께 성장할 수 있는 우량 자산을 물려주려는 장기 투자 관점이 강하다. 삼성전자의 20대 미만 주주는 2024년 기준 39만 4,886명으로 5년 전에 비해 22배 증가했다. 이들은 삼성전자 전체 주주(516만 287명)의 7.65%를 차지하며, 보유한 주식 가치는 1조 원이 넘는다.

금융업계도 이 흐름을 놓치지 않았다. 자산운용사는 미래에셋 우리아이 TDF, 삼성 KODEX 우리아이 등 '아이'라는 단어를 포함한 ETF를 잇달아 출시했고, 증권사는 미성년자 계좌 개설 절차를 비대면으로 간소화하고 계좌를 만드는 아이에게 주식 1주를 선물하는 마케팅도 펼쳤다.

왜 부모들은 이토록 금융 조기교육에 열광할까? 이는 좋은 대학 → 좋은 직장 → 높은 연봉이라는 성공의 공식이 더 이상 유효하지 않다는 인식 때문이다. 잠재성장률이 0%대에 머무는 지금, 근로소득만으

삼성전자 20대 미만 주주 현황

연도	주주 수	비율	주식 수
2024	394,886	7.65%	19,402,718
2023	391,869	8.38%	18,035,531
2022	431,642	7.42%	19,605,469
2021	358,257	7.07%	14,834,499
2020	115,083	5.34%	5,882,569
2019	18,301	3.21%	1,778,840

출처: 한국예탁결제원

로는 부를 축적하거나 계층 이동이 어려워졌다고 판단한 것이다.

결국 인구 축소 사회에서 새로운 부의 기회는, 평균 대중을 상대로 하는 매스 마켓Mass market이 아닌 특정 고객에게 초고밀도 가치를 제공하는 니치 마켓Niche market에 있다. 얼마나 넓게 파느냐가 아니라, 얼마나 깊게 파고드는지가 새로운 시대의 유일한 성장 공식이다.

액티브 시니어가 바꾸는 시장

인구가 줄어드는 상황이지만 고령화 현상은 오히려 실버 이코노미라는 거대한 시장을 만들어내고 있다. 한국이 초고령사회에 진입하면서 내수 시장의 강력한 축으로 자리 잡은 것은, 과거의 무력한 노인이 아닌 풍부한 자산과 구매력을 지닌 액티브 시니어다. 이들은 건강하고 풍요로운 노년을 위해 아낌없이 지갑을 여는 새로운 소비 주체다.

한국보건산업진흥원은 2020년 72조 원이던 국내 실버산업 시장의 규모가 2030년에는 168조 원으로 133% 성장할 것으로 전망했다. 건강관리와 요양에 머물던 과거와 달리 액티브 시니어 시장은 놀고 입고 즐기는 적극적 소비 시장으로 진화하고 있다.

이 시장을 이끄는 첫 번째 축은 디지털 헬스케어다. 글로벌 디지털 헬스케어 시장은 2027년까지 연평균 15% 이상 성장할 것으로 전망되었다. 국내 시장도 이 흐름을 따라갈 것으로 보인다. 실제로 2023년 국내 시장 규모는 6조 4,930억 원을 넘어 전년 대비 13.5% 성장했다.

디지털 헬스케어 시장

시기	서비스 내용	주 제공자	주 이용자	주요 시스템
2010년 이후	치료·예방· 복지·안전	병원, ICT 기업, 보험사, 통신사 서비스 기업 등	의료인, 환자, 일반인	개인 건강기록 기반 맞춤형 서비스

출처: 산업통상자원부

액티브 시니어는 고가의 프리미엄 건강검진으로 질병 리스크를 예측하고, 인지능력·관절 등 노화 현상에 맞춘 영양제를 구매한다.

여기에 카카오 헬스케어의 '파스타' 같은 서비스로 매일 혈당 데이터를 확인하며 스스로 건강을 관리하는 시니어가 늘고 있다. 웨어러블 기기를 활용해 일상에서 만성질환을 관리하는 플랫폼의 활성 이용자 수는 수백만 명에 이를 전망이다.

더 나아가, 디지털 치료기기^{DTx} 시장이 본격적으로 열리고 있다. 디지털 헬스케어 기업 이모코그가 만든 '코그테'는 치매 초기 단계인 경도인지장애를 치료하기 위한 스마트폰 게임 형태의 인지 훈련을 제공한다. 지금까지 약물 치료를 받던 불면증, ADHD 등의 질환들을 스마트폰 앱이나 게임으로 쉽게 치료받을 수 있는 시대가 된 것이다. 주요 투자은행들은 국내 DTx 시장이 2027년 수천억 원 규모로 성장하며 액티브 시니어 헬스케어의 핵심 산업으로 부상할 것으로 전망한다.

이러한 홈 헬스케어 트렌드는 케어 푸드 시장의 동반 성장을 이끌고 있다. 한국농수산식품유통공사^{aT}는 케어 푸드 시장이 2025년 3조 원 규모로 성장할 것으로 내다봤다. 특히 특정 질환에 맞춘 맞춤형 식단 분야가 주목받는다. 예컨대, 현대그린푸드의 그리팅 서비스는 당뇨나 신장질환 노년층을 위해 영양학적으로 설계된 전문 치료식을 집까지 배달한다. 전문가들은 디지털 헬스케어 플랫폼의 건강 데이터를 케어 푸드 업체의 식단 구독 서비스와 연계해, 데이터 기반의 초개인화 식단이 시장 주류가 될 것으로 전망한다.

액티브 시니어를 위한 에이지테크$^{Age-Tech}$ 산업이 발달하면서, 이제는 그들의 심리적 돌봄까지 확장되고 있다. SK텔레콤의 AI 스피커를 활용한 인공지능 돌봄 서비스가 대표적이다. 서울 강남구와 영등포구를 포함한 전국 100여 개 지자체는 SK텔레콤과 협약을 맺고 독거노인 수만 가구에 AI 스피커를 보급했다. 보안업체 ADT캡스와 에스원은 지자체 및 요양기관에 방범 서비스에 IoT 센서를 결합한 시니어 안심 케어 서비스를 제공한다. 카메라 대신 활동량 감지 센서나 레이더 센서를 설치해, 사생활 침해 없이 시니어의 24시간 안전을 지킨다.

하나금융연구소는 국내 에이지테크 시장이 2030년에 6조 원 규모로 성장할 것으로 전망했다. 글로벌 시장도 가파르게 확대되어, 시장조사업체 글로벌 인포메이션은 전 세계 스마트 시니어 케어 시장이 연평균 7.49% 성장해 2030년에는 439억 달러(약 61조 원)에 이를 것으로 내다봤다.

결국 액티브 시니어 시장의 부상은 단순한 고령화 현상을 넘어선, 새로운 소비 주체의 탄생을 의미한다. 과거에는 노년층이 자녀에게

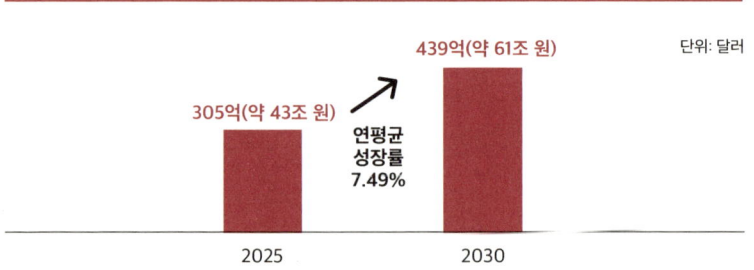

시니어 케어 시장의 성장

의존하며 소극적으로 살았다면, 이제는 스스로 건강을 관리하고 삶의 질을 높이기 위해 적극적으로 투자하는 능동적 소비자로 변모했다. 축소 사회에서 지속 가능한 성장을 모색하는 기업들에게 액티브 시니어는 가장 확실한 고객층이자 미래 성장의 핵심 동력이다. 이들의 지갑을 여는 데 성공하는 기업만이 인구 절벽 시대에도 지속 가능한 발전을 이어갈 수 있을 것이다.

혼자가 표준이 된 사회의 소비

2025년 우리나라의 1인 가구가 1,000만 세대를 돌파했다. 이제 혼자 사는 것은 더 이상 특별한 삶의 방식이 아닌, 보편적인 풍경이 되었다. '솔로 이코노미'라는 변화는, 과거 4인 가족을 기준으로 설계되었던 우리 사회의 모든 상품과 공간의 규칙을 뿌리부터 뒤흔들고 있다.

가장 뚜렷하게 바뀐 것은 우리가 매일 마주하는 공간의 쓰임새다. 과거에는 대부분의 공간이 '함께'를 전제로 설계됐다면, 이제는 혼자인 사람들을 위해 철저히 분할되고 재구성되고 있다.

대표적인 변화가 '혼밥(혼자 밥 먹기)' 문화다. 한국농수산식품유통공사[aT] 조사에 따르면, 우리나라 성인의 주 1회 이상 혼밥 비율은 70%에 육박한다. 과거에는 혼밥을 어색하고 처량한 행위로 여겼지만, 이제는 자연스러운 식사 유형으로 자리 잡았다.

식당에서는 4인용 테이블을 줄이고 혼밥 손님을 위한 바 테이블을 늘리고 있고, 1인분만 주문할 수 있는 식당도 대폭 늘었다. 빅데이터 컨설팅 기업인 나이스지니데이타가 조사한 17만 개 외식업체 표본 데이터에 따르면, 1인 메뉴를 판매하는 국내 음식점 수가 2024년 1월에는 9.6%였으나 2025년 3월에는 10.4%로 증가했다. 배달 앱에서도 1인분 주문 수요가 급증하면서, '배달의민족'이 2025년 5월 도입한 한그릇 서비스는 오픈 6주 만에 주문 건수가 첫 주 대비 12배로 늘어났다.

공간의 개인화는 여가 시간으로도 확산된다. 코인 노래방이 2만 개를 돌파하며 완전히 보편화됐고, 1인 전용 좌석을 도입하는 영화관이 늘면서 '혼영(혼자 영화 보기)'이라는 새로운 트렌드도 만들어졌다. 여행 분야에서도 나홀로 패키지 상품이 매년 두 자릿수 성장세를 보이며 혼자 여행하는 여행객의 수요가 커지면서 게스트하우스나 1인실 숙소 예약이 크게 늘고 있다. 여행 컨설팅 업체 ASA Luxury는 '솔로 여행'을 2025년 주요 여행 트렌드로 선정했다.

상품의 크기와 개념 역시 재정의되고 있다. 대가족 시대에 미덕으로 여겼던 '다다익선'과 '가성비'의 소비 공식이 폐기되었고 그 자리는 '소소익선(小小益善)'과 '가심비(가격 대비 심리적 만족)'가 차지하게 되었다.

이러한 변화가 가장 돋보이는 곳은 식탁 위다. 한국농촌경제연구원의 2023년 식품소비행태조사에 따르면, 채소를 소포장 형태(57.0%)로 구매하는 가구 비중이 전년 대비 7.2%p 증가해 벌크 형태(42.7%)를 넘어섰다. 이마트24는 2025년 4월, 채소와 과일을 소포장하되 가격을 낮춘 신선식품 브랜드를 출시했다. 필요한 만큼만 소비하려는 1인 가구의 합리적 소비 패턴이 시장의 진열 방식까지 바꾸고 있는 셈이다.

주류 시장에서도 소용량 제품이 대세다. 글라스 와인 판매가 늘면서, 그간 병 단위 구매에 한정됐던 고가 와인 판매의 저변이 넓어졌다. 현대백화점과 신세계백화점은 2025년 4월부터 압구정 본점과 강남점에 별도의 공간을 열고 와인을 잔 단위로 판매하고 있다. 이에 발맞춰 면세업계도 500ml 소용량 위스키 제품 확보에 나서고 있다.

가전 시장에서도 프리미엄 소형 가전의 성장세가 가파르다. 1인 가구에게 인기가 많은 LG전자의 스탠바이미는 출시 즉시 대박을 터뜨렸고, 2024년 최대 판매량을 기록했다. 심지어 후속작인 스탠바이미2는 사전 예약 라이브에서 초도 물량 1,000대가 38분 만에 매진됐다. 삼성전자의 비스포크 큐브 냉장고도 김치·반찬 대신 와인·화장품·영양제 등 개인 맞춤형 용도로 인기를 끌고 있다. 가전제품이 이제는 기능적 도구를 넘어 인테리어 요소이자 심리적 만족감을 주는 사치재로 진화한 것이다.

이러한 변화는 우리보다 앞서 축소 사회를 경험한 국가에서는 이미 보편화된 현상이다. 특히 솔로 이코노미의 선진국인 일본의 사례는 우리의 미래를 보여주는 거울 같다. 일본에서는 혼자를 의미하는 '히토리(一人)'와 활동을 의미하는 '카츠(活)'를 합친 '히토리카츠(솔로활동)'라는 신조어가 사회 전반의 트렌드로 자리 잡은 지 오래다.

혼자 가는 노래방을 뜻하는 히토카라 전용 매장이 대도시의 필수 시설이 됐고, 캠핑 시장에서는 1인용 텐트와 초소형 장비들이 새로운 주류로 떠올랐다. 심지어 인생의 중요한 이벤트마저 개인화되어, 혼자 웨딩드레스를 입고 사진을 찍는 솔로 웨딩 서비스나 자신의 장례와 유산을 미리 준비하는 슈카츠(終活, 종활) 컨설팅이 거대한 산업을 형성하고 있다.

일본 비즈니스의 성공은 단순히 1인용 상품을 파는 데 있지 않다. 그들은 '혼자'라면 떠올리게 되는 외로움·어색함이라는 사회적 낙인을 없애고, 자신에게 집중하는 세련된 시간, 타인에게 방해받지 않는 온전한 경험이라는 새로운 가치를 부여했다. 이 지점에서 거대한 부가가치가 창출된 것이다.

결국 1인 가구의 확산은 단순한 인구 구조의 변화를 넘어 소비와 경험의 패러다임 자체를 뒤바꾸고 있다. '함께'를 전제로 설계된 세상에서 벗어나 나에게 최적화된 제품과 서비스를 선택하는 개별화되고 밀도 높은 소비가 보편화된 것이다. 대한민국이 맞이한 솔로 이코노미는 축소 사회에서도 성장의 길을 여는 새로운 기회가 될 것이다.

지도에서 사라져 가는 도시들

인구 구조의 변화는 우리가 발 딛고 서있는 땅, 즉 부동산의 가치도 바꾸고 있다. 2024년 기준 전국 228개 시·군·구 중 절반이 넘는 130곳이 소멸 위기를 맞았다. 대한민국 절반이 지도에서 사라실 위기에 처했다는 의미다. 사람이 떠난 땅의 자산 가치는 참혹하게 폭락한다. 실제로 시골 곳곳에는 지붕이 무너진 빈집이 흉물처럼 방치돼 있다. 2024년 기준 전국 미거주 주택 수는 160만 호로 전년(153만 4,919호) 대비 약 4.2% 증가했다.

아파트 청약 시장에서도 양극화가 극명하다. 집 한 채를 얻기 위해 수많은 사람들이 몰리고, 수도권 인기 단지의 경쟁률은 수십만 대 1에 이른다. 서울의 과열된 청약 시장과 달리, 지방에서는 신축 아파트가 수년째 빈집으로 방치되는 경우가 빈번하다.

기존 주택 시장의 상황도 심각하다. 2024년 서울의 주택 매매가는 2.0% 상승한 반면, 5개 광역시는 1.6% 하락해 수년간 약세 흐름을 이어가고 있다. 일부 지역에서는 10년 전 가격에 내놓아도 문의조차 없다고 한다. 이러한 주거 붕괴는 자연히 지역 상권의 몰락으로 이어진다. 2024년 경남의 오피스 공실률은 19.2%, 중대형 상가 공실률은 17.2%를 기록했고, 부산의 중대형 상가 공실률도 14.2%로 전국 평균보다 높다. 상가 일곱 곳 중 한 곳이 텅 빈 셈이다. 서울 명동의 공실률 6.8%와는 극명한 대조를 이룬다.

이러한 현상의 가장 비극적이고 상징적인 사례는 지방 대학 소멸이다. 학령인구 급감으로 2025학년도 입시에서 전국 49개 대학이 신입생 정원을 채우지 못했고, 이중 82%인 40군데가 지방 대학이었다. 대학은 지역 경제의 중추적인 역할을 해왔기에, 대학 하나가 사라지는 것은 주거·상업용 부동산 시장 전반이 도미노처럼 무너지는 것을 의미한다.

대학 소멸의 첫 파장은 대학가 원룸촌의 빈집 대란이다. 수천 명의 학생이 사라진 원룸촌의 공실률이 치솟고 월세가 폭락하며, 원룸 건물의 자산 가치는 회복 불가능한 수준으로 떨어진다. 이어서 카페·식당·술집 등 대학 상권이 연쇄 붕괴한다. 권리금만 수억 원이던 1층 상가는 먼지가 쌓인 채 방치된다. 지방 대학의 소멸은 주거용·상업용 부동산을 포함한 지역 경제 생태계 전체를 무너뜨리는 강력한 기폭제다.

그렇다고 이 압축 현상이 위기만을 부르는 것은 아니다. 과거에 확장을 전제로 했던 성장 공식이 이제는 압축이 만들어낸 문제를 해결하는 방식으로 대체되고 있다.

첫 번째 해법은 물리적 거리의 압축이다. 수도권 주거비용과 교통 정체를 해결하기 위해 수도권광역급행철도 GTX라는 거대한 교통 혁명을 꺼내든 것이다. 3개 노선 건설에 2024년 기준 7,247억 원이 배정됐고, 완공 후에도 10년 이상 안정적인 운영·유지 보수 사업을 통해 지속적인 현금 흐름이 창출된다.

GTX 건설의 수혜자는 명확하다. 먼저, 지하 깊은 곳에서 터널을 뚫는 터널 굴착 장비 TBM 업체들은 대규모 공사 물량을 통해 안정적인 수주 물량을 확보했다. 고속 전동차를 구성하는 핵심 궤도 부품을 제조하는 업체들도 연간 수백 량의 차량 도입에 따른 부품 공급 계약을 따내며 매출 성장의 기회를 얻었다. 한국형 열차제어시스템 KTCS-2과 전력 인프라 솔루션을 제공하는 LS일렉트릭·삼성SDS 역시 고미진 유지·보수 시장을 선점하게 되었다.

공사 완료 후에는 역세권을 거점으로 한 상업용 부동산 개발·운

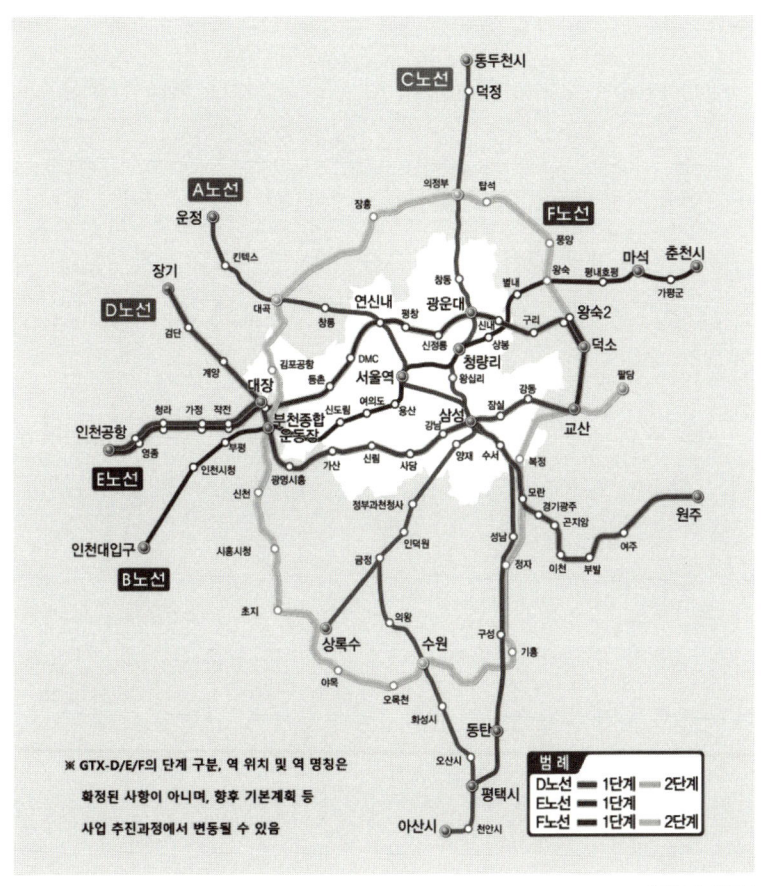

출처: 국토교통부

영, 디지털 광고, 철도 유지·보수·운영 사업을 통한 장기적 현금 창출이 이어진다. 다만 평택처럼 KTX 개통 이후에도 상권 활성화 효과가 미미한 지역이 있어, GTX 역세권 상업용 부동산의 투자 타당성을 분석할 때는 충분한 수요와 유입 전망을 검토해야 한다.

물리적 거리의 한계를 무너뜨린 또 다른 해법은 원격 혁명이다.

코로나19 이후 정착된 하이브리드 워크는 서비스형 소프트웨어^SaaS 시장의 폭발적 성장을 이끌었다. 한국IDC는 국내 퍼블릭 클라우드 소프트웨어 시장이 2026년 3조 614억 원에 이를 것으로 전망했다. 대기업들은 클라우드 기반 화상회의, 프로젝트 관리, 전자결재 시스템을 도입해 재택·원격 근무를 표준 업무 방식으로 정착시켰다. 이는 IT 인프라 비용 절감과 우수 인재의 지방·해외 채용 확대라는 두 가지 효과를 동시에 가져오고 있다.

교육 공간의 해체도 원격 혁명의 주요 축이다. 정부는 국내 에듀테크 시장이 2026년에 11조 원 규모로 성장할 것이라고 발표했다. 온라인 대학이 비대면 강의를 통해 시공간 제약 없이 학위를 제공하자 경쟁률이 상승했다. 메타버스 캠퍼스에서는 가상 토론·실험실·동아리 활동을 지원해 지방·해외 학습자의 접근성을 높였다. 산업체·대학이 공동 개발한 온라인 공학 커리큘럼과 AI 튜터링 서비스는 교육의 질을 한 단계 끌어올리고 있다.

의료 공간의 탈공간화는 더욱 절실하다. 2020~2025년의 비대면 진료는 전체 외래진료 대비 0.2~0.3% 수준에 불과하지만, 휴일·야간 진료 중 15%가 비대면 진료로 이루어지고 있어 의료 접근성 개선에 기여한다고 볼 수 있다. 식약처는 2023년부터 원격 모니터링 기기와 환자용 앱을 연계한 시범 사업을 승인했고, 이동형 심전도^ECG·AI 기반 영상 진단·모바일 건강검진 키트 등 첨단 솔루션을 병원 밖 환자에게 제공하고 있다. 글로벌 원격의료 시장은 2031년까지 연평균 18.6% 성장할 것으로 전망되는 등 큰 성장 잠재력을 보여주고 있다.

　이제 우리 앞에 놓인 과제는 분명하다. 낡은 성장 방정식에서 벗어나 인구 변화를 새로운 현실로 받아들여야 한다. 부족한 노동력은 기계와 디지털 혁신으로 메우고, 액티브 시니어를 경제의 핵심 주체로 포용해야 한다. 1인 가구의 솔로 이코노미와 VIB 경제 같은 오늘의 변화는 내일의 지속 가능한 성장을 이끄는 동력이 될 것이다. 인구 오너스가 짓누르는 무게를 새로운 성장 동력으로 전환하는 시장, 우리는 그곳에서 부를 창출할 기회를 찾을 수 있다.

02 저성장

잠재성장률 0% 미래

    2024년 12월, 한국은행은 잠재성장률에 대한 역사상 가장 비관적인 전망을 내놓았다. 우리나라의 잠재성장률은 2024~2026년 2.0% 수준에서 꾸준히 하락해 2039년에는 1.1%까지 떨어질 것이라고 한다. 이는 우리 경제가 더 이상은 한강의 기적을 이끌었던 고성장 국면에 머무를 수 없다는, 구조적 저성장 시대가 도래된 것을 시사한다.

    잠재성장률이란 한 나라의 경제가 물가 상승을 유발하지 않으면서 달성할 수 있는 최대 성장률을 의미한다. 이러한 성장 잠재력이 하락한다는 것은 우리 부모님 세대가 믿어왔던 '열심히 일하면 내일은 더 나아진다'는 경제적 기반이 약화되고 있음을 시사한다.

그렇다면 무엇이 세계를 놀라게 했던 대한민국의 성장판을 멈춰 세운 것일까? 왜 우리 부모님 세대에게는 당연했던 '성장'이 우리 세대에게는 이토록 도달하기 힘든 결과가 되었을까? 이 질문에 대한 답을 찾는 것이 저성장 시대를 살아갈 우리에게 주어진 가장 중요한 과제다.

무엇이 우리의 발목을 잡는가?

한 번도 멈추지 않을 것 같았던 성장의 물결에 어느 순간 어둠이 드리워졌다. 세계화라는 거대한 엔진의 속도는 줄어들었고, 미·중 패권 경쟁 속에서 공급망은 효율성을 잃었다. 내수를 떠받치던 소비는 높은 가계부채에 눌려 얼어붙었고, 혁신의 불씨를 지폈던 스타트업은 낡은 규제의 벽에 가로막혔다. 이제 우리는 이 모든 변곡점을 지나, 저성장의 뿌리를 마주해야 한다.

세계화의 후퇴와 G2(미국·중국) 리스크

성장 둔화는 비단 우리나라만의 문제가 아니다. 전 세계가 동시에 저성장의 터널에 들어서고 있다. 이는 어느 한 나라의 실책 때문이 아니라, 과거 세계 경제를 이끌었던 성장 동력들이 일제히 제 기능을 상실했기 때문이다.

과거의 세계 경제는 '세계의 공장' 중국이 저렴한 상품을 생산하면, '세계의 소비자' 미국이 적극적으로 지갑을 여는 단순한 공식으로 움직였다. 하지만 그 공식은 이제 깨졌다. 2022년 시작된 미국의 인플레이션과의 전쟁은 고금리라는 혹독한 대가를 낳았다. 국제통화기금^{IMF}과 주요 기관들은 미국의 2026년 경제 성장률을 1.8~2.4%로 전망하는데, 이는 높은 가계부채의 이자 부담 때문에 소비 욕구를 억누른 결과다. 세계 소비 엔진이 흔들리고 있는 것이다.

중국 경제도 위기에 직면했다. 2021년 헝다 사태는 중국 최대 부동산 개발사의 3,000억 달러대(약 443조 원) 부채 때문에 일어났다. 이로 인해 중산층 자산이 증발했고, 최악의 청년 실업률이 소비 심리를 얼어붙게 만들었다. 과거의 7~8%대 성장에 익숙했던 중국에게 IMF가 예측하는 4%대 성장률은 충격으로 다가왔다. 더 이상 중국은 세계 경제를 견인할 힘이 없다.

유럽이라고 예외는 아니다. 러시아·우크라이나 전쟁으로 값싼 러시아산 에너지에 대한 의존에 균열이 생겼다. 높아진 에너지 비용은 독일 제조업의 경쟁력을 흔들었고, 유럽 전체를 저성장의 늪으로 끌어들였다.

세계은행이 "전 세계가 동반 침체 국면에 진입했다."고 진단한 이유는, 대부분의 성장 동력이 사라졌기 때문이다. 이 터널에서 벗어나기 위해서는, 먼저 우리가 누려왔던 세계화 시대의 종말을 인정해야 한다. 종말의 주범은 다름 아닌 미·중 패권 경쟁, 즉 G2 리스크다.

G2 리스크는 기존의 성장 시스템을 파괴하며 전 세계를 저성장의 늪으로 끌어내린다. 먼저 이들의 충돌은 전 세계 공급망의 효율을 무너뜨린다. 미국은 반도체과학법^{CHIPS Act}을 통해 동맹국 중심의 하이테

크 장벽을 구축하고, 중국을 첨단 공급망에서 배제하고 있다. 이 법의 핵심은 미국에 공장을 짓는 기업에게 막대한 보조금을 주는 것뿐만 아니라 그 기업이 향후 10년간 중국 내 첨단 반도체 공장을 증설하지 못하도록 막는 가드레일 조항에 있다.

이에 맞서는 중국의 전략은 자원의 무기화다. 중국은 전기차 배터리의 핵심 소재인 흑연의 90% 이상을, 반도체 원료 갈륨의 80%, 게르마늄의 60%를 장악하며 글로벌 공급망을 쥐고 흔든다. 국제에너지기구IEA는 "중국이 이들 광물을 무기화할 경우 첨단산업 전반에 심각한 타격을 줄 수 있다."고 경고했다. 실제로 중국은 핵심 광물 수출을 제한하거나 세율을 높이는 방식으로 언제든 단단한 카드로 활용할 태세다.

이 모든 과정은 미래에 대한 극심한 불확실성을 낳아 기업들의 투자를 축소시킨다. 대외경제정책연구원KIEP은 기업들이 안보 비용이라는 보이지 않는 세금을 부담하게 되면서 수익성 압박이 커졌다고 평가했다. 게다가 앞으로 미국이 어떤 추가 규제를 도입할지, 중국이 어떤 자원을 제한할지 예측하기 어려운 상황에서, 수십조 원이 드는 신규 공장 건설과 같은 장기 투자를 감행하기 어렵게 되었다. IMF가 "지정학적 리스크 심화가 글로벌 기업 투자를 위축시키는 가장 큰 요인."이라고 경고하는 이유다.

결국 G2 리스크는 비용 상승과 투자 위축이라는 치명적 연쇄 반응을 일으킨다. 세계 경제의 성장 엔진을 멈춰 세우는 것이다. 한 나라의 잠재성장률은 투자에서 나오는데, 투자가 멈춘 경제에서는 지속적인 성장을 기대하기 어렵다. 특히 수출에 의존적인 한국 경제는 최근의 지정학적 변화에 직격탄을 맞으며, 그 피해가 더욱 심화되고 있다.

공짜 돈 시대의 종말과 부채의 무게

지난 10여 년간 대한민국 경제는 초저금리라는 강력한 엔진의 힘으로 달렸다. 2012년 7월부터 2021년까지 기준금리는 단 한 번도 3%를 넘지 못했고, 대부분 1%대에 머물렀다. 특히 코로나19 팬데믹 시기에는 기준금리가 0.5%까지 떨어지며 사실상 공짜 돈 시대가 이어졌다.

그 덕분에 '영끌(영혼까지 끌어모아 대출)', '빚투(빚내서 투자)' 광풍이 휘몰아쳤다. 그 결과 우리는 GDP 대비 가계부채가 가장 많은 나라 중 하나가 되었다. 특히 미래에 대한 불안감이 컸던 2030 세대가 이 광풍의 중심에 있었다. 한국은행 통계에 따르면, 2020~2021년에 젊은 세대의 가계대출이 유례없이 빠르게 늘어 전체 가계부채가 커졌다. 이는 지금 빚을 내지 않으면 영원히 뒤처진다는 공포심이 만들어낸 전례 없는 부채 버블이었다.

하지만 파티는 끝났다. 국제통화기금과 국제결제은행은 미·중 갈등에 따른 탈세계화, 에너지 전환 비용 급증, 막대한 정부부채 등 구조적 인플레이션 압력을 이유로, 앞으로 초저금리 시대로의 회귀는 어려울 것이라고 전망했다. 설령 금리가 다시 내려가더라도 과거보다 훨씬 높은 수준에서 바닥을 형성할 가능성이 크다는 것이다.

우리나라에는 마이너스 청구서가 날아들었다. 국제결제은행 자료에 따르면, 2024년 말 기준 우리나라의 GDP 대비 가계부채 비율은

90.1%로 주요국 중 최상위권이었다. 이는 홍콩(88.1%), 영국(76.3%), 미국(69.2%), 일본(65.1%)과 비교해도 높은 수준이다.

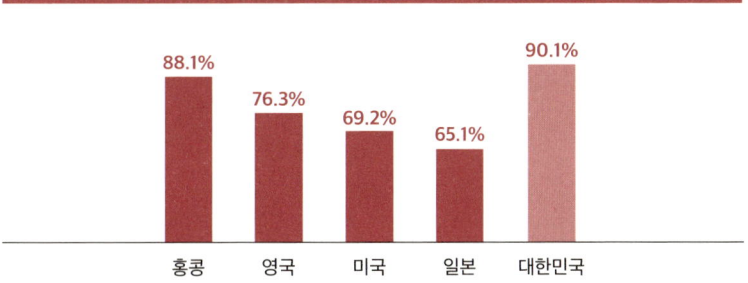

GDP 대비 가계부채 비율

출처: 국제결제은행

부채 비율이 높으면 과도한 가계부채가 중앙은행의 통화정책의 폭을 극도로 제한하기 때문에 위험하다. 통상 경기가 과열되면 금리를 올려 물가를 잡고 침체되면 금리를 내려 경기를 부양하지만, 지금은 어느 쪽도 선택하기 어렵다. 금리를 조금만 더 올려도 90%에 달하는 가계부채가 부실화돼 금융 시스템 전체가 흔들릴 수 있고, 반대로 금리를 내리면 부동산 버블이 재점화될 위험이 있다. 중앙은행은 이러지도 저러지도 못하는 정책의 덫에 갇힌 셈이다.

또한 국가부채는 방어막을 약하게 만든다. 만약 또 다른 글로벌 위기가 닥쳐 실업률이 치솟으면, 소득이 끊긴 가계는 대출 원리금을 갚지 못하게 된다. 이는 곧 은행 부실로 이어지고, 은행 부실은 기업들의 자금줄을 옥죄며 실물 경제 전반을 마비시키는 금융 위기로 비화할 수 있다. 일본의 '잃어버린 20년'을 불러온 부채 디플레이션이 우리 뒤를 쫓고 있는 셈이다.

이런 위험은 이미 현실화되고 있다. 가계부채의 대부분은 주택담보대출, 즉 부동산을 사기 위해 빌린 돈이다. 초저금리 시대에 지금 아니면 내 집 마련이 어렵다는 공포에 휩싸인 영끌족은 월급의 절반 가까이를 원리금 상환에 쓰고 있다. 자연히 식비·교육비·노후 준비 같은 기본 소비가 줄어들면서 내수 시장이 얼어붙고 있다. 외식·쇼핑·여행에 쓰일 돈이 모두 대출 이자로 사라지며, 소비가 위축되는 악순환이 반복되고 있다. 하나금융경영연구소는 과도한 이자 부담이 2026년 민간소비 증가율을 1%대로 묶어두는 결정적 요인이 될 것이라고 분석했다.

기업도 예외가 아니다. 제로금리 시대에 싼 이자로 버티던 중소·중견기업들이 높아진 금리 부담을 견디지 못해 쓰러지고 있다. 한국은행은 3년 연속 영업이익으로 이자도 갚지 못하는 한계기업 비중이 전체 기업의 16.4%로 역대 최고치에 달했다고 경고했다. 특히 숙박·음식업(59.0%), 운수업(49.2%), 전기가스업(46.1%), 부동산업(43.8%) 등에서 심각하게 나타나고 있다.

이러한 한계 기업의 존재가 왜 그렇게 위험한 것일까? 이는 단순히 부실기업 몇 개가 망하는 정도의 문제가 아니다. 한계 기업은 자본을 빨아먹으며 경제 생태계 전체를 병들게 한다. 이러한 상황은 금융기관의 리스크 관리 의식을 높이고 추가 대출을 죄어, 혁신 기업과 유망 중소기업으로 향해야 할 자본이 부실기업에 묶이게 만든다. 경쟁력이 떨어진 기업이 시장을 교란하며 낮은 가격과 임금으로 인력을 잡아두면, 건강한 기업조차 신규 투자와 인력 확보를 주저하게 된다.

KDI는 이 같은 부실기업의 증가가 기업 투자 소멸 현상의 핵심 원인이라고 지적했다. 자금이 부실기업에 흘러가고 선순환이 막히는 구조는, 장기적으로 우리 경제의 생산성과 혁신 잠재력을 갉아먹는다. 이 거대한 부채가 한국 경제를 저성장의 늪으로 끌어내리는 가장 무거운 짐이 되고 있다.

코리아 디스카운트, 낡은 규제와 멈춰버린 혁신

대부분의 사람들은 코리아 디스카운트의 원인을 여전히 휴전선 너머의 북한 리스크에서 찾는다. 하지만 월스트리트 투자자들은 국내 문제를 더 심각하게 보고 있다. 소수의 창업 가문이 대기업 지배 구조를 좌우하는 불투명성, 그리고 혁신 스타트업의 성장을 가로막는 낡은 규제와 경직된 노동시장이야말로 코리아 디스카운트의 진짜 핵심이라는 것이다.

스위스 국제경영개발대학원[IMD]이 발표한 2025년 국가경쟁력 순위에서 우리나라는 69개국 중 27위에 그쳤다. 세계 10위권 경제 규모를 감안하면 초라한 성적표지만, 더욱 우려스러운 것은 세부 항목이다. 4대 평가 분야 중 기업 효율성 부문에서 우리나라는 44위로 저조하다. 이는 외부에서 볼 때 우리 정부의 정책이 일관성 없이 관료주의에 빠져 있고, 기업 환경 역시 과도한 규제와 비효율로 인해 앞으로 나아가지 못하고 있다는 인식을 반영한다.

대한민국 국가경쟁력 순위 추이

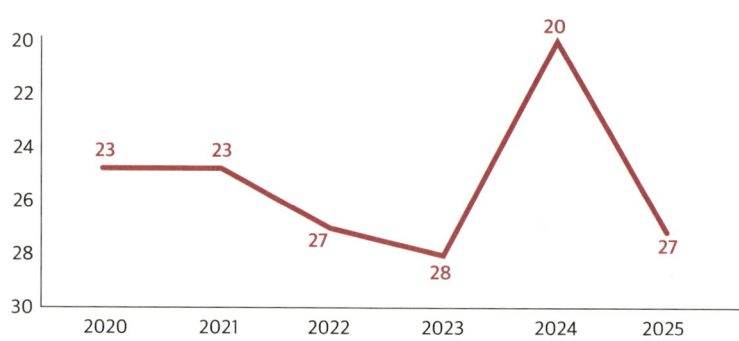

대한민국 국가경쟁력 주요 평가 지표의 변화

기업 효율성	23위	→	44위	▼
인프라	11위	→	21위	▼
경제성과	16위	→	11위	▲
정부 효율성	39위	→	31위	▲
전체 순위	20위	→	27위	▼

출처: 기획재정부

　미국의 대표적인 싱크탱크인 헤리티지 재단의 경제자유지수는 이 비효율의 뿌리를 명확히 드러낸다. 184개국 중 우리나라는 노동시장 유연성 항목에서 100위를 차지했는데, 이는 기업이 급변하는 세계 경제에 맞춰 인력을 탄력적으로 운용하거나 새로운 사업에 과감히 도전하기 어렵도록 구조화돼 있음을 뜻한다. 기업하기 힘든 나라, 변화가 어려운 나라라는 꼬리표가 순위로 확인된 셈이다.

이 같은 구조적 제약은 스타트업의 좌절 사례에서 극명히 드러난다. 2018년 등장한 모빌리티 서비스 '타다'는 AI 기반 배차 시스템으로 심야 택시 난을 해소하며 폭발적 호응을 얻었지만, 기존 택시업계의 반발에 부딪혀 국회가 이른바 '타다 금지법(여객자동차 운수사업법 개정안)'을 통과시키며 혁신을 짓밟았다. 이 사건은 기득권의 밥그릇을 위협하는 혁신은 결코 용납되지 않는다는 선례를 남겼다. 이후 AI 합승 택시나 수요응답형 버스 같은 새로운 모빌리티 서비스들은 기존의 택시 면허 체계라는 장벽에 막혀 사업을 확장하지 못하고 있다. 그로 인해 시민들은 혁신의 혜택을 제대로 누리지 못했다.

초고령사회를 맞아 필수적인 원격 의료 분야도 규제 카르텔에 막혀 있다. 의료법의 대면 진료 원칙과 의료계 반발로 인해 원격 의료는 수년째 시범사업 단계를 벗어나지 못하고 있다. '닥터나우' 같은 플랫폼 기업들은 법적 근거가 불투명해 대규모 투자 유치와 서비스 확장이 어려운 실정이다.

혁신은 법률 서비스 시장에서도 어김없이 제동이 걸렸다. AI 기반 리걸테크 플랫폼 '로톡'은 소비자가 자신에게 맞는 변호사를 쉽게 찾도록 지원했지만, 대한변호사협회는 이를 불법 법률 사무 알선이라며 징계 절차를 밟았다. 비록 법무부와 헌법재판소가 로톡의 손을 들어줬으나, 그 과정에서 국내 리걸테크 산업 전체가 위축될 수밖에 없었다.

한편 우리나라의 GDP 대비 연구개발 R&D 투자 비중은 4.8%를 넘어 이스라엘과 함께 세계 최고 수준을 자랑한다. 하지만 지식재산 사용료나 특허 건수 등 성과 지표는 OECD 평균에도 못 미친다. 그 이유 중 하나는 R&D 자금이 일부 대기업에 집중된 탓이다. 삼성전자 한 곳의 R&D 지출이 국내 중소·벤처기업 전체 지출을 합친 것보다 많다. 대기업 투자가 메모리 반도체나 스마트폰 같은 세계 1등 제품의 경쟁력을 높이는 데 기여하지만, 파괴적 혁신보다는 기존 제품 성능을 10% 개선하는 점진적 혁신에 치중될 수밖에 없다. 결국 한국의 R&D는 새로운 생태계를 형성하기보다는 가장 큰 나무에 비료만 주는 불균형 상태에 머물 수밖에 없는 것이다.

혁신 강소국들은 정반대다. 스위스·스웨덴·이스라엘 등은 대학 연구실과 수많은 스타트업에서 파괴적 아이디어가 피어나면, 정부와 벤처캐피털이 이를 적극 지원하고, 대기업이 완성된 기술을 인수해 시장에 안착시키는 선순환 구조를 구축했다. 대학-스타트업-대기업으로 이어지는 생태계가 투자 자금을 진짜 수익으로 연결시키는 것이다.

반면 한국에서 창업은 혁신이 아닌 도박에 가깝다. 실패를 용인하지 않는 사회 분위기와 한 번 실패하면 재기하기 어려운 금융 시스템 때문이다. 실리콘밸리에서 실패는 다음 성공을 위한 훈장으로 여기지만 우리나라에서는 곧바로 신용불량자라는 낙인을 찍는다. 여기에 스타트업이 대기입 수준의 급여와 복시를 제공하기 어려워 우수 인재가 안정적인 대기업으로만 몰리는 현실은 혁신 생태계의 형성을 더욱 가로막는다. 이렇게 실패를 허용하지 않는 사회 분위기가 저성장을 고착시키는 근본 원인이다.

저성장 시대의 현주소

저성장은 단순히 숫자가 변화시킨 것이 아니다. 개인은 생존을 위해 1원 단위까지 아끼며 처절한 절약 게임을 벌이고, 기업은 성장을 목표하기보다 현금 확보에 올인한다. 일부는 로또 같은 일확천금에 희망을 걸고, 또 다른 이들은 노동시장을 떠나기도 한다. 저성장은 이제 우리 사회의 DNA를 바꿔버린 새로운 현실이 되었다.

짠테크의 진화: 생존을 위한 처절한 게임

저성장 시대의 차가운 현실은 개인의 생존 방식을 근본부터 바꾸고 있다. 과거 부모 세대에게 절약은 더 나은 미래를 위한 저축이었지만, 지금 시대의 절약은 생존의 필수 조건이다. 대표 사례가 무지출 챌린지다. 하루 동안 어떠한 지출도 하지 않는 이 챌린지는 단순히 무언가를 아낀다는 개념을 넘어, 2030 세대가 저성장 시대를 견디기 위해 택한 생존 방식이자 놀이 문화로 자리 잡았다.

2025년 7월 기준, 인스타그램에서 #무지출챌린지 게시물은 1만 6,000건, #짠테크 해시태그는 8만 3,000건에 달한다. 이는 절약이 더 이상 소수의 습관이 아니라 수많은 청년들이 참여해 서로 응원하는 문화 현상이 되었음을 보여준다.

이러한 게임화 현상은 오픈채팅방 '거지방'에서도 볼 수 있다. 수백 개 방에서 참가자들은 자신이 쓴 지출 내역을 사진으로 공유하고, 다른 이들로부터 "점심 8,000원짜리 김치찌개는 사치였다." "커피 한 잔 값이면 다음 교통비다." 같은 신랄한 피드백을 받는다. 혼자였다면 약해졌을 절약 의지가 커뮤니티의 압박이라는 강제력으로 버티게 되는 것이다.

이 과정은 개인에게 작은 성공 경험과 심리적 위안을 준다. 청년들은 더 이상 큰 성공을 기대하기 어려운 현실에서, 지출을 통제하는 작은 승리를 커뮤니티와 함께 확인하며 자존감을 지킨다. 고통스러운 절약은 온라인 동지들과의 연대이자, 절약 생존 게임이란 새로운 삶의 양식으로 진화했다.

기프티콘 재테크도 뜨고 있다. 니콘내콘, 팔라고 등 중고 기프티콘 거래 플랫폼은 연간 수천억 원 규모의 차익 거래 시장을 형성했다. 사용하지 않는 기프티콘을 액면가보다 20~30% 저렴하게 팔아 현금을 확보하고, 구매자는 10~15% 할인된 가격으로 상품 혜택을 누린다. 플랫폼은 그 중간 이익을 챙기며 스마트 소비 루틴의 한 축이 되었다.

짠테크는 금융상품 영역으로도 확산되고 있다. 대표적인 예가 2024년 하반기 고금리 특판 적금 오픈런이다. 연 7~8% 금리를 내건 새마을금고·신협 특판 행사에 수백 명이 새벽부터 줄을 선 진풍경이 벌어졌다.

높은 금리를 찾기 위해 손품, 발품을 파는 금리 노마드족들은 토스뱅크, 케이뱅크 등의 파킹통장에 자금을 분산 예치하고, 0.1%p라도 높은 금리를 찾아 매일 자금을 옮긴다. 일부는 적금 납입금을 선납·이연하여 중간 자금을 고금리 상품으로 굴려 추가 수익을 얻기도 한다. 여러 계좌를 넘나들며 이자 수익을 최대화하려는 이들의 손품·발품 경쟁은 저성장 시대에 개인들이 할 수 있는 최선의 선택으로 여겨지고 있다.

단순 절약을 의미하던 짠테크의 의미는 점점 확대되고 있다. 월급만으로는 살아남기 어려운 현실에서 커뮤니티의 동기 부여와 기술 활용, 금융 지식을 총동원해 1원의 이자라도 더 얻으려는 이 정신이야말로, 저성장 시대를 살아가는 개인들의 집단적 생존 방식이라 할 수 있다.

기업의 생존법: 성장을 포기하고 현금을 지켜라

저성장 시대의 냉혹한 현실은 기업들의 생존 전략도 바꾸어놓았다. 과거 고성장 시기에는 공격적 투자와 과감한 확장으로 미래를 선점했다면, 2026년의 기업들은 성장을 잠시 미루고 안전지향을 최우선 과제로 삼고 있다.

2024년 기준, 비금융 기업이 보유한 현금성 자산^{M2}은 1,125조 4,320억 원으로 역대 최대를 기록했다. 이는 전년에 비해 30조 8,280억 원 늘어난 금액이다. 이처럼 현금 안전망을 쌓으려는 유인이 커지면서 기업의 미래 투자 의욕은 크게 위축됐다. KDI는 설비투자 증가율을 2025년 1.8%, 2026년 1.6%로 전망하는 반면, 건설투자는 2025년 -8.1%로 예상하여 전체 고정투자 증가율이 -2.7%에 이를 것으로 내다봤다. 이는 기업들이 현금은 충분히 확보했지만, 불확실한 미래에 대한 과감한 투자는 주저하고 있음을 보여준다.

이러한 극단적 안전지향주의는 경영 전략 곳곳에서도 드러난다. 2025년 상반기 국내 기업들의 인수·합병 M&A 거래 규모는 전년 동기 대비 절반 수준으로 급감했다. 공격적 M&A를 통해 새로운 성장 동력을 찾기보다는, 기존 사업의 내실을 다지는 보수적 경영 기조로 돌아선 것이다. 특히 리스크가 큰 해외 기업 인수·합병, 즉 크로스보더 M&A는 사실상 사라졌다고 볼 수 있다.

그렇다면 기업들은 왜 투자를 멈추고 현금을 쌓아두는 것일까? 이는 기업 입장에서는 합리적인 선택이다. G2 지정학 리스크, 과도한 부채 부담, 내수 침체 등 한 치 앞을 내다보기 어려운 상황에서는 미래에 대한 과감한 베팅보다 현금을 확보해 두는 것이 더 중요하기 때문이다.

하지만 개별 기업의 합리적 선택들은 국가 경제 전체에는 저성장의 재앙을 낳는다. 바로 구성의 오류를 범하는 것이다. 즉, 개별적으로는 옳은 판단일지라도 모두의 이익으로 연결되지 않는 상황이 된다. 실제로 투자 공백은 국가 경제에 심각한 리스크로 작용한다. 예컨대, 대기업이 신규 공장 건설을 미루면 해당 공사를 수주할 건설사는 일감을 잃고, 공장 설비를 만드는 기계업체 매출도 증발한다. 기계 부품을 납품하던 수많은 중소 협력업체 역시 연쇄 위기를 맞는다. 게다가 신규 공장은 양질의 일자리를 창출하는 핵심 수단인데,

이를 잃으면 가계 소득이 줄어들고 소비가 위축되면서 경기 하강이 심화된다.

또한 안전지향주의는 혁신의 실종으로 이어진다. 신규 M&A 시장이 얼어붙은 것도 기업들이 미래 성장 동력을 모색하는 과감한 도전을 포기했기 때문이다. 글로벌 기술 경쟁에서 살아남기 위한 혁신 근육이 서서히 빠져나가는 셈이다.

노력의 종말: 번아웃에 내몰린 사회

성장의 사다리가 사라진 시대, 월급만으로는 희망을 찾기 어려워진 사람들은 꾸준히 돈을 모으는 삶의 방식 대신 일확천금을 꿈꾸며 복권 판매점 앞에 줄을 서기 시작했다. 2024년, 연간 복권 판매액은 사상 처음으로 7조 원을 돌파했다. 이는 성인 1인이 1년에 15만 원 이상의 복권을 구매하는 수준이다. 매주 추첨일이 다가오면 1등 당첨자를 수십 명 배출한 로또 명당 앞에는 수백 미터의 긴 행렬이 생기고, 다른 지역에서 KTX를 타고 원정을 오거나 수수료를 내고 구매를 대행하는 서비스도 성행한다. 20년간 매달 700만 원을 지급하는 연금복권 역시 꾸준히 인기를 끌며, 저성장 시대 근로소득의 무기력함을 달래준다.

이 같은 한탕주의는 금융시장으로도 확산된다. 무엇보다 2030 세대가 장기 투자 대신 단기 베팅에 몰입하기 때문이다. 대표적 사례가 주기적으로 불어오는 테마주 광풍이다. 경제 전반이 침체된 상황에서도 초전도체·인공지능·정치인 관련주처럼 실체는 불분명하지만 강력한 스토리를 내세운 종목들에 자금이 쏠린다. 한국거래소 데이터에 따르면, 테마주 광풍이 최고조에 달하는 날에는 이들 일부 종목의 거래대금이 코스닥 전체 거래대금의 30%를 넘기는 기현상까지 발생한다.

암호화폐 시장도 마찬가지다. 2024년 말을 기준으로 국내 5대 암호화폐 거래소의 실명 확인 계좌 수는 1,000만 개를 돌파했고, 2025년 상반기에도 꾸준히 신규 가입자가 늘었다. 암호화폐 투자자에게 코인은 단순한 미래 기술이 아니라 가장 빠르고 강력한 로또다.

특히 국내 암호화폐 시장은 비트코인·이더리움 같은 우량 코인보다 변동성이 극심한 알트코인, 그중에서도 김치코인 거래 비중이 비정상적으로 높다. 온라인 커뮤니티와 소셜미디어에 소문이 퍼지면 단시간에 자금이 몰렸다가 순식간에 빠져나가는 모습이 반복된다. 이는 장기적 가치 상승보다는 단타 시세차익을 노리는 전형적 투기의 형태다. 주요 경제 연구소들은 암호화폐 열풍에 대해 전통적인 자산 형성의 사다리가 무너졌다고 느끼는 젊은 세대일수록 고위험·고수익 자산에 비합리적으로 집착하는 경향이 강하다고 분석했다.

청약제도의 '줍줍'이 성행하는 것도 한탕주의 행동 중 하나다. 2025년 1월, 강남구 개포동 디에이치 퍼스티어 아이파크의 무순위 청약 3가구 모집에 100만 명에 가까운 인파가 몰렸다. 분양가와 시세 차액이 15억 원에 달했기 때문에, 15억 원짜리 로또를 노린 대규모 투기 현상이었다. 평생 일해도 모을 수 없는 부를 단 한 번의 청약 당첨으로 얻으려는 기대가 100만 명을 움직인 것이다.

한편, 저성장 시대에 좌절감을 느끼고 노동시장 진입을 포기한 청년들도 크게 늘었다. 2025년 8월 기준으로, 특별한 이유 없이 구직활동을 하지 않는 20대 쉬었음 인구가 43만 명을 넘었다. 특히 30대 쉬었음 인구는 32만 8,000명을 넘어서며 관련 통계 작성 이래 사상최고치를 기록했다. 일할 능력은 있지만 일자리가 없을 것 같아 구직을 포기한 구직 단념자까지 합하면 노동시장 이탈 청년 수는 100만 명을 훌쩍 넘는다.

연령계층별 '쉬었음' 인구

단위: 천 명, %, 전년 동월 대비

연령	2024.8			2025.7			2025.8			
	인원	구성비	증감	인원	구성비	증감	인원	구성비	증감	증감률
15~29세	460	17.9	56	436	16.9	-7	446	16.9	-14	-3.0
15~19세	22	0.9	2	15	0.6	-12	12	0.4	-11	-47.7
20~29세	438	17.1	54	421	16.3	5	435	16.5	-3	-0.8
30~39세	309	12.0	17	316	12.1	24	328	12.4	19	6.2

출처: 통계청

우리 경제의 성장 동력인 청년 100만 명이 생산과 소비 활동에서 사라진다는 것은, 국가의 생산가능인구가 줄어드는 것뿐 아니라 내수 시장의 핵심 소비층이 무너진다는 의미다. 이는 공급과 수요를 동시에 약화시키는 치명적 결과를 가져온다.

더욱이 이러한 상황이 장기화되면, 인적 자본의 붕괴로 이어질 수 있다. 졸업 직후 노동시장에 진입하지 않고 장기간 활동 공백이 이어지면, 학교에서 습득한 지식과 기술은 빠르게 구시대적 자산이 된다. 이는 개인의 경력 단절을 넘어 국가 경제의 미래를 이끌 인재들의 생산성이 손상됨을 의미한다. 녹슨 기계가 원래대로 돌아가기 힘들 듯 한번 멈춘 인재는 경제 동력으로 복귀하기 어렵다.

우리나라의 니트족NEET 비율은 OECD 국가 중에서도 최상위권이다. 니트족은 'Not in Education Employment or Training'의 줄임말로 교육을 받지 않고, 직업도 없고, 직업 훈련도 받지 않는 15~29세 청년층을 뜻한다. 한때 세계 최고 교육 수준과 열정을 자랑하던 우리 청년들이 이제는 가장 무기력한 세대로 변모했다는 충격적 지표다. 노동시장에 참여하지 않는 청년으로 인한 GDP 손실액은 연간 수십조 원에 달할 것으로 추산된다. 미래를 이끌어야 할 청년들의 도전과 성장이 멈추면, 사회 전체의 미래도 함께 멈출 수밖에 없다.

저성장 시대, 돈은 어디로 흐르는가

저성장이 새로운 현실로 자리 잡으면서 돈의 흐름이 근본적으로 바뀌고 있다. 과거처럼 모든 분야가 골고루 성장하는 시대는 끝났고, 이제 부는 극소수의 독점 기업과 안정성을 추구하는 개인 투자, 그리고 작지만 확실한 만족을 주는 스몰 럭셔리 시장으로만 집중되고 있다. 경제 파이가 더 이상 커지지 않는 제로섬 게임에서 살아남는 법칙이 완전히 달라진 것이다.

규모가 아닌 독점에 주목하자

제로섬 사회에서는 어중간한 2등, 3등 기업이 살아남기 어렵다. 불황에도 가격을 올릴 수 있는 소수의 독점 기업에만 온갖 이익이 집중된다. 이 시대에 가장 강력한 독점 우위는 바로 기술력이다.

기술 독점은 눈에 잘 보이지 않는 소재·부품·장비 분야에서도 강력한 힘을 지닌다. 네덜란드의 ASML은 세계에서 유일하게 최첨단 반도체 생산에 반드시 필요한 극자외선 리소그래피EUV 노광 장비를 만든다. 연간 생산 대수가 수십 대에 불과해, 이 장비를 확보하지 못하면 삼성전자, TSMC, 인텔 모두 3나노 이하 반도체를 설계만 해놓고 생산하지 못할 것이다. 이제 ASML의 장비 독점은 지정학적 무기가 됐다. 미국은 자국의 패권을 유지하기 위해 ASML 장비가 중국으로 이전되는 것을 엄격히 통제하고 있다. 이처럼 대체 불가능한 기술 하나가 글로벌 패권 경쟁의 키 플레이어로 떠오르게 만드는 사례는 흔치 않다.

국내에서도 비슷한 사례가 있다. AI 반도체의 필수 부품인 고대역폭 메모리HBM을 만드는 데 반드시 필요한 열압착TC 본더 장비를 사실상 독점 공급하는 한미반도체가 그 주인공이다. AI 시대 도래로 HBM 수요가 폭발하자, 전 세계 반도체 기업들이 한미반도체의 TC 본더를 확보하기 위해 줄을 서고 있다. 이는 산업의 병목 구간을 장악하는 것이 얼마나 강력한 독점적 지위를 만드는지를 여실히 보여준다.

기술 독점은 하드웨어를 넘어 디지털 플랫폼에서도 나타난다. 네이버는 검색, 카카오는 메신저라는 디지털 영토를 차지하고 있다. 이들의 진정한 우위는 네트워크 효과에서 나온다. 예컨대, 카카오톡은 대부분의 사람들이 사용하기 때문에 누구나 쓸 수밖에 없다. 이 거대한 사용자 기반은 새로운 메신저가 아무리 혁신적 기능을 내놔도 넘볼 수 없는 높은 진입 장벽이 된다.

이 같은 네트워크 효과 덕분에 네이버와 카카오는 디지털 영토의 승자로 군림하며, 그 안에서 일어나는 모든 경제 활동으로부터 막대한 통행료를 거둬들인다. 네이버는 검색 결과에 광고를 붙이고 쇼핑 입점 수수료를 챙긴다. 카카오는 선물하기 기능부터 카카오뱅크·카카오페이 등 금융 거래 수수료까지, 우리의 일상에서 수익을 창출한다. 경기가 나빠져도 사람들은 검색을 끊을 수 없고, 메신저를 포기할 수 없기에 이들의 비즈니스 모델은 불황에도 매우 강하다.

결국 모두 함께 성장하는 시대는 끝났다. 이제 부는 대체 불가능한 기술과 독점적 플랫폼이라는, 가장 깊고 넓은 경제적 해자를 가진 소수의 승자에게만 집중될 것이다.

개인 자산의 대이동

주요 증권사의 리서치 센터들은 2026년 투자 전략 보고서에서 '이제 투자의 목표는 고수익 추구가 아니라, 자산 보존과 안정적 현금 흐름 확보가 되어야 한다.'고 입을 모았다.

이 같은 흐름 속에서 배당주가 주목받는다. 불확실한 시세 차익보다는 분기별, 혹은 매달 통장에 꼬박꼬박 꽂히는 배당금을 선호하는 투자자가 급증한 것이다. 실제로 국내 고배당주 ETF 시장은 눈에 띄게 성장했고, 대표 상품인 PLUS 고배당주 ETF는 국내 배당형 ETF 최초로 순자산 1조 원을 넘어섰다. 안정적 사업 구조를 갖춘 통신주(SK텔레콤 등)와 금융지주(KB금융 등)는 개인 투자자 순매수 상위 종목에 꾸준히 이름을 올리고 있다.

저성장 시대에 4~5%대의 안정적인 배당 수익률은, 성장주에서 기대할 수 있는 시세 차익보다 훨씬 현실적인 대안이다. 미래의 대박보다는 '지금 내 통장에 찍히는 현금'이라는 확실성을 선택하는 것이 투자자의 당연한 선택이 된 셈이다.

과거 기관 투자자의 전유물로 여겨졌던 채권 시장에도 개인 투자자가 대거 유입되고 있다. 2024년 상반기 개인 투자자의 장외 채권 순매수액은 23조 원으로, 반기 기준 역대 최고치를 경신했다. 이처럼 자금이 고성장에서 안정으로, 대박에서 생존으로 흐르는 변화는 금융 산업의 지형을 송두리째 바꾸고 있다. 고성장 시대에 통했던 비즈니스 모델은 더 이상 유효하지 않다. 금융사들은 생존을 위해 새로운 규칙에 맞춰 스스로를 진화시키고 있다.

증권사는 가장 극적인 변화를 맞았다. 과거에는 위탁매매 수수료가 핵심 수익원이었지만, 단기 매매에서 장기 보유·안전자산 선호로 표준이 바뀌며 이익 구조가 흔들리고 있다. 미래에셋증권의 2025년 1분기 브로커리지(위탁매매) 수익은 1,987억 원, 자산관리 수익은 784억 원으로 위탁매매 수익이 여전히 크지만, 자산관리 부문 성장률이 8%p 더 높아 장기적으로는 자산관리 중심으로 전환 중임을 보여준다. 삼성증권도 마찬가지로, 자산관리 부문의 성장세가 위탁매매 수익을 추월할 날을 준비하고 있다.

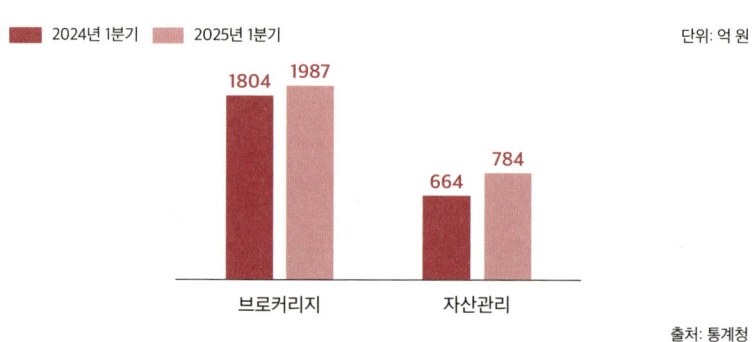

미래에셋증권 순영업수익 부문별 내역

2024년 1분기 / 2025년 1분기 (단위: 억 원)

브로커리지: 1804 → 1987
자산관리: 664 → 784

출처: 통계청

　자산운용 업계에도 혁명이 일어났다. 스타 펀드매니저가 고위험 성장주를 발굴해 높은 수익을 내던 액티브 주식형 펀드는 저물고, 알고리즘이 운용하는 패시브 ETF로 자금이 몰리고 있다. 2025년 상반기 개인 투자자 자금 유입 1위 상품은 인간이 아닌, 알고리즘에 맡기는 패시브 ETF였다. 특히 안정적인 배당 수익을 추구하는 고배당 ETF와 높아진 금리의 혜택을 누릴 수 있는 채권 ETF가 유입되는 전체 자금의 대부분을 차지했다. 투자자들은 이제 스타 매니저의 불확실성보다 낮은 수수료와 예측 가능한 현금 흐름을 선택한다.
　은행 역시 새로운 수익원을 찾아 나섰다. 부유층과 시니어 고객을 대상으로 자산 관리와 승계를 지원하는프라이빗 뱅킹**PB**과 신탁 서비스 시장이 뜨겁다. 하나은행의 리빙 트러스트, KB국민은행의 골든라이프 서비스 등은 고객의 생애 주기 전반을 아우르는 종합 솔루션으로 진화하고 있다.

결국 저성장 시대의 금융 산업에서 생존 척도는 '얼마나 많은 거래를 일으키느냐'가 아니라 '얼마나 오랫동안 많은 자산을 안정적으로 관리하느냐'로 바뀌었다. 돈의 흐름이 달라진 만큼 돈을 버는 방식의 규칙도 근본적으로 변하고 있다.

스몰 럭셔리와 취향 공동체의 비중이 커진다

저성장 시대의 개인들은 절망에 빠지기보다 일상에서 작지만 확실한 행복을 찾기 시작했다. 거대한 성공 대신 상대적으로 적은 비용으로 확실한 만족을 주는 경험을 좇고, 몰랐던 자신만의 취향을 발견해 이를 키워나간다.

이른바 스몰 럭셔리는 저성장 시대의 지속 동력이 되었다. 전반적으로 소비가 위축되는 가운데, 수십만 원대 프리미엄 향수나 10만 원이 넘는 호텔 애프터눈 티·디저트 시장은 오히려 폭발적 성장을 보여주고 있다.

국내 향수 시장이 대표적이다. 글로벌 시장조사기관 유로모니터에 따르면, 2021년 7,011억 원 규모였던 국내 향수 시장은 2023년 9,860억 원으로 급성장했고, 2024년에는 사상 처음 1조 원을 돌파했다. 특히 프리미엄 니치 향수가 시장의 성장을 이끌고 있다.

호텔업계도 스몰 럭셔리 열풍에 동참한다. 롯데호텔은 시그니엘 전용으로 개발한 '워크 인 더 우드' 향수가 투숙객들의 구매 문의로 이어지자 디퓨저 상품으로 출시했고, 디퓨저 매출은 코로나19 이후 전년 대비 15% 증가했다. 조선 팰리스는 바이레도와 협업한 프리미엄 어메니티를 제공하며, 레스케이프는 프랑스 조향사와 손잡고 자체 향수를 개발해 호텔 한정 희소성 마케팅을 펼친다.

디저트 분야에서도 스몰 럭셔리 열풍이 뜨겁다. 롯데호텔월드의 애플망고빙수는 10만 원이 넘는 가격에도 여름철 대표 인기 메뉴가 되었고, 신라호텔의 시그니처 애프터눈 티는 1인당 15만 원을 호가하지만 예약이 끊이지 않는다. 파크하얏트 서울의 골드바 디저트, 포시즌스의 프리미엄 마카롱 세트 등 이른바 SNS 인증샷 필수 아이템은 계속해서 등장하고 있다.

이는 내 집 마련 같은 거대한 목표를 포기한 세대가, 당장 나를 위해 확실한 행복을 느낄 수 있는 작은 사치에 지갑을 여는 현상을 보여준다. SNS에 올린 멋진 디저트 한 컷이, 먼 미래의 아파트 등기부 등본보다 더 현실적인 만족감을 주는 시대다.

나만의 만족을 지향하는 움직임은 취향 기반 커뮤니티라는 새로운 시장도 탄생시켰다. 제로섬 사회의 치열한 경쟁과 각자도생의 분위기는 개인들을 소외감에 빠뜨렸다. 사람들은 학연·지연 같은 의무적 관계 대신, 자신의 취향을 공유하고 인정받을 수 있는 소규모 공동체에 소속되기를 원한다.

이러한 변화를 대표하는 곳이 유료 독서 모임 '트레바리'이다.

2019년 출발한 트레바리는 2025년 초 누적 유료 회원 11만 명, 매월 약 500개 모임을 운영하며 성장 중이다. 4개월씩 운영되는 시즌 모임에서 참가자들은 참가비를 내고 400자 이상의 독후감을 의무적으로 작성한다. 관심사 기반의 소셜링 플랫폼 '문토'도 비슷한 니즈를 충족시킨다. 이들 플랫폼의 성장은 단순히 새로운 인연 만들기를 넘어, 나와 같은 취향을 가진 사람들과의 깊은 연대를 원하는 현대인의 욕구를 반영한다.

결국 저성장 시대의 기회는 대중을 상대로 하는 대규모 시장이 아닌 특정 취향을 공유하는 작고 단단한 공동체에서 작은 사치와 소속감을 제공하는 비즈니스에 있다. 경제 성장이 멈춘 시대에도 인간의 근본 욕구인 소속감과 자아실현에 대한 갈망은 여전히 강력한 성장 동인으로 작용한다는 것을 알 수 있다.

03
관세
G2 방어막의 균열

    인간은 본질적으로 자신의 문제에만 깊이 집중하도록 설계되어 있다. 아무리 거대한 사회적 이슈라도 당장 내 일상에 영향을 미치지 않으면 먼 나라 이야기로 느껴진다. 매일 뉴스에 오르내리는 글로벌 전쟁이나 기후 위기보다 내일 아침 출근길에 내릴 폭우 예보가 더 큰 스트레스로 느껴지는 것이 우리의 본성이다.

    2025년 내내 트럼프 미국 대통령이 촉발한 관세 전쟁은 먼 나라 태풍 같은 뉴스였다. 수출로 먹고사는 기업들은 초긴장 상태였지만, 대부분의 사람들은 이 문제를 자신과 무관한 복잡한 국제 뉴스로 여겼다. 그러나 이제 상황이 달라졌다. 트럼프가 던진 돌멩이는 실제 폭탄이 되어 우리 경제 전반을 뒤흔들고 있다. 관세 문제는 더 이상 기업과 정부만의 걱정거리가 아니다. 당신이 마트에서 받은 영수증 숫자가 달라졌고, 당신의 일자리도 흔들리고 있다. 먼 나라 태풍이라 여겼던 이슈가 이제는 내 출근길을 위협하는 폭우가 된 것이다.

사태의 시작은 2025년 4월 2일이었다. 재선에 성공한 트럼프 대통령은 미국으로 들어오는 모든 수입품에 붙는 10% 관세에 국가별 상호관세를 부과하는 초강력 보호무역 정책을 발표하며 이날을 '해방의 날 Liberation Day'이라 불렀다. '다시 미국을 위대하게 Make America Great Again'라는 익숙한 구호와 함께, 그는 30년간 이어온 자유무역 시대의 종말을 선언했다.

관세는 해외에서 수입하는 물건에 붙는 세금으로, 국가가 자국 산업을 보호하기 위해 가장 손쉽게 꺼내드는 무기다. 그러나 1995년 세계무역기구 WTO 출범 이후 관세는 사실상 창고에 잠들어 있었다. 전 세계는 국경의 장벽을 낮추고 자유롭게 교역하며 성장했기 때문이다. 그러나 그 평화는 끝났다. 트럼프의 귀환과 함께 관세가 다시 세계 경제의 가장 뜨거운 이슈로 떠오른 것이다.

특히 트럼프가 휘두른 상호관세의 칼날은 우리나라에 25%라는 치명적 위협으로 날아들었다. 최종 관세는 2025년 7월 한·미 관세협상을 통해 15%까지 완화되었지만 타결까지는 많은 우여곡절을 겪어야 했다. 2025년 9월, 조지아 주 현대-LG 배터리 공장에서 우리나라 기술자 316명의 구금 문제가 일어난 후 하워드 러트닉 미 상무장관은 "3,500억 달러(약 490조 원) 투자를 이행하든지 25% 관세를 내든지 선택하라."며

압박했다.

  IBK기업은행 경제연구소는 당초 25% 관세가 현실화될 경우 우리 주력 산업인 자동차 수출액이 연간 63억 5,778만 달러(약 9조 원) 줄어들 수 있다고 분석했다. 15%로 하향 조정되었지만 여전히 막대한 타격이 불가피하다. 이는 자동차 회사만의 문제가 아니라, 수많은 2·3차 협력업체와 그곳에서 일하는 많은 노동자들의 일자리가 위협받는다는 의미다.

미국 보편관세 부과 시 국내 수출 영향

관세율 인상	1%p		주요 시나리오					
			10%		20%		25%	
	대미	대미외	대미	대미외	대미	대미외	대미	대미외
발효시점 (%, 전월 대비)	-0.51	-0.18	-5.12	-1.79	-10.23	-3.58	-12.79	-4.47
12개월 후 (%, 전월 대비 누적)	-0.45	-0.15	-4.48	-1.52	-8.95	-3.04	-11.19	-3.80
연간 총수출금액 변화 (억 달러, 24년 수출 대비)	-5.3	-7.2	-52.9	-72.2	-105.8	-144.3	-132.2	-180.4

출처: IBK 기업은행 경제연구소

  트럼프의 관세 전쟁은 이렇게 거대한 국제 정세와 나의 일상을 직접 연결하는, 대한민국에서 가장 중요한 경제 변수가 되었다. 트럼프가 던진 돌멩이가 만든 충격파는 취약해진 한국의 무역 구조 전반을 다시 살펴봐야 한다는 과제를 우리 앞에 던지고 있다.

무역으로 먹고사는 나라의 숙명

우리나라가 다른 G20 선진국보다 미국의 관세 정책에 훨씬 민감하게 반응하고 실제로 경제 전반이 휘청거리기까지 하는 이유는 간단하다. 우리는 무역으로 먹고사는 나라이기 때문이다. 높은 무역 의존도, 미·중 양국에 편중된 위험한 수출 구조 등의 취약점이 한데 얽혀 우리 경제를 거대한 외부 충격에 무방비 상태로 노출시키고 있다. 그리고 그 충격은 이미 당신의 지갑과 일자리를 향해 성큼성큼 다가오고 있다.

우리나라가 관세 이슈에 유독 예민한 이유

2024년 기준, 대한민국의 GDP 대비 무역 의존도는 85.7%에 달한다. 한 해 벌어들인 소득 중 상당 부분이 수출과 수입이라는 무역 활동을 통해 발생한다는 뜻이다. 이 수치는 독일(83%)보다 높고, 일본(37.1%), 미국(26.4%)보다 두세 배 높은 수준이다.

이 구조는 우리의 역사적 선택이다. 한국전쟁 이후 자원과 내수 시장이 부족했던 이 작은 국가는 생존을 위해 수출주도 성장 모델을 택할 수밖에 없었다. 해외 원자재를 수입해 우수한 인적 자원으로 가공한 뒤 다시 수출하는 방식이다. 이 전략은 불과 반세기 만에 명목 GDP 기준 세계 10위권 경제 대국으로 발돋움하게 한 '한강의 기적'을 일으킨 핵심이었다.

IMF의 세계 경제 전망에 따르면, 우리나라의 명목 GDP 순위는

2016년 10위권에 들어선 뒤 2020년 9위까지 올랐지만, 2025년에는 13위로 하락할 전망이다. 수십 년간 쌓아온 높은 무역 의존도는 세계화라는 순풍을 타고 빠르게 경제를 성장시켜 준 축복이자 자랑이었지만, 이제는 우리를 큰 위험에 빠뜨리는 취약점이 되었다.

자유무역 시대가 저물고 보호무역의 파도가 거세게 밀려오면서, 무역이라는 단 하나의 엔진에만 의존하는 배는 다른 배들보다 훨씬 더 위험한 항해를 할 수밖에 없다. 이 위험은 단순히 무역 규모가 크다는 데서 비롯되지 않는다. 한국경제연구원에 따르면, 우리나라의 수출 국가 집중도는 1,019포인트로 세계 10대 수출국 중 캐나다에 이어 2위를 차지한다.

KDI는 우리나라의 무역 구조가 2010년대 이후 미국과 중국에 편중된 것에 대해 지속적으로 지적해 왔다. 즉, 우리나라의 수출은 미국·중국 양국에, 수입은 중국이라는 단일 국가에 치우쳐 있다는 의미다. 독일과 프랑스는 유럽연합EU이라는 거대한 단일 시장 안에서 위험을 분산시키고 있고, 일본은 동남아와 같은 대체 시장을 꾸준히 개척해 왔으나, 우리는 오히려 미·중 의존도를 더욱 높여왔다. 대외경제정책연구원은 이처럼 소규모 개방경제인 우리나라가 대외 충격에 취약한 구조적 한계를 안고 있다고 경고한다. 중국이 핵심 소재 수출을 통제하거나 미국이 특정 품목에 관세를 부과하기만 해도 우리 경제 전체가 인질이 될 수 있다는 것이다.

이것이 우리가 트럼프의 관세 발표 하나하나에 일희일비하며 다른 나라보다 훨씬 더 예민하게 반응할 수밖에 없는 근본적인 이유다. 우리 경제는 우리가 통제할 수 없는 외부 변수에 의해 운명이 좌우되는 구조적 한계를 지니고 있다. 이 맹점을 인정하는 것, 그것이 바로 관세 전쟁 시대를 살아가는 우리가 마주해야 할 첫 번째 과제다.

대미(對美) 무역, 무엇으로 버티는가?

2025년 상반기, 우리나라의 대미 무역수지는 264억 달러(약 37조 원) 흑자를 기록했다. 20년 만에 최대 수출국으로 다시 미국이 올라선 것이다. 이 빛나는 성적표는 침체된 우리 경제를 홀로 떠받치는 버팀목처럼 보였지만, 그 뒤에는 과거와 전혀 다른 방식으로 흑자가 만들어지고 있다는 위험 신호가 숨어있다.

우선 2010년대 대미 수출을 이끌었던 제조업계의 뛰어난 효자 품목을 떠올려 보자. 당시 주력 수출품은 TV·냉장고·세탁기 같은 가전제품과 스마트폰, 철강이었다. 제조업계의 뛰어난 경쟁력으로 미국

한국 10대 수출 품목 변화

구분	2014년	→	2024년
1위	반도체	→	반도체
2위	석유제품	→	자동차
3위	자동차	→	석유제품
4위	선박해양 구조물 및 부품	→	선박해양 구조물 및 부품
5위	무선통신기기	→	합성수지
6위	자동차부품	→	자동차부품
7위	평판 디스플레이 및 센서	→	철강판
8위	합성수지	→	평판 디스플레이 및 센서
9위	철강판	→	무선통신기기
10위	전지응용기기	→	정밀화학원료

출처: e-나라지표

의 광범위한 소비자층을 공략한 안정적인 다품종을 중심으로 한 수출 구조였다. 이제 그 자리는 자동차와 이차전지가 차지했다. 두 산업 모두 핵심 기술력을 바탕으로 꾸준히 성장하였지만 배후에는 미국 정부의 보호무역 정책, 인플레이션 감축법IRA을 영리하게 이용한 전략이 자리한다.

그럼에도 2025년 상반기의 대미 자동차 수출은 부진을 면치 못했다. 수출액은 158억 6,700만 달러(약 23조 원)로 전년 동기 대비 16.5% 감소했으며, 관세 부과 선언 이후 4개월 연속 마이너스를 기록했다. IRA가 북미에서 최종 조립된 전기차에만 보조금을 지급하도록 규정하면서, 한국 전기차는 가격 경쟁력에서 치명적 타격을 입은 것이다. 2025년 7월 기준 미국에 수출한 전기차 대수는 164대이다. 2024년 7월은 6,209대로 같은 달 대비 97.4%나 감소한 수치이다. 하지만 현대자동차그룹은 상업용 리스·렌터카 시장을 집중 공략하고 하이브리드 자동차 수출을 확대하는 등 IRA 규칙의 맹점을 파고드는 우회 전략으로 타격을 최소화했다. 예측 불가능한 위기에서도 규칙을 재해석하는 기업만이 살아남는다는 사실을 극명히 보여준 사례다.

이차전지 분야는 더욱 과감하게 미국 시장을 공략했다. IRA의 첨단 제조 생산세액공제AMPC는 미국 내 배터리 셀·모듈 생산 기업에 막대한 세액공제 혜택을 제공한다. 이 당근을 잡기 위해 LG에너지솔루션, 삼성SDI, SK온 등 국내 배터리 3사는 향후 5년간 미국에 50조 원 이상을 투자해 배터리 산업의 심장부를 미국으로 옮기고 있다. 그러나 2025년 상반기의 이차전지 수출은 전년 동기 대비 1.2%

감소한 39억 1,100만 달러(약 7조 원)에 그쳤다. 전기차용 배터리 수요 위축과 미국 현지 생산 증가가 수출 감소의 배경이다. AMPC 보조금이 기업 수익성에 긍정적 영향을 주고 있지만, 역설적이게도 수출 통계상으로는 감소세를 보이고 있다.

이처럼 대미 수출이 자동차·배터리 산업에 집중되는 현상은 치명적인 리스크다. 과거 다품종 구조로 안정적이던 대미 수출이 이제는 단 두 개의 기둥 위에 아슬아슬하게 서있는 것이다.

이런 쏠림이 흔한 현상일까? 결코 그렇지 않다. 독일의 수출은 자동차(약 17%), 기계류·화학제품(각각 15% 내외) 등 다분화된 구조로 상위 3개 품목 합계가 50%에 달한다. 일본은 우리보다 편중이 심하다. 일본의 대미 수출 품목에서 자동차·부품이 약 21%, 기계류가 약 18%를 차치해 두 품목이 전체 수출액의 40%에 이른다. 반면 우리나라는 반도체와 자동차·부품이 전체 수출액의 30%를 차지한다.

결국 우리의 대미 흑자는 한 가지 미국 법안에 운명을 맡긴 구조적 한계를 드러낸다. 미국의 정책 방향이 조금만 바뀌어도, 흑자 구조는 하루아침에 무너질 수 있다. 이를 외면할 수 없는 것이 현재 우리나라의 무역 현실이다.

대중(對中) 무역, 무엇에 발목 잡혔나?

대미 흑자라는 화려함 뒤에는 대중 적자라는 어두운 그림자가 드리워져 있다. 과거 수십 년간 대한민국 성장의 원동력이었던 중국 시장은 이제 더 이상 기회의 땅이 아니다. 2023년 사상 첫 연간 적

2024년 3분기(누계) 3대 수출국의 수출 구조

단위: 억 달러

	독일	수출액	비중
1위	자동차·부품	2,179	16.8%
2위	기계류	2,010	15.5%
3위	화학공업	1,870	14.5%
4위	전기·전자	1,058	8.2%
5위	의료용품	952	7.4%
6위	농수산물	834	6.4%
7위	철강·비철금속	817	6.3%
8위	플라스틱·고무	707	5.5%
9위	의료정밀광학기기	641	5.0%
10위	목재·종이류	285	2.2%
	10대 품목 합계	11,353	87.7%

	일본	수출액	비중
1위	자동차·부품	1,103	21.2%
2위	기계류	913	17.6%
3위	화학공업	449	8.6%
4위	전기·전자	420	8.1%
5위	철강·비철금속	420	8.1%
6위	반도체	297	5.7%
7위	의료정밀광학기기	265	5.1%
8위	플라스틱·고무	259	5.0%
9위	귀금속	136	2.6%
10위	선박	76	1.5%
	10대 품목 합계	4,439	85.3%

	한국	수출액	비중
1위	반도체	901	17.7%
2위	자동차·부품	688	13.5%
3위	기계류	557	11.0%
4위	전기·전자	527	10.4%
5위	화학공업	481	9.5%
6위	석유제품	410	8.1%
7위	철강·비철금속	361	7.1%
8위	플라스틱·고무	340	6.7%
9위	선박	168	3.3%
10위	의료정밀광학기기	126	2.5%
	10대 품목 합계	4,559	89.7%

출처: 대한무역투자진흥공사

자를 기록한 대중 무역수지는 2025년 상반기에만 69억 달러(약 9조 7,000억 원)의 적자를 내며 구조적 늪에 빠졌다. 이 거대한 추락에는 경쟁력 약화와 공급망 종속이라는 두 개의 무거운 족쇄가 얽혀 있다.

첫 번째 족쇄는 Made in Korea의 경쟁력 약화다. 과거 중국은 우리의 최대 고객이었지만, 2015년 발표된 '중국 제조 2025^{Made in China 2025}' 전략은 중국을 우리의 강력한 경쟁자로 만들었다. 반도체·로봇·신에너지차 등 10대 핵심 산업을 집중 육성해 제조강국으로 도약하겠다는 이 계획은 과거 중국이 중간재를 수입해 완제품을 조립하던 상호보완적 관계를 완전히 뒤바꿨다. 이제 중국은 더 이상 우리의 중간재를 필요로 하지 않는다.

이 변화는 IT 산업에서 뼈아프게 드러난다. 2025년 상반기 중국 스마트폰 시장에서 삼성전자는 기타 브랜드로 분류될 정도로 존재감을 잃었고, 화웨이·샤오미·오포 등 현지 기업에 완전히 자리를 내주었다. 디스플레이 패널 분야에서도 국영 보조금을 등에 업은 중국 디스플레이 생산업체 BOE가 저가 공세를 펼치며, 지난 10년간 231억 위안(약 4조 3,386억 원)을 지원받아 LCD 시장 세계 1위에 올랐다.

첨단 기술뿐 아니라 석유화학 제품도 중국의 대규모 증설과 자급률 향상으로 2024년부터 수출액이 급감하며 적자 품목으로 전환되었다. 범용 제품에서 첨단 기술에 이르기까지, 한국 제품은 중국 시장 전방위에서 경쟁력을 잃고 있다.

두 번째 족쇄는 공급망 종속이다. 우리가 중국에 파는 것보다 중국에서 사 와야만 하는 것이 더 많아졌다. 특히 차세대 먹거리인 이차전지 산업의 아킬레스건은 아이러니하게도 중국이 쥐고 있다. 배터리 핵심 소재와 부품의 대부분을 중국에 의존하면서, 이 의존도는 언제든 경제적 무기로 전환될 수 있는 치명적인 약점이 되었다.

결국 대중 무역은 기술 경쟁에서의 패배와 공급망의 인질화라는 총체적 난국을 맞고 있다. 이 두 개의 족쇄를 풀지 못한다면 중국 의존 구조에서 벗어나기란 요원하다.

관세 그 너머, 보이지 않는 무역 리스크

미국의 관세 폭탄은 눈에 보이는 직접적 타격이지만, 진짜 위험은 그 아래에 숨어있다. 중국발 제조업 공동화와 공급망 무기화라는 조용하지만 치명적인 리스크가 경제의 뿌리를 흔들고 있다. 이 위협들은 독립적이면서도 얽혀있어, 하나가 터지면 연쇄 반응을 일으켜 전체를 무너뜨릴 수 있는 구조적 취약성을 가진다.

미국의 다음 타깃이 되는가?

지금 우리 경제를 지탱하는 대미 무역 흑자는 축복일까, 아니면 저주일까? 새로운 무역 질서 속에서 그 대답은 후자에 가깝다. 눈부신 흑자 성적표가 오히려 미국의 다음 공격에 명분을 제공하고 있기 때문이다. 미국은 무역을 플러스섬 게임으로 보지 않고, 오직 뺏고 뺏기는 제로섬 게임으로 본다. 미국의 거대한 무역 적자는 동맹국들이 미국의 부를 빼앗아 간 결과이기 때문에 적자의 근원인 국가와 품목을 반드시 제압하려 한다.

KDI 보고서에 따르면, 2024년 미국의 10대 무역 적자 품목 중 세 가지(자동차·반도체·가전)가 모두 우리나라의 주력 수출품과 일치한다. 우리는 미국의 '아픈 손가락'을 계속 찌르며 막대한 이익을 얻고 있는 셈이다. 이는 트럼프 행정부가 아니라도 미국은 언제든 우리를 통상 압박의 대상으로 삼을 수밖에 없다는 의미다.

미국이 지닌 두 가지 강력한 무기는 상호관세와 환율 조작국 지정이다. 상호관세는 '미국 자동차에 관세를 매기면 우리도 똑같이 매기겠다'는 단순 원칙이며, 환율 조작국 지정은 미국 재무부가 수출 경쟁력을 위해 환율을 낮춘다고 판단되는 국가를 고의 조작국으로 지정해 보복 관세를 부과하는 수단이다. 2025년 6월 기준, 우리나라는 두 차례 연속 환율 관찰 대상국으로 지정되었으며, 대미 흑자와 경상수지 흑자가 과도해 환율 조작국으로 지정될 위험이 그 어느 때보다 높아졌다.

만약 미국이 환율 조작국 지정과 상호관세를 동시에 적용한다면 어떤 일이 벌어질까? 특히 대미 수출 의존도가 84.8%인 한국GM은 연간 약 2조 7,000억 원의 추가 비용이 발생해 생존 자체가 위태로워진다. 한국GM은 2024년 총 생산량 49만 4,072대 중 41만 8,782대를 미국에 수출해, 사실상 미국을 위해 존재하는 공장이라는 비판을 받아왔다.

결국 대미 무역은 성공의 딜레마에 빠진 모습이다. 수출을 늘릴수록 흑자는 커지지만, 흑자가 커질수록 미국의 관세 표적이 된다. 위험을 피하기 위해 미국에 공장을 건설하면 국내 일자리가 줄어든다. 이러지도 저러지도 못하는, 외줄 타기 리스크가 너무나도 명확하다.

차이나 쇼크의 공포, 사라지는 제조업 일자리

미국의 관세 압박이 트럼프 개인만의 결정은 아니다. 그 배후에는 지난 20년간 미국 사회를 뒤흔든 '차이나 쇼크'라는 깊은 상처가 있다. 더 충격적인 사실은 그 비극이 이제 우리나라에서도 재현되고 있다는 점이다.

차이나 쇼크의 여파는 과거 미국 제조업의 심장부인 러스트 벨트 지역을 강타했다. 수많은 공장이 문을 닫았고, 노동자들은 장기 실업과 임금 하락의 고통에 시달렸다. 이 경제적 충격은 한때 세계 최고라 자부했던 미국 제조업의 자존심마저 무너뜨린 심리적 트라우마로 남게 되었고, 곧바로 정치적 분노로 이어졌다. 러스트 벨트의 백인 노동자 계층은 차이나 쇼크로 삶의 기반을 잃고 소외감을 느끼며, 2016년과 2024년 트럼프를 대통령으로 만든 핵심 지지층이 되었다. "중국 때문에 빼앗긴 일자리를 되찾겠다."는 그의 메시지는 이들의 상처를 정확히 파고들었다. 즉, 미국의 관세 전쟁은 차이나 쇼크에 대한 늦은 복수전이기도 한 셈이다.

문제는 앞서 언급한 것처럼 차이나 쇼크가 더 이상 미국의 과거 이야기가 아니라는 점이다. 여러 연구기관의 보고서에서는 이미 한국판 차이나 쇼크가 시작됐다고 경고한다. 중국 기술력의 비약적 발전으로

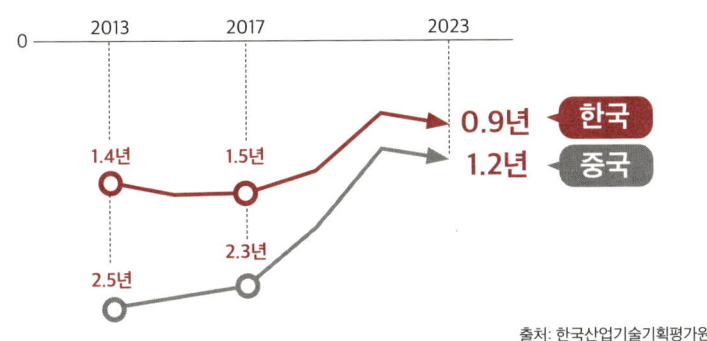

출처: 한국산업기술기획평가원

우리의 주력 산업들이 중국과의 경쟁에서 밀려나기 시작한 것이다.

이 현상의 원인은 중국의 기술 추격 속도에 있다. 한국산업기술기획평가원의 2023년 기술수준 평가 보고서에 따르면, 한국과 중국의 기술 격차는 고작 0.3년에 불과하다. 미국을 기준으로 했을 때 기술수준 비율이 한국 88.0%, 중국 83.0%로 거의 차이가 없어진 셈이다. 세계의 공장에서 세계의 경쟁자로 변모한 중국이 이제 우리 바로 뒤까지 쫓아온 것이다.

그 결과 한국 제조업의 핵심 거점들이 흔들리고 있다. 과거 최대 수출 시장이자 현금 창출원이었던 중국에서 우리 기업들이 설 자리를 잃고 있다. 울산의 석유화학 단지들은 중국의 자급률 향상 정책으로 판로가 막히며 가동률이 급락했다. 포항의 제철소들은 중국산 저가 철강 제품에 시장을 잠식당해 생존을 위협받았고, 포스코는 2024년 11월에 포항제철소의 1선재공장을 45년 만에 폐쇄하기에 이르렀다.

제조업 중심지인 창원시의 위기는 더욱 복합적이다. 2025년 1분기, 창원 지역의 제조업 가동률은 79.9%로 전년 동기 대비 0.8%p 하락했다. 공작기계·범용기계 산업은 가격 경쟁력과 기술력을 갖춘 중국산 제품과의 경쟁에서 고전하고 있으며, 제조업 근로자 수는 11만 3,773명으로 전년 대비 0.2% 감소했다.

이런 현상과 달리 중국산 제품의 수입 증가가 오히려 국내 제조업 고용에 긍정적인 영향을 미쳤다는 흥미로운 결과도 있다. 한국은행 분석에 따르면, 1995~2019년 중국에서 중간재를 수입해 부가가치 높은 제품을 생산한 덕분에 누적 6만 6,000명의 제조업 고용이 증가했다. 반면 전국경제인연합회는 2015~2019년 제조업 고용이 18만 명 감소했다고 분석한다. 또한 한국은행은 중국 이커머스 기업의 국내 진출로 최종 소비재 수입이 늘어나면 제조업 생산과 고용에 부정적 영향을 미칠 수 있다고 경고했다.

이렇듯 한국판 차이나 쇼크는 양질의 제조업 일자리 구조를 직접 위협하며, 제조업 비중이 높은 지방 도시의 경제 기반을 흔들고 지역 소멸을 가속화하고 있다. 과거 중국과의 상호보완적 관계가 이제는 경쟁 관계로 전환되면서, 미국이 겪은 차이나 쇼크의 그림자가 우리나라 전역에 드리워지고 있다.

중국 공급망을 무기로 삼다

중국과 관련해서 절대 빼놓을 수 없는 무역 리스크가 바로 공급망 종속이다. 트럼프의 관세 폭탄이 정면에서 우리를 위협하는 포탄이라면, 공급망 종속은 성벽 아래를 파고드는 땅굴과 같다.

특히 우리를 위협하는 공급망 구조는 우리의 새로운 희망으로 떠올랐던 이차전지 산업에서 크게 영향을 미치게 된다. 전기차 배터리의 핵심 소재인 수산화리튬의 대중 수입 의존도는 80%를 넘고, 전구체는 95%, 흑연(천연·인조 흑연 합산)은 97% 이상이다. 전기차 모터의 필수 자석인 네오디뮴 영구자석의 중국산 비중 역시 90%를 웃돈다.

이는 중국에서 소재를 수입해 우리나라에서 가공한 뒤 미국에 수출하는 기형적 구조가 굳어졌음을 뜻한다. 대미 흑자를 키울수록 대중 소재 의존도는 깊어지는 악순환에 빠진 셈이다. 아무리 훌륭한 배터리를 만들어도, 핵심 재료는 모두 중국산에 의존하는 현실이다.

이러한 공급망 종속의 위험성은 결코 가상의 시나리오가 아니다. 우리는 이미 2021년 전국을 혼란에 빠뜨렸던 요소수 사태를 통해 중국이 마음만 먹으면 우리 경제의 동맥을 끊어버릴 수 있다는 사실을 뼈저리게 경험했다. 당시 중국이 비료 수급 문제를 이유로 요소 수출을 제한하자, 원료의 97.6%를 중국에 의존하던 요소수 물류는 단 2주 만에 마비 직전까지 몰렸다. 요소수 가격은 열 배로 폭등했고, 전국 물류가 멈출 위기에 처했다.

지금 우리가 의존하는 수산화리튬과 흑연은 요소수와 비교할 수 없는 첨단산업의 심장부다. 중국은 이미 2023년부터 반도체 핵심 소재인 갈륨·게르마늄과 이차전지 음극재 핵심 소재인 흑연을 수출 통제 품목에 포함시키며, 공급망을 언제든 무기화할 수 있다는 경고를 노골적으로 발신하고 있다.

요소수 사태가 예고편이었다면 앞으로의 본편은 더 심각할 수 있다. 중국이 정치적 이유로 이차전지 핵심 소재의 수출을 장기간 중단한다면, 국내 배터리 산업은 심각한 생산 차질에 직면할 것이다. 우리 수출의 중심 축인 K-배터리가 멈출 수 있다는 의미다.

이 충격은 배터리에 국한되지 않는다. 희토류 등 중국 의존도가 절대적인 핵심 광물의 공급망이 흔들리면, 자동차·전자 등 후방 산업의 전반으로 파급될 것이다. 포스코경영연구원은 희토류의 무기화 가능성을 경고하며, 최악의 경우 GDP 성장률 자체를 뒤흔들 수 있다고 분석했다. 2%대 성장도 버거운 우리 경제에는 재앙에 가깝다.

더욱 심각한 것은 중국의 공급망 무기화가 이례적 사건이 아니라 뉴노멀이 되었다는 점이다. 대외경제정책연구원은 미·중 갈등이 심화될수록 중국이 공급망을 활용해 중간지대 국가들을 압박하는 사례가 빈번해질 것이라고 전망했다. 또한 미국 주도의 공급망 재편이 지속·확대되면서, 중국과의 경제협력 유지가 어려워지고, 결과적으로 교역 감소로 이어질 수 있다고 경고한다.

공급망 리스크가 상시화된 이 시대, 소재·부품·장비의 무기화에 맞서기 위해서는 중국 의존도를 줄이고 다변화된 글로벌 네트워크를 확보하는 것이 무엇보다 긴요하다. 대한민국은 이제 보이지 않는 땅굴을 메울 수 있는 전략적 대응을 서둘러야 한다.

관세 장벽 너머로 새로운 항해를 시작하다

트럼프의 관세 폭탄이 전 세계를 뒤흔들고 있지만, 위기는 언제나 기회와 함께 온다. 30년간 지배했던 효율성 중심의 글로벌 경제 질서가 무너지면서 우리는 새로운 게임의 룰 북을 써야 하는 시대를 맞이했다. 관세라는 거대한 장벽이 기존 무역로를 차단하는 지금, 생존과 번영을 가르는 것은 새로운 항로 개척, 새 동맹 구축, 새 가치 창조 능력이다. 대한민국이 관세 전쟁 시대를 돌파하기 위해 필요한 세 가지 생존 전략을 살펴보자.

새로운 시장을 찾아서

과거 수십 년간 우리에게 부와 번영을 가져다주었던 G2는 더 이상 안전한 항로가 아니다. 이제는 언제라도 우리를 좌초시킬 수 있는 위험을 안은 바다가 되었다. 이 거친 바다에서 살아남기 위한 유일한 생존 전략은 새로운 항로를 개척하는 것, 즉 시장 다변화라는 이름의 위대한 항해를 시작해야 한다.

첫 번째 목표는 '포스트 차이나'를 찾는 것이다. 기술 굴기와 애국 소비 물결 속에서, 중국은 더 이상 기회의 땅이 아니다. 가장 유력한 대안으로 떠오른 나라는 인도이다. IMF와 세계은행은 인도가 2026년 6.5% 내외 경제성장률로 주요 경제국 가운데 가장 높은 수준을 유지할 것으로 내다봤다. 인도는 값싼 노동력 공급지 이상으로, 막강한 구매력을 갖춘 거대한 소비 시장으로 빠르게 변화하고 있다.

인도와 중국의 경제성장률 전망

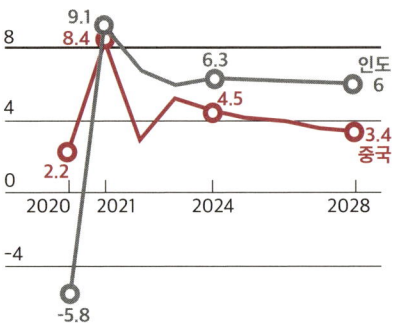

단위: %

출처: 국제통화기금

    삼성전자는 2025년 상반기에 인도 스마트폰 시장에서 전체 출하량 2위를 차지했으나, 7만 루피(약 110만 원) 이상의 '슈퍼 프리미엄' 부문에서는 점유율 49%로 애플(48%)을 근소하게 앞섰다. 현대자동차그룹도 2024년 인도 자동차 시장 판매 2위를 지켰고, 현지 전기차 생산기지 건설에 대규모 투자를 진행 중이다. 이는 인도의 전략적 자율성과 우리 기업의 이해관계가 맞아떨어진 결과다.

    인도와 더불어 베트남·인도네시아를 중심으로 한 아세안 시장도 '제2의 내수 시장'으로 중요도가 커졌다. 2024년 9월까지 우리나라의 아세안 수출은 846억 달러(약 118조 원)로, 전년 대비 6.6% 성장하며 12개월 연속 플러스를 기록했다. K-콘텐츠의 폭발적 인기는 아모레퍼시픽·CJ제일제당 같은 소비재 기업에 거대한 기회의 문을 열어주고 있다. 아세안 국가들은 미·중 패권 경쟁 속에서 특정 강대국에 대한 의존을 피하려는 헤징 전략으로 우리나라와 파트너십을 강화하고 있는 것이다.

이러한 민간 차원의 노력에 국책 카드인 '포괄적·점진적 환태평양 경제동반자협정^{CPTPP}' 가입이 더해진다면, G2 편중을 완화하고 교역 상대를 다변화하는 최선의 전략이 될 것이다.

두 번째 목표는 '포스트 미국' 시장을 찾는 것이다. 앞서 살펴보았듯 우리의 대미 흑자는 인플레이션 감축법이라는 단 하나의 미국 정책에 운명을 맡긴, 매우 불안정한 성공이다. 이 리스크를 분산하려면, 미국만큼이나 우리의 첨단 기술과 인프라를 필요로 하는 또 다른 '큰손'을 찾아야 한다. 새로운 큰손으로 가장 먼저 떠오르는 곳이 '오일 머니'로 무장한 중동 국가들이다. 사우디아라비아의 '비전 2030'이나 아랍에미리트의 경제 다각화 전략처럼, 탈석유 시대를 준비하기 위해 국가 개혁 프로젝트에 사활을 건 중동 국가들은 우리나라의 항공우주·방위산업 역량과 인프라 구축 능력을 주목하고 있다.

실제로 2024년부터 한화에어로스페이스, LIG넥스원 등 항공우주·방산 기업이 수십조 원 규모의 방산 수출 계약을 체결하며 중동 시장을 적극 공략했다. 이들 계약은 단순한 무기 판매를 넘어, 레이더 시스템·위성 발사 서비스·국방 통신망 구축 같은 고부가가치 프로젝트로 이어졌다. 2025년 상반기에는 국내 4대 방산기업의 합산 영업이익이 2조 원을 돌파하며 사상 최고치를 기록했는데, 이는 중동 국가들이 우리나라 기술에 대한 신뢰를 바탕으로 전략적 파트너십을 강화하고 있음을 방증한다.

이 흐름의 배경에는 중동 지역에서 점차 축소되고 있는 미국의 영향력을 한국으로 메우려는 중동 국가들의 전략적 계산이 자리하고 있다. 안보 공백이 커지는 상황에서, 중동 국가들은 신뢰할 수 있는 방산·인프라 파트너를 찾고 있으며, 그 선택지로 우리나라 기업들이 부상하고 있는 것이다. 이는 우리에게 미국 이외의 새로운 시장이자 미래 성장 동력을 의미한다.

프렌드쇼어링의 수혜자들

관세 전쟁 상황에서 어디에서 만드느냐에 대한 질문은 우리가 어떻게 살아남을 수 있을까에 대한 답을 줄 수 있다. 즉, 생산기지를 찾아 떠나는 새로운 여정이다. 앞서 언급했던 것처럼 중국의 공급망 리스크와 미국의 보호무역주의는 과거 효율성이 전부였던 글로벌 제조업의 판을 바꾸고 있다. 세계의 공장이었던 중국의 시대는 저물고 이제 안보와 동맹이라는 새로운 규칙 아래 떠오르는 기회의 땅들이 주목받고 있다.

이때 중요한 개념이 프렌드쇼어링Friendshoring과 니어쇼어링Nearshoring이다. 프렌드 쇼어링은 정치적·경제적으로 신뢰할 수 있는 동맹국 중심으로 공급망을 재편하는 전략이며, 니어쇼어링은 지리적으로 가까운 국가로 생산기지를 이전하여 물류비용 절감과 생산 효율성 증대를 추구하는 전략이다. 이 거대한 흐름 속에서 우리나라 기업에게 가장 중요한 두 개의 새로운 생신기지는 바로 '미국의 뒷마당' 멕시코와 '유럽의 심장' 동유럽이다.

첫 번째 기회의 땅 멕시코의 부상은 이미 통계로 증명된다. 2023년 멕시코는 중국을 제치고 미국의 최대 수입국으로 등극했으며 2024년에도 그 지위를 굳건히 유지하고 있다. 미국의 2023년 멕시코 수입액은 4,756억 달러(약 666조 원)로 중국(약 598조 원)을 앞섰다. 이는 미·중 갈등으로 인해 미국 기업들이 중국 대신 지리적으로 가깝고 관세 혜택이 있는 멕시코로 생산기지를 옮기는 니어쇼어링의 직접적인 결과다.

멕시코가 가진 가장 강력한 무기는 미국-멕시코-캐나다 협정USMCA이다. 이 협정 덕분에 멕시코에서 생산된 제품은 대부분 무관세로 거대한 미국 시장에 진입할 수 있다. 이는 트럼프의 관세 폭탄을 피할 수 있는 가장 확실한 방공호나 다름없다. 여기에 미국에 비해 저렴한 인건비(연봉 약 1,100만 원)와 지리적 인접성까지 더해지면서 멕시코는 북미 시장을 공략하기 위한 최고의 수출 전진기지로 떠올랐다.

우리나라 기업들 역시 이 기회를 놓치지 않고 있다. 2024년 1~9월 기준 멕시코에 대한 직접투자액은 전년 대비 60% 증가한 12억 700만 달러(약 1조 7,600억 원)로 역대 최고치를 기록했다. 특히 현대자동차그룹의 부품 계열사와 LG전자 등이 북미 시장을 겨냥한 전기차 부품 및 가전 생산 공장을 멕시코에 증설하며 투자를 이끌고 있다.

K-배터리 산업의 새로운 심장이 된 동유럽도 절대적으로 중요한 지역이다. 그 중심에는 폴란드와 헝가리가 있다. LG에너지솔루션, SK온, 삼성SDI 국내 배터리 3사가 이 지역에 투자한 금액은 약 10조 원 규모에 달한다. LG에너지솔루션은 폴란드에서 유럽 내 가장 규

모가 큰 배터리 셀 공장을 가동하고 있다. SK온과 삼성SDI는 헝가리에서 생산 거점을 운영하며, 독일 등 서유럽 완성차 업체에 배터리를 공급하는 핵심 허브 역할을 하고 있다.

동유럽이 부상하는 이유 역시 명확하다. EU 단일 시장에 무관세로 접근할 수 있다는 점, 폭스바겐·BMW 등 유럽의 핵심 완성차 공장과의 지리적 인접성, 그리고 상대적으로 저렴한 인건비(헝가리는 독일의 3분의 1 수준)와 부지 비용이 완벽한 조합을 이루기 때문이다. 또한 법인세가 헝가리는 9%, 폴란드는 19%로 우리나라의 27.5%보다 크게 낮아 기업하기 좋은 나라로 평가받고 있다. 이는 EU가 리튬·코발트 등 34개 전략 원자재의 공급망 안정을 위해 2024년에 제정한 핵심원자재법CRMA 등이 강화되는 보호무역주의에 대응함과 동시에, 거대한 유럽 친환경차 시장을 선점하기 위한 최적의 생산 현지화 전략이다.

안보가 돈이 되는 시대

관세 전쟁이 촉발한 세계화의 후퇴는 지난 30년간 세계 경제를 지배해 온 단 하나의 가치인 '효율성'의 시대를 끝내버렸다. 그리고 냉전 시대의 유물처럼 여겨졌던 안보가 21세기의 가장 중요하고 비싼 가치로 다시 부상했다. 이제 기업과 국가의 생존은 얼마나 싸게 만드느냐가 아닌, 얼마나 안정적으로 공급하고 스스로를 지킬 수 있느냐에 달리게 되었다. 이 거대한 패러다임의 전환 속에서 안보 그 자체가 돈이 되는 새로운 기회들이 나타나고 있다.

가장 원초적인 형태는 스스로를 지킬 힘, 즉 군사적 안보다. 2022년 러시아-우크라이나 전쟁은 평화의 시대가 끝났음을 알리는 서늘한 총성이었다. 신냉전의 공포가 유럽과 중동을 덮치자 각국은 앞다투어 국방 예산을 늘리고 무기를 사들이기 시작했다. 이 절박한 재무장의 시대에 대한민국 방위 산업, 즉 K-방산은 과거와는 비교할 수 없는 최대 수혜자로 떠올랐다. 2024년 대한민국 방산 수출액은 95억 달러(약 13조 원)를 기록했다. 이는 단순히 가성비 좋은 무기를 넘어 미국의 전략적 모호함 속에서 신뢰할 수 있는 안보 파트너를 찾는 국가들의 수요와 정확히 맞아떨어진 결과다.

다음은 국가 존립의 기반인 에너지 안보다. 러시아가 유럽으로 가는 가스관을 잠그는 것을 목격한 세계는 에너지 자립이 얼마나 중요한지를 뼈저리게 깨달았다. 이와 동시에 탄소중립이라는 피할 수 없는 과제 앞에서 24시간 안정적으로 대규모 무탄소 전력을 생산할 수 있는 원자력이 가장 현실적인 대안으로 화려하게 부활했다. 국제에너지기구는 탄소 배출량과 흡수량을 같게 하여 실질적인 탄소 배출을 0으로 만드는 탄소중립인 '2050 넷제로 Net Zero' 달성을 위해 전 세계 원자력 발전 용량을 2020년 413GW에서 2050년 812GW로 2배 이상 확대해야 한다고 분석했다. UAE 바라카 원전의 성공으로 세계 최고 수준의 기술력을 증명한 우리에게 원자력 르네상스는 놓칠 수 없는 기회다.

마지막으로 첨단산업 시대의 가장 핵심적인 공급망 안보가 있다. 앞서 분석했듯 중국의 자원 무기화와 인도네시아, 칠레 등의 자원

민족주의는 안정적인 공급망 자체가 기업과 국가의 생존을 결정하는 안보 자산이 되었음을 보여주었다.

이제 기업들은 단순히 원자재를 구매하는 것을 넘어 직접 자원 확보 전쟁에도 뛰어들고 있다. 포스코홀딩스가 2018년 아르헨티나 옴브레 무에르토 리튬 염호 광권을 인수하고, 2024년에는 칠레 마리쿤가·알토안디노스 염호 개발 입찰에도 참여한 것, LG에너지솔루션이 2024년 7월 호주 리튬 광산업체 라이온타운과 3,450억 원 규모 전환사채 투자 및 15년간 175만 톤의 리튬 정광 공급 계약을 체결한 것은 단순히 원가 절감을 위한 노력이 아닌, 불확실성의 시대에 우리 첨단산업의 명운을 지키기 위한 필사적인 생존 투자다.

결론적으로 미래 산업의 새로운 기회는 경제 안보라는 키워드로 수렴된다. 신냉전 시대의 물리적 안보를 책임지는 방산, 에너지 안보의 대안으로 떠오른 원자력, 그리고 산업 안보의 기반이 되는 핵심 광물 확보 경쟁은 관세 전쟁이 만들어낸 새로운 현실에서 가장 확실한 성장 동력이 될 것이다.

우리들의 생존 전략

관세 전쟁이 촉발한 거대한 패러다임 전환은 개인 투자자에게도 새로운 기회를 제공한다. 자본시장연구원이 강조하듯 미국의 관세·환율 정책이 상당 기간 지속될 가능성이 크므로 긴 호흡으로 차분히 대응해야 한다. 이는 개인 투자자에게도 적용되는 원칙이다.

앞서 분석한 새로운 시장 발굴, 프렌드쇼어링 가속화, 안보 산업 부상은 개인 투자자에게도 구체적인 투자 기회로 이어지고 있다. 특히 안보가 돈이 되는 시대라는 세 번째 전망이 개인의 포트폴리오에 가장 직접적인 영향을 미치고 있다.

2025년 상반기, 국내 ETF 중 최고 수익률을 기록한 상품은 PLUS K방산(157.74%), TIGER K방산&우주(154.97%), HANARO 원자력 iSelect(112.11%) 순으로, 모두 안보 관련 산업이었다. 이는 방산과 원자력이 단순한 테마주가 아닌 관세 전쟁이 만들어낸 구조적 성장 산업임을 입증한다.

글로벌 시장에서도 동일한 흐름이 확인된다. 글로벌 원자력 ETF들이 2025년 50% 이상의 폭등을 기록하며 AI 데이터센터의 전력 수요 급증과 에너지 안보 니즈를 동시에 반영하고 있다. 마이크로소프트, 구글 등 빅테크 기업들이 원전 재가동에 직접 투자하면서 원자력이 단순한 에너지원이 아닌 AI 시대의 핵심 인프라로 재평가받고 있는 것이다.

개인 투자자들은 신성장 산업 ETF를 통해 직접 종목을 고르는 부담 없이 구조적 변화의 수혜를 누릴 수 있다. 개별 방산주나 원자력 관련주를 일일이 분석할 필요 없이 ETF 하나로 해당 섹터 전체의 성장성을 포착할 수 있기 때문이다. 또한 새로운 시장의 다변화 흐름에도 개인이 동참할 수 있다. 인도, 아세안, 중동 등 신흥시장 관련 ETF나 해외 상장지수펀드를 통해 우리 경제의 시장 다변화 전략과 보조를 맞출 수 있다. 특히 인도 경제가 2026년 6.5% 내외의 경제 성장률을 기록할 것으로 전망되는 상황에서, 인도 관련 투자상품은 장기적 관점에서 주목할 만하다.

결론적으로 관세 전쟁 시대의 개인 생존 전략은 거시경제 흐름과의 동조화에 있다. 국가와 기업이 안보를 최우선 가치로 두는 시대에 개인도 안보 관련 산업에 대한 장기 투자를 통해 이 거대한 변화의 수혜자가 될 수 있다. 불확실한 시대일수록 구조적 변화를 읽고 그에 맞는 포트폴리오를 구성할 줄 아는 사람이 부를 창출할 수 있다는 사실을 잊지 말아야 할 것이다.

04
에너지 비용
전환의 부담

언제부터인가 우리의 모든 일상에는 에너지라는 이름의 세금이 붙기 시작했다. 매년 치솟는 전기요금과 항공권 유류 할증에 한숨을 쉬게 된다. 전기차를 사면 보조금을 받지만, 여전히 내연기관차보다 비싼 값을 치러야 하는 현실이다.

친환경, 탄소중립, ESG(환경·사회·지배구조)… 인류의 미래를 위한 이 거대한 목표들은, 역설적으로 개인의 지갑을 끊임없이 위협하고 있다. 이번 파트에서는 이런 녹색 비용의 실체에 대해 알아보고, 어디에서 새로운 기회를 포착할 수 있을지 낱낱이 파헤쳐 보자.

무엇이 에너지 전환을 비싸게 만드는가?

기후 변화와 탄소중립이라는 시대적 과제 앞에서, 전 세계는 친환경 에너지로의 전환을 서두르고 있다. 하지만 그 이면에는 예상보다 훨씬 비싼 '녹색 청구서'가 기다리고 있었다. 당연히 '무료'로 여겼던 햇빛과 바람을 에너지로 바꾸는 과정에 숨겨진 비용들, 그리고 새로운 자원 패권을 둘러싼 지정학적 갈등까지. 에너지 전환에 왜 이토록 많은 돈이 들어가는 건지, 그 실체를 살펴보자.

재생 에너지의 딜레마

처음으로 자동차를 산다고 생각해 보자. 차량 가격을 지불한 후 운전을 시작하면 보험료, 주차비, 정비비 등 예상치 못한 다양한 비용이 계속 발생하게 된다. 재생 에너지도 이와 같다. 햇빛과 바람이라는 연료는 무료지만, 이를 전기로 바꾸는 과정에 들어가는 비용은 결코 만만하지 않다는 것이 재생 에너지의 딜레마다.

첫 번째 청구서는 바로 비싼 건축비다. 에너지경제연구원[KEEI]이 발표하는 균등화 발전원가, 즉 LCOE 데이터는 발전소의 수명 기간 동안 1kWh의 전기를 생산하는 데 드는 평균 비용을 뜻한다. 2025년 기준으로, 국내 중규모 태양광의 발전단가는 약 114~122원/kWh, 해상 풍력은 약 161원/kWh로 전망된다. 반면, 국제에너지기구가 2020년 발표한 2025년 전망치를 기준으로 하면 원자력의 발전단가는 약 53달러/MWh(약 71원/kWh)이다. 재생 에너지 발전단가가 원자력보다 1.5~2

배 높은 수준이라는 것을 알 수 있다.

　재생 에너지의 높은 비용은 단순히 태양광 패널과 풍력 터빈의 설비 가격 때문만이 아니다. 국토가 좁고 산지가 많아 대규모 부지를 확보하기 어려운 지리적 특성은 임대비용과 민원 해결 비용을 가중시킨다. 또한 유럽 등 다른 나라에 비해 상대적으로 자원 여건이 불리해 같은 면적의 설비를 설치해도 발전 효율이 떨어지는 문제도 있다. 여기에 복잡한 인허가 과정에 들어가는 시간과 운영·유지·보수비용이 모두 포함되면서 결코 저렴하지 않은 가격표가 완성된다.

　하지만 더 큰 문제는 재생 에너지의 간헐성이다. 햇빛은 밤에 모습을 감추고, 바람은 멈추기도 한다. 전력망은 수요와 공급이 1초도 어긋나지 않게 정확히 일치해야 하는 예민한 시스템인데, 갑자기 구름이 끼어 태양광 발전량이 급감하거나 바람이 멈추면 대규모 정전, 즉 블랙아웃이 발생할 수 있다. 이러한 전력망의 불안정성은 반도체 공장처럼 0.1초의 전력 공백도 허용되지 않는 첨단산업 위주로 돌아가는 우리에게는 치명적인 리스크다. 이 불안정성을 해결하기 위한 두 개의 거대한 보강 공사가 바로 전력망 확충과 에너지저장장치ESS다.

　첫 번째 숨겨진 비용인 전력망 문제를 보자. 산업통상자원부와 한국전력공사는 2038년까지 72조 8,000억 원을 전력망 확충에 투자할 계획이다. 인공지능 확산, 데이터센터와 반도체 클러스터 등 첨단산업 수요 급증, 재생 에너지 확대에 따른 송배전망 보강의 필요성 때문이다. 여기서 전력망은 전국에 전기를 실어 나르는 일종의 도로라고 생각하면 이해하기 쉬울 것이다.

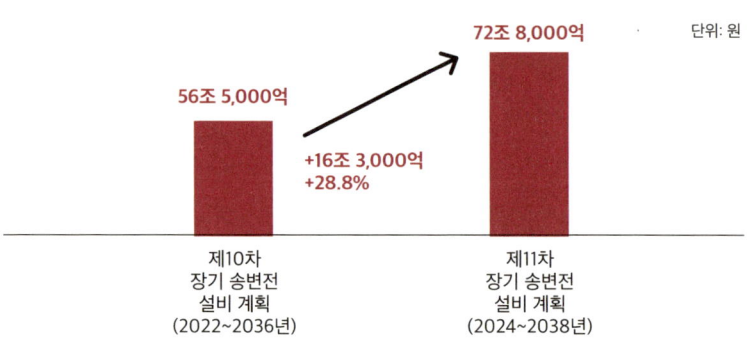

장기 송변전 설비 계획 투자비용

출처: 산업통상자원부

　이 비용은 단순히 전선을 더 까는 수준에서 끝나는 문제가 아니다. 재생 에너지 발전량이 많은 호남과 영남 지역에서 생산된 전기를 인구가 밀집한 수도권까지 손실 없이 끌어오기 위한 초고압직류송전HVDC과 같은 첨단 기술이 필요하며, 이는 또 다른 기술적·환경적 논쟁을 낳고 있다. 이 비용은 발전소 사업자가 아닌, 결국 한국전력의 부채로 쌓이거나 우리 모두의 전기요금 인상분으로 전가될 수밖에 없다.

　두 번째 숨겨진 비용인 ESS는 또 다른 블랙홀이다. 바람이 불지 않거나 해가 진 후에도 전기를 쓰기 위해서는 거대한 보조 배터리가 필요하다. 글로벌 에너지 시장조사기관인 SNE 리서치는 글로벌 리튬이온 이차전지LIB ESS 시장이 2024~2035년에 연평균 약 10.6% 성장할 것으로 전망했다. 업계에서는 정부 계획상 2038년까지 필요한 ESS를 근거로 약 40조 원 규모의 시장이 형성될 것으로 전망하고 있다.

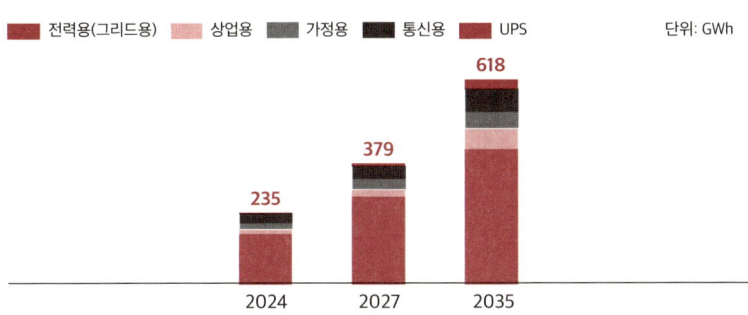

출처: SNE research

문제는 ESS의 가격이 여전히 부담스럽다는 점이다. 다행히 컨설팅 회사 우드맥킨지에 의하면, ESS용 배터리 컨테이너 비용이 2030년까지 kWh당 100달러(약 14만 원) 이하로 하락할 전망이며, 태양광과 ESS를 결합한 시스템은 2035년 가장 경제적인 전력 공급원 중 하나로 자리 잡을 것으로 예상된다. 한편 ESS는 자원 전쟁이라는 또 다른 리스크를 품고 있다. ESS의 핵심은 리튬이온 배터리이며, 이는 리튬, 코발트 등의 핵심 광물 확보 경쟁과 직결된다. 즉, ESS 보급이 늘어날수록 우리는 또 다른 차원의 지정학적 리스크에 노출되는 셈이다.

결국, 비용이 들지 않는 공짜 집인 줄 알았던 재생 에너지는 알고 보니 건축비도 비싸고, 도로와 물탱크 설치에 훨씬 더 많은 돈이 들어 비효율적인 면이 크다. 이 비싼 관리비를 앞으로 어떻게 감당할 것인가.

미니 원전 SMR은 완벽한 해답인가?

앞서 살펴본 재생 에너지의 비싼 녹색 청구서는 시장이 한동안 외면했던 원자력이라는 선택지를 다시 수면 위로 끌어올렸다. 2011년 후쿠시마 원전 사고는 전 세계에 원자력의 안전성에 대한 거대한 경종을 울렸고, 이를 계기로 독일 등 주요 선진국들은 탈원전을 선언했으며 우리나라 역시 신규 원전 건설을 중단하는 정책을 펼쳤다.

이처럼 역사의 뒤안길로 사라지는 듯했던 원자력이, 탄소 없는 안정적인 전력 공급원이라는 특징 덕분에 에너지 위기 시대의 대안으로 다시 소환되었다. 국제에너지기구는 2022년에 "2050년까지 전 세계 원전 용량을 2022년 413GW에서 812GW로 확대해야 한다."고 발표했다. 2024년에는 이를 더 상향 조정하여 "2050년까지 900GW 이상으로 2배 이상 확대해야 한다."고 강조했다.

하지만 원자력의 귀환 뒤에는 안전성과 핵폐기물이라는 고질적인 문제가 남아있다. 원자력안전위원회의 보고에 따르면, 강화된 안전 기준에도 불구하고 국내 원전에서는 매년 크고 작은 고장 및 사고가 발생하고 있다. '무조건 안전하다'고 장담할 수 없는 상황이다.

더 근본적인 문제는 고준위 방사성 폐기물, 즉 사용하고 남은 핵연료다. 방사선 폐기물에서는 수십만 년간 인체에 치명적인 강력한 방사선이 나오기 때문에 인간의 생활권에서 완벽하게 격리해야만 한다. 하지만 우리는 아직 이 위험한 쓰레기를 어디에, 어떻게 묻을지 결정조차 하지 못했다. 2030년 한빛원전을 시작으로 2031년 한울원전, 2032년 고리원전 순으로 국내 원전 내 임시 저장 시설이 포화 상태에 이를 것이라는 예측은 언제 터질지 모르는 뇌관과도 같다.

　이러한 대형 원전의 한계를 극복하기 위해 등장한 것이 바로 소형 모듈 원전, 즉 SMR이다. 거대한 발전소 하나를 10년 넘게 짓는 대신, 공장에서 규격화된 미니 원전 모듈을 여러 개 만들어 필요한 곳에 레고처럼 조립하는 방식이다. 이 방식은 건설에 들어가는 비용과 기간을 획기적으로 줄여주고, 냉각이 쉬워 안전성을 높일 수 있다는 기대를 받고 있다.

　SMR에 대한 관심은 2025년 8월 마이크로소프트 창업자이자 SMR 개발사인 테라파워의 창업자인 빌 게이츠의 방문으로 더욱 커졌다. 빌 게이츠는 이재명 대통령과의 만남에서 "SMR이 인공지능, 반도체 등 첨단산업 분야의 전력 수요 증가에 효과적인 해법이 될 수 있다."고 강조했다. 이에 대해 이 대통령은 "한국이야말로 SMR의 강자가 될 수 있다."며 "소형 원자로를 개발하는 국내 기업이 많고, 해외 시장에서도 한국의 SMR이 굉장히 강점이 있다."고 화답했다. SMR이 우리나라 에너지 정책의 핵심 화두로 부상했음을 보여주는 대목이다.

　실제로 빌 게이츠는 방한 기간 중 주요 기업 수장들과 연쇄 회동을 가지며 SMR 상용화 협력을 본격 추진했다. SK그룹은 이미 2022년 테라파워에 2억 5,000만 달러(약 3,500억 원)를 투자해 2대 주주가 되었으며, HD현대는 테라파워와 나트륨 원자로의 상업화를 위한 제조 공급망 확장에 대해 전략적 협약을 체결한 바 있다.

　SMR에 대한 기대는 우리나라의 에너지 정책에도 반영되어 정부는 2030년대 초반까지 한국형 SMR의 건설 허가를 획득하고, 2035년까지 국내 SMR 상용화를 추진하겠다는 목표를 밝혔다.

그렇다고 SMR이 완벽하다고 할 순 없다. SMR 분야의 선두주자인 미국의 뉴스케일파워는 2023년 말, 건설비 폭등, 경제성 불확실 등을 이유로 상용화 프로젝트를 전면 취소한 바 있다. 대형 원전에 비해 장점이 명확하지만 100% 완벽한 장밋빛 미래라고 보기는 어렵다고 판단한 것이다. 또한 SMR 역시 고준위 방폐물이라는 원자력의 근본적인 족쇄에서 여전히 자유롭지 못하다.

앞으로 수년간 세계 각국은 대형 원전의 시대를 끝내고 SMR 시대를 본격화할 것인지에 대한 저울질을 해야 할 것이다. 재생 에너지의 비용 문제와 원자력의 안전 문제 사이에서, 우리는 어느 쪽의 대가를 감수할지 중대한 선택을 해야 한다.

에너지 비용을 가중시키는 자원 전쟁

일부에서는 친환경 에너지로 전면 전환하면, 중동의 석유 패권에서 벗어나 에너지 자립을 이룰 수 있을 것이라고 기대한다. 하지만 친환경 에너지의 문턱은 너무나도 높고, 자원 전쟁에는 막대한 비용이 든다. 세계 경제는 여전히 중동과 동유럽의 지정학적 불안에 크게 영향을 받고 있다. 국제 유가와 액화천연가스LNG 가격이 특정 국가의 상황에 따라 출렁이는 현실에서, 우리는 화석 연료의 굴레에서 벗어나지 못하고 있다.

에너지 전환은 석유를 둘러싼 검은 전쟁을 배터리의 핵심 원료를 차지하기 위한 하얀 전쟁으로 바꾸어놓았을 뿐이다. IEA는 2040년까지 리튬 수요가 현재의 5배, 니켈과 코발트는 2배가량 증가할 것으로 전망했다. '하얀 석유'라 불리는 리튬을 비롯한 핵심 광물은 이제 21세기의 새로운 권력이 된 것이다.

이 새로운 권력을 손에 쥔 자원 부국들은 새로운 미래를 그리고 있다. 인도네시아는 전 세계 니켈 매장량의 42%, 생산량의 약 50%를 차지하는데, 2020년 1월부터 '니켈 원광 수출 금지'라는 강력한 카드를 꺼내 들었다. 이는 단순히 자원을 비싸게 팔겠다는 것을 넘어, "우리 땅에 공장을 지어 일자리를 만들고, 기술을 이전해야만 원자재를 팔겠다."는 강력한 선언이었다. 결국 현대자동차와 LG에너지솔루션은 98억 달러(약 14조 원)를, 중국 기업들은 300억 달러(약 42조 원) 이상을 투자해 인도네시아 현지에 제련소와 배터리 공장을 짓는 '니켈 순례'에 나설 수밖에 없었다. 이제는 하얀 자원을 가진 자가 '갑'이 되는 시대가 열린 것이다.

세계 최대 리튬 매장국인 칠레 역시 이 흐름에 동참했다. 2023년, 가브리엘 보리치 대통령은 리튬 국유화를 공식 선언하며 앞으로 새로운 리튬 개발은 반드시 국가가 통제하는 공기업과의 파트너십을 통해서만 가능하다고 강조했다. 이는 리튬 채굴로 발생하는 막대한 이익을 국가가 직접 통제하겠다는 의지로 볼 수 있다.

한편 이 자원 전쟁에는 또 다른 강력한 플레이어, 중국이 있다. IEA에 따르면, 핵심 광물의 채굴은 남미나 아프리카 등에서 할 수 있지만 그 원광을 배터리 소재로 만드는 정련 및 가공 단계의

70~90%를 중국이 독점하고 있다. 이는 아무리 칠레에서 리튬을, 콩고에서 코발트를 사 와도, 중국의 정제 공장을 거치지 않으면 배터리의 핵심 소재를 만들 수 없다는 의미다. 에너지 전환의 가장 중요한 혈관을 중국이 쥐고 있는 매우 위험한 구조다.

실제로 중국은 이 독점적 지위를 무기로 내세웠다. 2022년 10월과 2023년 10월, 미국이 대중 반도체 수출 통제를 잇따라 강화하자, 중국은 2023년 8월 1일부터 반도체와 디스플레이의 핵심 소재인 갈륨과 게르마늄에 대한 수출 통제로 맞대응했다. '너희가 첨단 기술을 막으면, 우리는 너희의 첨단 기술을 만들 원료를 막겠다'는 경고인 셈이다. 이 사건은 전 세계에 에너지 전환이 환경 문제를 넘어 안보 문제가 될 수 있음을 각인시켰다.

자원 전쟁은 뉴스에만 등장하는 이야기가 아니다. 이는 결국 돌고 돌아 우리가 구매하는 전기차와 스마트폰의 가격표에 녹아든다. 예를 들어, 인도네시아가 니켈 원광에 수출세를 부과하거나 중국이 희토류 정련 비용을 올리면 1차 원자재의 가격이 상승한다. 그럼 이 원자재를 수입해 배터리 양극재나 반도체용 특수 가스를 만드는 LG화학이나 포스코 같은 국내 소재 기업은 원가 상승분을 제품 가격에 반영할 수밖에 없다. 그리고 이 소재를 공급받는 삼성전자나 현대자동차는 이 부품 가격 상승분을 최종 제품인 스마트폰과 전기차의 판매 가격에 덧붙인다.

결국 지구 반대편 자원 부국의 정책 하나, 미·중 패권 경쟁의 갈등 하나가 우리의 지갑에서 에너지 비용을 끌어내고 있다. 이는 단순히 환경을 위한 인류애적 선택이 아니다.

에너지 비용의 현주소

에너지 전환의 파도는 이미 우리 일상 깊숙이 들어와 있다. 자동차를 사려는 소비자는 전기차와 하이브리드 사이에서 고민하고, 수출 기업들은 탄소국경세라는 새로운 장벽 앞에서 전략을 재검토하고 있다. 가정에서는 전기요금 고지서를 보며 대기전력 차단 플러그를 찾는다. 이 모든 변화의 중심에는 에너지 비용이 있다. 친환경이라는 대의명분 뒤에 숨어있던 현실적 비용이 이제 우리 모두의 선택과 행동을 바꾸고 있는 것이다.

자동차 시장의 선택과 딜레마

에너지 전환의 비용 문제는 모빌리티, 즉 자동차 시장에서 눈에 띄는 변화를 만들어내고 있다. 자동차는 개인이 소비하는 물품 중 비싼 축에 속하는 동시에 우리나라의 제조업 경쟁력을 상징하는 핵심 산업이다. 따라서 우리는 이 모빌리티 대전환을 들여다봄으로써, 에너지 전환이 우리에게 미치는 영향을 선명하게 이해할 수 있다.

2020년대 초반, 전기차는 혁명처럼 우리에게 다가왔다. 기름값의 절반도 안 되는 비용으로 달리는 자동차, 엔진오일 교체가 필요 없는 편리함이라는 키워드는 고유가에 지친 소비자에게 거부할 수 없는 유혹이었다. 여기에 탄소중립이라는 전 지구적 목표 아래 각 정부는 막대한 보조금을 뿌렸고, 테슬라가 전기차를 가장 빠르고 스마트한 첨단 기기로 만들며 기술적 판타지까지 충족시켰다. 마침내, 수십 년간 내연기관 중심이었던 현대자동차, 폭스바겐 등 자동차 전문 기업들마저 전기차 시대를 선언하자 내연기관의 종말은 의심의 여지가 없어 보였다.

하지만 지금은 당장 내연기관이 사라질 것이라고 생각하는 이는 없는 듯하다. 전기차 캐즘이 그 앞을 가로막고 있기 때문이다. 캐즘이란, 첨단 기술이 초기 시장을 넘어 대중 시장으로 확산되기 전 일시적으로 수요가 정체되는 현상을 말한다.

전기차 캐즘의 가장 큰 이유는 여전히 소비자의 발목을 잡고 있는 비싼 가격이다. 2025년 기준, 국고 보조금 최대 580만 원에 서울시 보조금 50만 원을 더해 최대 630만 원의 지원을 받는다고 해도 5,000만 원짜리 전기차의 실구매가는 4,370만 원이다. 이는 3,500만 원이면 살 수 있는 동급의 인기 하이브리드차보다 870만 원이나 비싼 가격이다. 친환경이라는 가치를 위해, 웬만한 국산 경차 한 대 값을 추가로 지불하기는 쉽지 않다.

설령 큰 맘 먹고 가격의 벽을 넘어도 충전 스트레스라는 현실의 벽에 부딪히게 된다. 퇴근 후 아파트 주차장에 들어서면, 몇 개 없는 충전기 자리는 늘 가득 차있거나 다른 차량이 입구를 막고 있기 일쑤다. 또 고속도로 휴게소에서는 30분 이상 줄을 서서 기다리다 결국 다음 휴게소로 차를 돌리는 충전 난민이 되기도 한다. 여기에 매년 축소되는 보조금과 3년 뒤 반값이 될 수 있다는 중고차 가격 하락의 공포 심리까지 더해지며 전기차의 매력은 빠르게 식어갔다.

이 캐즘의 빈자리를 파고든 것이 바로 하이브리드였다. 소비자들은 큰 비용이 드는 전기차에서 하이브리드로 눈을 돌렸다. 충전 스트레스 없이 뛰어난 연비를 누릴 수 있는 합리적인 선택지에 수요가 폭발한 것이다. 2025년 상반기 하이브리드차 판매량은 22만 8,478대로 전기차 9만 3,569대를 2.4배 압도했다. 시장의 승자가 명확해지자 전기차 올인을 외치던 현대자동차그룹마저 하이브리드 라인업을 강화하는 것으로 시장에 응답했다.

에너지 비용을 바탕으로 새로 구축되고 있는 모빌리티 시장의 변화는 이제부터 시작이다. 이제 엔진을 넘어, 소프트웨어 전쟁의 막이 올랐다. 전기차의 수익성 한계에 부딪힌 테슬라, 현대자동차 등의 제조사들은 자동차를 바퀴 달린 스마트폰처럼 바꾸고 있다. 바로 SDV, 즉 소프트웨어 중심 자동차로의 전환이다. 이는 자동차를 팔고 끝내는 것이 아니라, 판매 후에도 소프트웨어와 서비스로 지속적인 수익을 창출하려는 비즈니스 모델의 대전환이다.

SDV의 핵심은 하드웨어와 소프트웨어의 분리다. 일단 표준화된 자동차 본체, 즉 하드웨어를 판매한 뒤 무선 업데이트를 통해 고객이 원하는 기능을 추가로 판매하거나 월 구독료를 받는 방식을 취한다. 테슬라가 월 199달러(약 28만 원)에 제공하는 완전자율주행 FSD 기능이 대표적인 사례이다. BMW가 월 2만 4,000원의 열선 시트 기능을 구독 서비스로 판매하려다 비판을 받기도 했지만, 이러한 시도

는 계속될 것이다. 앞으로는 자동차의 가속 성능을 소프트웨어로 업
그레이드해 주고 돈을 받거나, 차 안에서 즐기는 게임이나 영상 콘
텐츠로 수익을 내는 이른바 자동차 구독 경제가 새로운 판으로 짜여
질 것이다.

모빌리티 시장의 새로운 전쟁에는 이제 자동차 제조사만 참여하
지 않는다. 자동차의 뇌 역할을 하는 고성능 반도체 칩 시장을 장악
한 엔비디아, 그리고 차세대 애플 카플레이와 안드로이드 오토 모티
브를 통해 자동차의 운영체제^{OS} 자체를 장악하려는 애플과 구글 같
은 빅테크 기업들이 새로운 강자로 떠오르고 있다. 결국 '에너지 전
환비용'이라는 숙제는 자동차 산업이 '제조업'을 기반으로 한 '소프트
웨어 서비스업'까지 손을 뻗게 만들었다. 다시 말해, 전혀 다른 분야
의 플레이어들을 전쟁터로 끌어들였다는 점에 주목해야 한다.

탄소국경세의 공포

앞으로 에너지 전환비용은 국가에서 큰 비용을 부담할 것으로 예
상된다. 그 중심에는 탄소국경조정제도^{CBAM}가 있다. 이름은 다소 복
잡해 보이지만 본질은 단순하다. 바로 탄소에 매기는 국경세, 즉 탄
소 관세를 뜻한다. 탄소를 무섭게 뿜어내는 과거의 생산방식을 더
이상 허용하지 않겠다는 의미이다.

EU가 이 카드를 꺼내 든 이유는 공정한 경쟁을 위해서이다. EU 내
기업들은 비싼 비용을 내가며 탄소배출권거래제$^{EU-ETS}$ 규제를 따르고
있는데, 규제가 느슨한 나라의 기업들이 탄소를 마음껏 배출하며 만

든 값싼 제품과 경쟁하는 것은 불공평하다는 논리다. 생산 과정에서 발생한 탄소의 비용을 동등하게 지불하게 만들어, 기업들이 탄소 규제가 없는 곳으로 공장을 옮기는 탄소 누출을 막겠다는 것이다.

2023년 10월 1일부터 2025년 12월 31일까지는 전환기간으로 수출품의 탄소 배출량을 분기마다 보고해도 실제 비용을 청구하지 않았다. 시범 운영기간을 거친 셈인데, 2026년부터는 본 게임이 시작된다. 이때부터 철강, 알루미늄, 시멘트, 비료, 전력, 수소로 구성된 6대 품목을 EU에 수출하는 기업은 생산 과정에서 배출한 탄소량에 해당하는 CBAM 인증서를 의무적으로 구매해야 한다. 수출 전문 기업들에게 비용 부담이 가중될 수밖에 없는 상황이다.

대한상공회의소 분석에 따르면, 이로 인해 국내 철강업계가 부담해야 할 추가 비용이 2026년 851억 원에서 시작하여 2034년에는 5,589억 원에 이르러, 9년간 총 2조 6,440억 원에 달할 수 있다. 이는 고스란히 제품의 가격 경쟁력 하락으로 이어져 수십 년간 쌓아 올린 EU 시장에서의 입지를 하루아침에 위협할 수 있다.

여기서 끝이 아니다. CBAM에 따르려면 탄소 배출량을 측정하고 보고할 수 있는 탄소 회계 시스템을 갖춰야 하는데, 전문 인력과 인프라가 부족한 중소·중견 기업에게는 생존 자체를 위협하는 요소가 될 수 있다. 그리고 그 부담은 결국 수출 경쟁력 약화와 기업의 투자 여력 감소라는 부메랑이 되어 우리의 일자리와 소득에 영향을 미치게 될 것이다. 이제 에너지 전환비용은 우리 산업의 명운을 건 시험대 위에 올랐다.

전기요금 청구서가 바꾼 집안의 풍경

에너지 비용의 무게는 일상의 풍경도 바꾸고 있다. 가장 먼저 나타난 변화는 소비자들이 에너지 절감에 능동적으로 나서기 시작했다는 것이다. 한국전력의 '파워 플래너' 앱을 실행하면 1시간 전까지의 전기 사용량과 예상 요금을 확인하는 것은 물론 누진제 2단계까지 몇 kWh가 남았는지 수시로 확인하며 스스로 에너지 사용량을 조절할 수 있다.

한국전력의 '파워 플래너' 앱 실행 화면

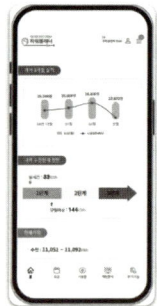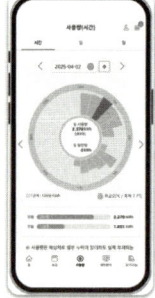

출처: 앱스토어

가전제품의 구매 기준도 완전히 달라졌다. 예전에는 디자인이나 브랜드를 중요하게 여겼지만, 요즘에는 제품의 에너지 소비효율 등급 라벨을 꼼꼼하게 따져보고 구매하는 경향이 크다. 한국에너지공단에 따르면, 에너지 효율 1등급 가전제품(냉장고, TV, 에어컨 등)의 비중은 등급 기준이 강화된 이후 변동이 컸지만, 2025년 기준 삼성전자와 LG전자가 출시한 냉장고의 90% 이상, TV와 에어컨의 50% 이상이 1등급 또는 고효율 등급에 속한다. 반면, 일부 수입 저가 브랜드들은 여전히 3~5등급 비중이 높다. 고효율 가전은 초기 구매 비용이 높지만 전기요금 절감액이 크므로 장기적으로 투자 가치가 충분하다고 판단해 선택하는 소비자가 늘고 있는 추세다.

이러한 에너지 절약의 노력은 이제 챌린지처럼 자리 잡았다. '뽐뿌'나 '맘스홀릭' 같은 대형 온라인 커뮤니티에서는 아파트 관리비 고지서를 인증하고 "지난달보다 전기요금을 2만 원 줄였어요." 같은 글을 올리는 것이 유행이다. 서로의 절약 노하우를 공유하며 도움을 얻기도 하고, 선의의 경쟁도 한다.

이 과정에서 에너지 비용 절감 아이템으로 떠오른 제품이 스마트 플러그다. 사용하지 않는 가전제품의 대기전력, 즉 '전기 흡혈귀'가 가정 전력 사용량의 10%가량을 차지한다. 대기전력의 실체는 생각보다 심각하다. 전자레인지는 실제로 하루에 사용하는 시간이 5분 정도인데 하루 종일 플러그가 꽂혀 있으면서 사용량의 24%를 대기전력으로 소모한다. 비데의 경우 무려 57%가 대기전력으로 허비된다. 휴대전화 충전기도 마찬가지다. 실제 충전에 쓰이는 전기는 5% 정도에 불과하고, 나머지 95%는 콘센트에 꽂혀 있는 채로 낭비되며 배터리 수명까지 단축시킨다.

스마트 플러그는 이러한 대기전력을 완전 차단해 주는 똑똑한 해결책이다. 와이파이나 블루투스를 통해 스마트폰으로 원격 제어가 가능하며, 일정 시간 후 자동으로 전원을 차단하는 기능까지 갖추고 있다. 실제로 대기전력을 효과적으로 관리한 가구는 월 전기요금의 20%가량 절약이 가능하다는 연구 결과도 있다. 스마트 플러그 외에도 개별 스위치가 있는 멀티탭, 자동절전 제어장치 등 다양한 대기전력 차단 제품들이 속속 출시되며 똑똑한 소비자들 사이에서 입소문이 나고 이커머스에서 판매량도 급증하고 있다.

결국 날이 갈수록 치솟는 에너지 비용이 우리가 일상을 더 똑똑하고 효율적으로 살아내도록 만들고 있다. 에너지 절약은 이제 가계 경제를 지키는 생존 전략이 되었다.

에너지 비용 시대의 호모 에코노미쿠스

에너지 비용이라는 새로운 환경은 소비자들을 변화시켰다. 이들은 고지서를 보며 한숨을 쉬는 대신 비용을 관리하고, 자산을 지키며, 새로운 기회까지 만들어내는 경제적 인간으로 진화했다. 에너지 비용 시대를 살아가는 호모 에코노미쿠스, 그들의 세 가지 생존 기술을 소개한다.

전기를 아껴서 돈을 버는 사람들

에너지 비용 시대에 개인은 더 이상 수동적인 절약에만 머무르지 않는다. 개인은 에너지를 직접 관리하고 시장에 참여하는 적극적인 생산자로 진화하고 있다.

가장 대표적인 방법이 바로 수요반응DR 제도, 이른바 에너지 쉼표다. 이는 전력 사용량이 폭증하는 피크 시간대에 정부의 요청에 따라 전기 사용을 줄이면, 현금처럼 쓸 수 있는 포인트로 보상받는 제도. 여기서 핵심은 전력 감축에 대한 보상 단가가 전기요금 단가보다 몇 배나 높게 책정되었다는 점이다. 에너지 절약이 확실한 수익을 안겨주는 재테크가 되었음을 의미한다. 2025년 2월 기준, 국민DR 제도 참여자는 약 7만 5,000여 명으로 최근 1년 사이 꾸준한 증가세를 보이고 있으며, 절약한 전기를 시장에 판매하는 에너지 프로슈머(생산자+소비자)로 역할을 확대하고 있다.

수요반응 작동 원리

출처: 탄소중립녹색성장위원회

물론 매일 전력 시장의 상황을 확인하는 것은 번거로운 일이다. 이 지점에서 AI를 탑재한 에너지 비서가 등장한다. 삼성의 '스마트싱스 에너지'나 LG의 '씽큐 앱'과 같은 가정용 에너지 관리 시스템 HEMS은 국민DR 요청이 오면 알아서 절전 모드로 바꾸고, 가장 저렴한 시간대에 가전제품을 돌리는 등 복잡한 의사결정을 대신해 준다. 오픈서베이 조사에 따르면, 소비자 10명 중 8명이 AI 기능이 탑재된 가전제품을 구매할 의향이 있다고 응답했다. 소비자들은 스스로 판단하고 노력해야 하는 심리적 부담까지 덜어주는 기술에 기꺼이 지갑을 열고 있음을 보여준다.

이러한 개인들의 움직임은 여기서 그치지 않을 것이다. 앞으로 전기차를 전력망과 연결해 배터리의 남은 전력을 이용하는 기술인 V2G^{Vehicle-to-Grid} 기술이 상용화되면, 전기차 주차 중 남는 전력을 전력망에 되팔아 수익을 내는, 훨씬 더 적극적인 에너지 프로슈머의 시대가 열릴 것이다. 이 새로운 생존 법칙에 대한 이해 차이가 앞으로 가계 경제에 큰 격차를 만들어낼 것이다.

계산기를 꺼내 든 소비자들

에너지 비용 시대에 자동차를 구매하는 행위는 이제 감성 영역을 떠나 이성 영역으로 넘어왔다. 얼마나 더 멋지고 빠른가보다는 향후 5년간 적은 비용으로 유지할 수 있느냐가 더 중요해졌기 때문이다.

가장 먼저, 소비자가 자동차를 평가하는 기준 자체가 바뀌었다. 전기차^{EV} 트렌드 코리아 2025의 설문조사에 따르면, 전기차 구매 시 가장 중요한 고려 요소는 차량 가격(28.1%)과 1회 충전 주행거리(22.6%), 보조금 여부(17.8%) 순으로 나타났다. 디자인이나 브랜드 같은 전통적인 가치들은 모두 후순위로 밀려났다. 이 설문 결과는 소비자가 자동차를 선택할 때 다른 어떤 가치보다 경제적 효용성을 최우선으로 두고 있음을 명백히 보여준다.

시장은 이러한 소비자들의 냉정한 계산에 정직하게 반응했다. 카이즈유데이터연구소의 2025년 1~6월 데이터를 보면, 전년 동기 대비하여 국내 전기차 판매량은 42%, 하이브리드차 판매량은 25% 이상 급증하며 시장 점유율을 크게 확대했다. 이는 소비자들이 전기차의 높은 가격과 충전 인프라 부족이라는 현실적 제약 속에서도, 높은 연비와 기존 충전 인프라의 편리성을 갖춘 하이브리드를 가장 합리적인 대안으로 선택하고 있음을 잘 보여준다.

소비자들이 전기차 구매를 망설이는 이면에는, 눈에 보이지 않는 금융 리스크에 대한 우려가 깔려있다. 중고차 시장의 데이터는 이러한 불안감을 숫자로 보여준다. 동급 모델의 3년 후 감가율을 비교했을 때, 전기차 잔존 가치는 50% 수준인 반면 하이브리드차는 70% 이상을 유지하는 것으로 나타났다. 중고차 시장 전문가들은 이러한 현상의 원인으로, 빠르게 발전하는 기술에 따른 구형 모델의 가치 급락, 보증 기간 이후의 배터리 성능 및 수리비에 대한 불안감, 수시로 변하는 신차 보조금 정책 등을 공통으로 지적한다.

결국 지금 시장의 하이브리드 강세는 일시적인 유행이 아니다. 이는 새로운 에너지 비용 환경 속에서 소비자들이 초기 구매 비용, 운행 편의성, 그리고 미래의 자산 가치라는 세 가지 변수를 모두 고려한 끝에 내린 최선의 결정이다.

에너지 요새를 구축하는 사람들

자동차를 사는 것이 5년짜리 재무 계획이라면 집은 자동차와는 비교할 수 없이 거대한, 30년을 내다봐야 하는 자산 관리 영역이다.

이제 집의 가치는 입지나 평수만으로 결정되지 않는다. 매달 날아오는 관리비 고지서가 집의 가치를 보여주는 또 하나의 중요한 지표가 되었다.

에너지 비용 시대의 소비자들은 집을 보러 가기 전에 부동산 앱으로 관리비 내역부터 확인한다. 마치 맛집을 찾기 전에 리뷰를 보듯, 관리비 고지서를 통해 그 집의 에너지 가성비부터 따져보는 것이다. 집을 살 때 관리비 등 주거유지비를 고려하는 것은 이제 선택이 아닌 필수가 되었다. 관리비는 숨겨진 월세이자 집의 에너지 효율을 드러내는 정직한 지표다.

이런 똑똑한 소비자들의 움직임에 시장은 가격으로 답한다. 삼성전자 영국법인이 진행한 설문조사에 따르면, 소비자 대부분이 스마트홈 기술을 도입한 집에 입주하기를 원하고, 평균 집값보다 6.5% 높은 프리미엄을 낼 의향이 있다고 응답했다. 특히 소비자 71%가 스마트홈을 원하는 이유로 '에너지 효율성'을 꼽았다. 에너지 비용 방어력이 미래에도 집의 가치를 지켜줄 것이라는, 자산 안정성에 대한 기대감이 가격에 반영된 것이다.

은행도 이런 흐름에 발을 맞추기 시작했다. 에너지 효율이 높은 집에는 더 좋은 조건으로 대출해 주며, 사실상 에너지 비효율 주택을 리스크 높은 자산으로 분류하기 시작했다. KB국민은행과 신한은행 등 주요 시중은행들은 녹색건축 인증을 받거나 에너지 효율등급이 높은 주택을 구매할 경우, 주택담보대출 금리를 최대 0.2%p까지 깎아주는 녹색금융 상품을 판매하고 있다. 이는 금융권이 건물의 에너지 성능을 대출 상환 능력과 담보 가치를 평가하는 중요한 신용평가 요소로 보기 시작했다는 증거다.

정부 정책 또한 이런 변화의 흐름을 가속화하고 있다. 2025년부터 민간 아파트에도 의무화된 제로에너지 건축물^{ZEB} 제도가 그것이다. 집을 고성능 단열재로 꽁꽁 감싸고, 열이 새지 않는 창호를 달아 에너지 낭비를 최소화한 에너지 자립 주택을 새로운 표준으로 삼겠다는 뜻이다. 이에 따라 자연스럽게 이 기준에 미치지 못하는 옛날 집들은 가치가 떨어지는 브라운 디스카운트 압박을 피할 수 없게 된다.

이 때문에 기존 주택 소유자들은 필사적으로 에너지 요새의 성벽을 보강하려 한다. 바로 '그린 리모델링'을 통해서이다. 낡고 바람이 새는 창호를 고효율 단열 창호로 바꾸는 것은 자산 가치를 지키기 위한 필수 투자 활동으로 여겨졌다. 하지만 국토교통부의 민간 그린 리모델링 이자지원 사업은 참여율 저조를 이유로 2023년 중단되었고, 아직 뚜렷한 대안이 제시되지 않고 있어 개인이 감당해야 할 부담은 더욱 커지고 있다.

위치가 모든 것을 결정하던 부동산의 시대는 저물고 있다. 이제 당신의 집은 매달 치솟는 에너지 비용이라는 공격을 얼마나 잘 막아내는지에 따라, 진짜 가치를 인정받게 된다. 그리고 집의 방어력이 곧 당신의 자산 순위를 결정하게 될 것이다.

에너지 전환 시대의 투자 기회

모든 거대한 변화는 위기 속에서 새로운 부의 지도를 다시 그린다. 역설적이게도, 높은 비용과 불확실성이야말로 그 문제를 해결하는 기술과 산업에 막대한 자본이 흘러 들어가게 만드는 가장 확실한 이유가 된다.

돈의 흐름이 모이는 인프라

새로운 국가를 건설할 때 가장 먼저, 그리고 가장 많은 돈이 몰리는 곳은 어디일까? 바로 도로, 항만, 통신망과 같은 인프라다. 인프라 없이는 아무것도 시작될 수 없기 때문이다. 2026년의 에너지 전환 시대도 마찬가지다. 2026년부터 EU의 탄소국경조정제도가 본격 시행되어 새로운 무역 질서가 시작되는 가운데, 가장 먼저 주목해야 할 곳은 새로운 에너지 시스템이 작동하기 위해 반드시 필요한 핵심 기반 기술, 즉 차세대 에너지 인프라다.

먼저 주목해야 할 인프라는 24시간 꺼지지 않는 무탄소 전력의 심장, 소형 모듈 원전 SMR이다. SMR은 앞서 언급한 것처럼 대형 원전의 안전성 및 부지 문제를 해결하고, 동시에 재생 에너지의 변덕스러운 간헐성을 보완할 가장 현실적인 대안으로 꼽힌다. 기존 원전이 수십만 가구를 위한 거대한 댐이라면, SMR은 공장에서 규격화된 모듈을 만들어 전력이 필요한 도심이나 산업단지 바로 옆에 설치하는 마을 전용 소규모 발전소라고 할 수 있다. 날씨와 상관없이 24시간 안정적으로 전기를 만드는 기저 전원의 역할을 바로 우리 곁에서 수행하는 것이다.

이러한 전략적 중요성 때문에 SMR 시장에 돈이 몰리고 있다. 영국국립원자력연구원은 2035년까지 세계 SMR 시장 규모가 630조 원에 이를 것으로 예상했으며, 미국 정부는 인플레이션 감축법를 통해 SMR 건설 및 전력 생산에 막대한 세액공제를 제공하며 시장의 성장에 불을 붙였다.

SMR 선두업체인 뉴스케일파워와 테라파워 등 기술을 선점한 기업들을 중심으로, 두산에너빌리티, 삼성물산 등 국내 기업들이 핵심 기자재를 제작·공급하는 파트너로 참여하며 거대한 글로벌 공급망이 형성되고 있다.

다음은 기존 산업의 탄소 족쇄를 풀어줄 유일한 기술, 탄소 포집·활용·저장CCUS이다. 철강, 시멘트, 석유화학처럼 당장 탄소 배출을 멈출 수 없는 산업들에게 CCUS는 생존을 위한 필수 인프라다. 이는 공장 굴뚝에서 나오는 탄소를 화학적으로 붙잡아, 고갈된 가스전 같은 땅속 깊은 곳에 영원히 묻어버리거나, 건축자재나 화학제품 등 유용한 물질로 바꾸는 기술을 총칭한다. 앞서 다룬 CBAM과 같은 무역장벽이 현실화된 이상, CCUS 기술 없이는 국내 중공업의 수출길이 막힐 수 있다.

국제에너지기구 사무총장은 "2050 탄소중립 시나리오에서 CCUS는 선택이 아닌 필수이다."라고 단언하며, 관련 투자가 현재의 수십 배 이상으로 늘어나야 한다고 강조했다. 미국의 IRA는 탄소를 포집

해 저장할 경우, 톤당 수십 달러의 파격적인 세액공제를 약속하며 사실상 정부가 경제성을 보장해 주고 있다. SK E&S, 삼성엔지니어링 등 국내 대기업들이 막대한 자본을 투자해 해외 가스전에 탄소를 묻는 사업을 추진하는 것은 CCUS가 새로운 자원 개발 사업이자 규제 리스크를 해결하는 핵심적인 금융 솔루션이 되었음을 보여준다.

변덕스러운 재생 에너지를 믿을 수 있는 에너지로 만들어줄 한 쌍의 인프라, 에너지저장장치와 스마트 그리드도 유망 산업이다. 과거의 전력망이 소수의 거대 발전소에서 국민 전체에게 일방적으로 전기를 보내는 중앙 집중형 방식이었다면, 미래의 전력망은 수많은 개인의 태양광, 전기차 등이 거미줄처럼 연결된 분산형 구조다. 이 복잡하고 혼란스러운 신경망 시스템을 안정적으로 운영하기 위한 핵심 장치가 바로 ESS와 스마트 그리드다. ESS는 바람과 햇빛이 넘쳐날 때 전기를 담아두는 거대한 에너지 댐의 역할을 하고, 스마트 그리드는 전력이 필요한 곳과 남는 곳을 실시간으로 파악해 댐의 물과 연결하는 지능형, 양방향 고속도로 역할을 한다.

이 두 기술은 서로 분리될 수 없는 운명 공동체다. 블룸버그NEF와 같은 시장조사기관들이 재생 에너지 보급 목표가 높아질수록 ESS 시장 역시 폭발적으로 성장할 수밖에 없다고 예측하는 것은 이 때문이다. 앞서 살펴본 개인들의 에너지 거래, 국민DR이 활성화되기 위해서라도 이 지능형 전력망에 대한 투자는 필수적이다. LG에너지솔루션, 삼성SDI와 같은 K-배터리 기업들이 ESS 시장의 핵심 공급자로 LS일렉트릭, HD현대일렉트릭과 같은 기업들이 스마트 그리드 구축의 주역으로 주목받는 것은, 이들이 새로운 에너지 시대의 혈관과 두뇌를 만드는 가장 중요한 플레이어이기 때문이다.

핵심 소재와 효율화 기술의 강자들

새로운 에너지 시대의 거대한 도로와 항만이 어디에 깔리는지 확인했다면, 이제는 그 인프라 위에서 실제 부가가치를 만들어내는 곳으로 시선을 옮겨야 한다. 여기서 새로운 부의 기회는 두 가지 방향에서 나온다. 하나는 끊임없이 새는 에너지 비용을 막아내는 견고한 방패이고, 다른 하나는 기존 기술의 한계를 뚫고 새로운 시장을 여는 날카로운 창이다.

먼저 가장 확실한 기회는 '방패', 즉 에너지 효율화 기술에 있다. 에너지를 새로 만드는 것보다 낭비되는 에너지를 막는 것이 훨씬 경제적이기 때문이다. 개인과 기업은 에너지 비용을 줄이기 위해 필사적이며, 이들의 절박한 수요가 거대한 시장을 만들어낸다. 시장조사기관 얼라이드 마켓 리서치는 글로벌 빌딩 에너지 관리 시스템BEMS 시장이 2023~2032년에 연평균 15.2% 이상의 성장률을 보일 것으로 예측했으며, 대한건설정책연구원은 2023~2050년에 국내 그린 리모델링 시장이 누적 약 1,700조~2,800조 원 규모에 이를 것으로 예측했다. 이는 연평균 약 63조~103조 원에 달하는 거대한 시장으로, 정부의 2050 탄소중립 시나리오에 따라 공공 및 민간 모든 기존 건축물의 100% 그린 리모델링 달성을 전제로 산출된 수치다.

국가 전체 전력 소비량의 절반 이상을 차지하는 산업 현장에서도 에너지 효율화는 생존의 문제가 되었다. 글로벌 시장조사기관 마켓앤마케츠는 스마트 팩토리 시장이 2030년까지 수백조 원 규모로 성장할 것이라 분석했는데, 이는 에너지 비용과 CBAM이라는 이중 압박이 기업들의 투자를 강제하고 있음을 보여준다. 지멘스, 슈나이더 일렉트릭과 같은 글로벌 기업과 LS일렉트릭, 포스코DX 같은 국내 기업들은 바로 이 거대한 시장의 솔루션 공급자로 주목받고 있다.

다음으로 주목해야 할 곳은 '창', 즉 차세대 핵심 소재 분야다. 에너지 전환은 곧 소재의 전환이며, 이 소재 기술을 지배하는 자가 미래 시장의 승자가 될 것이기 때문이다. 가장 치열한 전쟁터는 단연 차세대 배터리 소재다. SNE 리서치는 관련 시장이 2030년에 100조 원을 가뿐히 넘어설 것으로 예측했는데, 그 이유는 명확하다. 앞서 분석한 전기차의 가장 큰 약점인 짧은 주행거리와 긴 충전 시간, 그리고 중고차 가치를 떨어뜨리는 배터리 수명 문제를 해결할 유일한 열쇠가 바로 이 소재에 있기 때문이다.

배터리의 성능과 주행거리를 결정하는 가장 핵심적인 부품은 양극재다. 양극재는 전자를 받아 저장하는 엔진과 같은 역할을 하며, 에코프로비엠, 포스코퓨처엠, L&F 등 우리나라 기업들이 하이니켈 기술을 바탕으로 이 시장을 선도하고 있다. 반대로 음극재는 전자를 방출하여 충전 속도를 좌우하는 부품으로, 기존 흑연에 실리콘을 혼합한 실리콘 음극재가 게임 체인저로 주목받는다.

더 나아가, 현재 배터리가 가진 폭발 위험성을 원천적으로 제거하고 에너지 밀도는 획기적으로 높여줄 전고체 배터리는 꿈의 배터

리튬이온 배터리 구조와 작동 원리

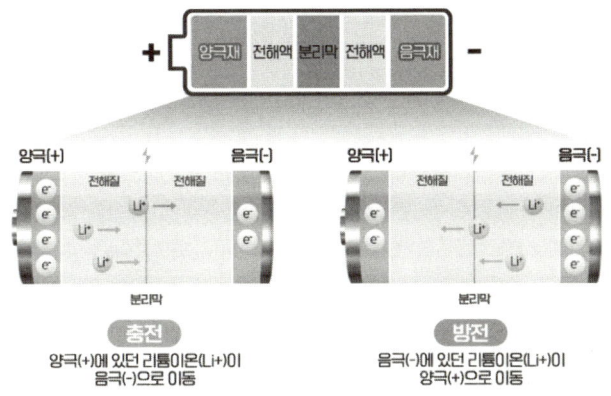

출처: 포스코그룹 뉴스룸

리로 불린다. 아직 상용화 초기 단계지만, 삼성SDI가 가장 구체적인 상용화 로드맵을 제시하며 앞서나가고 있다. 단순 광물을 넘어 부가가치가 수십 배 높은 소재 기술을 가진 기업과 국가의 전략적 가치는 더욱 커질 수밖에 없다.

배터리 외에도 기회는 많다. 기존 실리콘 태양전지의 효율 한계를 뛰어넘기 위해 등장한 페로브스카이트는 기존 태양전지 위에 얇은 효율 증폭 필름을 대체할 수 있는 신소재다. 수소 경제를 현실화하는 데 필수적인 수소 촉매와 분리막 기술 역시 소수 글로벌 기업이 독점하며 막대한 부가가치를 창출하는 시장이다.

녹색 거품과 투자의 함정

지금까지 우리는 에너지 전환이 만들어내는 새로운 부의 지도를 펼쳐보았다. 하지만 수많은 장밋빛 전망의 이면에는 투자자의 자산을 한순간에 재로 만들 수 있는 치명적인 함정들이 숨어있다. 맹목적인 추종이 아닌 현명한 판단을 위해 우리는 지도 위에 표시된 경고들을 반드시 확인하고 넘어가야 한다.

가장 먼저 경계해야 할 것은 실체 없는 '녹색 거품'이다. 가짜 금덩이처럼 보이는 기업들이 친환경이라는 명분으로 시장을 현혹할 수 있다. 제2의 테슬라를 표방했던 수소트럭 기업 니콜라는 실제 구동 능력도 없는 트럭을 언덕에서 굴리는 홍보 영상 하나로 투자자들을 현혹했다. 하지만 기술의 실체가 없다는 것이 밝혀지자 주가는 90% 이상 폭락하며 투자자들에게 막대한 손실을 안겼다. 이는 친환경이라는 좋은 명분이 기업의 부실한 재무 상태나 실현 불가능한 기술력을 가려주는 면죄부가 될 수 없음을 보여주는 냉혹한 사례다.

설령 기술이 진짜라 하더라도, 꿈이 돈으로 바뀌는 과정에는 건너기 힘든 죽음의 계곡이 존재한다. 이를 가장 극적으로 보여주는 사례가 SMR 분야의 선두주자 뉴스케일파워이다. 앞서 언급했듯 그들은 기술력 부족이 아닌, 치솟는 원자재 가격과 금리를 감당하지 못한 지극히 현실적인 문제로 첫 상용 원전 프로젝트를 전면 취소했다. 궁극의 청정 연료라는 그린수소 역시 마찬가지다. 국제에너지기구의 세계 수소 리뷰 보고서에 따르면, 2024년 기준 그린수소 생산 단가는 그레이수소 대비 3~5배 높은 수준이며, 실험실 성공이 대규모 상업 생산의 경제성을 보장하지 않는다는 것을 투자자들은 반드시 인지해야 한다.

여기에 대부분의 친환경 산업이 정부에 의해 좌우되는 구조적 리스크를 안고 있다. 각국 정부가 인플레이션 감축법과 같은 막대한 보조금과 정책적 지원으로 시장의 성장을 이끄는 것은 분명한 기회다. 하지만 이 당근은 언제든 채찍으로 변할 수 있다. 2010년대 초 유럽 태양광 산업은 과도한 보조금에 힘입어 세계 시장을 선도했으나, 각국 정부의 재정 부담으로 지원이 급격히 중단되자 연쇄 도산의 비극을 겪었다. 이른바 '태양광 코스터(태양광+롤러코스터)' 현상이다. 정부 지원에만 의존하는 사업 모델은 정권 교체나 정책 방향 전환이라는 파도가 밀려오면 한 번에 무너질 수 있다.

이 모든 리스크의 가장 근본적인 기반에는, 탈탄소가 만들어낸 새로운 자원 독점이라는 지정학적 함정이 자리 잡고 있다. 우리는 석유라는 족쇄를 풀기도 전에 핵심 광물이라는 또 다른 사슬에 묶이고 있다. IEA의 핵심 광물 보고서는 중국이 정제·가공 부문에서 전 세계 리튬의 70%, 희토류의 90%를 독점하는 현실을 명확한 숫자로 경고한다. 이는 전기차와 배터리, 풍력 터빈을 만드는 데 필요한 핵심 자원을 중국이 틀어쥐고 있다는 의미다. 특정 국가에 대한 공급망 의존도가 과도하게 높은 기술은 그 자체로 거대한 지정학적 리스크를 안고 시작하는 것과 같다.

물론 이러한 함정들이 에너지 전환이라는 거대한 흐름 자체를 부정하는 것은 아니다. 기회는 분명히 존재하며 그 규모는 인류 역사상 손에 꼽을 정도로 거대할 것이다. 다만, 이 새로운 부의 지도 위에서 진정한 승자는 장밋빛 환상을 좇는 맹목적인 낙관론자가 아니다. 곳곳에 숨겨진 함정까지 모두 파악하고 가장 현명한 방식으로 게임에 참여하는 현실주의자만이 달콤한 과실을 얻게 될 것이다.

낡은 성장 공식은 이미 무너졌고,
새로운 방정식이 그 자리를 채우고 있다.

이제 산업과 투자의 판이 바뀌는 대전환 속에서
변화를 이끌어갈 때이다.

2부
새로운 환경의 출현

기술 혁명은 산업과 투자의 판도를 바꾸고 있다.
이제 산업 그 자체보다,
그 기반이 되는 인프라 시장을 주목해야 한다.
변화의 본질을 꿰뚫는 사람만이
안정적인 포트폴리오를 구축할 수 있다.

01
AI
산업을 재편하는 파트너

　어젯밤 잠들기 전에 무심코 검색했던 캠핑 의자가 오늘 아침 인스타그램 광고에 나타났다거나 넷플릭스가 내가 좋아할 만한 드라마 목록을 귀신같이 추천해서 화면에 띄워 놀랐던 경험이 한 번쯤은 있을 것이다. '어떻게 내 마음을 이렇게 잘 알지?' 하는 섬뜩함과 함께 감탄이 느껴지는 순간이다.

　이는 결코 우연이 아니다. 바로 인공지능이 우리의 디지털 발자국을 실시간으로 학습하고 분석하여 자신도 놀랐던 니즈를 훤히 꿰뚫어 보고 있다는 방증이다. AI는 단순히 과거의 행동을 바탕으로 물건을 추천하는 수준에만 머무르지 않는다. AI는 앞으로 당신이 무엇을 원하게 될지를 먼저 예측하고 심지어 당신만을 위한 상품까지 만들어줄 것이다.

변화는 이미 시작되었다. 미국의 온라인 스타일링 서비스인 스티치 픽스Stitch Fix는 AI를 활용해 고객의 숨겨진 취향까지 분석하여 나만을 위한 옷상자를 보내주고, 세계 최대 이커머스 기업 아마존은 '당신이 주문하기 전에 미리 배송한다'는 예측 배송 특허를 보유하고 있다. 국내 플랫폼 역시 마찬가지다. 쿠팡은 우리의 구매 주기를 분석해 다 떨어져 가는 주방세제를 노출시키고, 마켓컬리는 과거 주문 내역을 바탕으로 개인 맞춤 상품 조합을 추천하는 서비스를 제공한다.

세계적인 IT 리서치 기업 가트너Gartner는 2026년에는 전체 마케팅 업무 과정에서 75%가 AI 기반 콘텐츠 생성 도구를 도입하거나 생성형 AI로 합성 고객 데이터를 만들게 될 것이라고 전망했다. AI가 먼저 필요를 예측하고 말을 거는 시대가 눈앞에 온 것이다. 이번 파트에서는 AI가 재편하는 소비 시장의 새로운 풍경을 들여다보고자 한다.

AI가 바꾸는 소비 시장의 새로운 풍경

지금까지 우리가 경험한 쇼핑은 단순했다. 기업이 만든 상품을 선택하고, 정해진 가격을 지불하며, 마음에 들지 않으면 반품하는 것이 전부였다. 하지만 AI는 이 모든 룰을 바꿔놓고 있다.

이제 상품은 나를 위해 만들어지고, 가격은 실시간으로 변하며, 내가 원하는 것을 AI가 먼저 찾아서 보여준다. 쇼핑이라는 행위 자체가 완전히 새로운 모습으로 진화하고 있는 것이다. AI가 바꿔놓은 소비 시장의 세 가지 핵심 변화를 살펴보자.

'공장이 나를 기다린다': 온디맨드, 맞춤 생산의 시대

지금까지 우리는 거리에서 같은 옷을 입은 사람을 만나거나 친구와 같은 화장품을 쓰는 걸 당연하게 여겨왔다. 기업이 미리 만들어놓은 몇 가지 선택지 안에서 그나마 나에게 맞는 상품을 고르는 것이 쇼핑의 본질이었기 때문이다. 이제 AI는 모두를 위한 상품이 아닌, 오직 나를 위한 상품을 만들어내는 시대를 열고 있다. 바로 소품종 대량 생산의 시대를 끝낼 대량 맞춤Mass Customization 혁명이다.

그런데 이상하지 않은가? 경기는 어렵고 모두가 허리띠를 졸라매는 저성장 시대에 기업들은 왜 더 비싸고 번거로워 보이는 맞춤형 제품에 주목하는 것일까? 비즈니스의 패러다임이 바뀌었기 때문이다. 불특정 다수를 상대로 한 대중 시장이 포화 상태가 된 지금, 기업의 생존은 새로운 고객을 유치하는 것보다 확실한 충성 고객을 붙잡아 두는 것에 달려있다. 나만을 위한 특별한 경험을 제공하는 대량 맞춤은 충성 고객을 확보하고 더 높은 마진을 남길 수 있는 필사적인 생존 전략이다.

이는 일시적인 트렌드가 아니다. 글로벌 시장조사기관 그랜드뷰리서치Grand View Research는 전 세계 대량 맞춤 시장이 2030년까지 연평균 7% 이상의 성장세를 보일 것으로 전망했다. 특히 개인화된 경험을 중시하는 젊은 세대가 이 시장의 성장을 이끌고 있다. 미래의 소비가 단순히 물건을 소유하는 것을 넘어 나만을 위한 경험을 구매하는 행위로 진화하고 있음을 명확히 보여준다.

대량 맞춤 시장의 가장 선두에 있는 곳은 뷰티와 헬스케어 분야다. 국내 코스메틱 기업 아모레퍼시픽은 서울 성수동의 플래그십 스토어에서 AI 기반 맞춤형 서비스를 선보였다. AI 진단 기기가 고객의 피부톤을 100가지 이상 세분화된 색상으로 정밀 측정하면 고객은 그 결과를 바탕으로 원하는 질감과 색상을 선택한다. 잠시 후 매장에 있는 로봇이 즉석에서 안료를 배합하여 세상에서 단 하나뿐인 파운데이션을 만들어준다. 아모레퍼시픽은 이 서비스를 온라인으로 확장해 맞춤형 제품을 제작·배송하는 사업을 추진하고 있다. 더 이상 규격화된 제품에 내 피부를 맞추는 것이 아니라 내 피부에 완벽하게 맞는 색상을 AI와 로봇이 찾아주는 시대가 열린 것이다.

최근에는 개인화가 유전자, 건강 정보, 생활습관 데이터까지 아우르며 더욱 정교하게 발전하고 있다. 여러 국내 병원 및 헬스케어 기업들은 고객 동의 아래 건강검진 기록, 진료 데이터, 유전체 분석 결과 등 다양한 데이터를 AI로 통합 분석해, 각 개인의 건강 상태 및 미래 질병 위험을 예측하고 최적의 영양제 조합이나 맞춤형 식단, 생활습관 개선 방안을 제안하는 서비스를 제공하고 있다. 서울아산병원, 삼성서울병원 등은 유전체 분석 기반 맞춤 진단과 예방형 건강관리 컨설팅을 꾸준히 확대 중이며, 일부 민간 헬스케어 스타트업은 AI 기반 맞춤 영양제 구독, 정밀 식생활 서비스도 상용화했다.

이러한 대량 맞춤이 가능한 이유는 과거와는 완전히 다른 생산 방식 때문이다. 전통적으로 기업들은 일단 대량으로 만들어놓고 팔았지만, 이제는 고객이 주문하는 바로 그 순간부터 생산이 시작되는 온디맨드 제조, 즉 주문 즉시 생산하는 방식이 가능해졌다. AI가 고객의 주문 정보를 받는 동시에 이를 공장으로 실시간 전송하고, 생산 계획을 최적화한 뒤 자동화된 생산 시설에서 나만을 위한 맞춤형 제품을 제작하는 것이다. 일부 브랜드에서는 로봇 기반 제조나 3D 프린팅 기술도 실험적으로 도입하며 그 비중을 점차 늘려가고 있다.

이 방식의 가장 큰 매력은 재고 걱정이 없다는 것이다. 과거에는 팔릴지 안 팔릴지도 모르는 상품을 대량으로 만들어서 창고에 쌓아두고 기다려야 했다. 하지만 이제는 고객이 주문한 것만 만들면 되니까 제조업체들이 그동안 가장 무서워했던 재고 리스크가 사라지게 된다.

AI 헬스케어 전장으로 뛰어드는 기업들

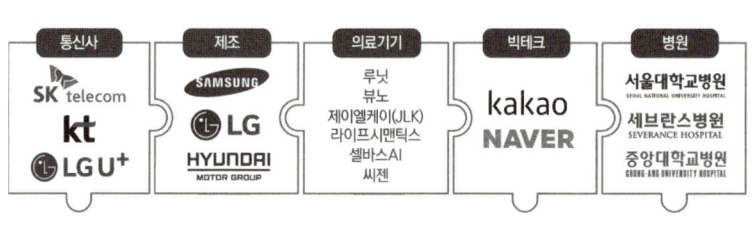

출처: 삼정KPMG 경제연구원

이런 변화가 가장 반가운 곳은 패션업계이다. 봄에 인기 있던 옷이 가을에는 완전히 구식이 되어버리는 식으로 트렌드 변화가 워낙

빨라 재고를 쌓아두면 손해를 보는 구조였는데, 주문 즉시 생산 방식은 이런 고민을 한 번에 해결해 준다. 게다가 고객 한 명 한 명이 정확히 뭘 좋아하는지에 대한 소중한 데이터까지 차곡차곡 모을 수 있다. 이 데이터는 패션 기업들이 AI 기반 개인 맞춤형 추천 시스템을 고도화하고, 빠른 트렌드 대응과 생산 계획 최적화에 활용된다. 이를 통해 고객 맞춤형 경험을 극대화하고 불필요한 재고 비용과 낭비를 줄일 수 있다.

결국 AI가 만드는 대량 맞춤 시대는 지난 100년간 당연하게 여겨온 기업과 소비자의 관계를 완전히 뒤바꾸었다. 더 이상 소비자는 기업이 내놓는 상품을 받아들이기만 하는 존재가 아니다. 이제 우리의 취향과 니즈는 실제 생산 과정의 출발점이 되고, 우리는 생산 과정에 직접 참여하는 창조자로 변모하고 있다.

'가격도 실시간으로 변한다': 다이내믹 프라이싱의 시대

같은 상품인데, 왜 어제 본 가격과 지금 보고 있는 가격이 다를까? 심지어 내 친구 스마트폰에서 본 가격과 지금 내 노트북에서 보는 가격이 다를 때도 있다. 이는 우연이 아니다. 다이내믹 프라이싱, 즉 실시간으로 변하는 고무줄 가격 전략이 우리 일상 깊숙이 파고든 결과다.

이러한 가격 변동은 성장이 멈춘 제로섬 시대에 기업들이 선택한 생존 무기 중 하나다. 과거 고성장 시대에는 더 좋은 제품으로 경쟁했지만 모두의 지갑이 얇아진 지금은 10원이라도 더 싼 가격으로 경쟁할 수밖에 없다. AI 기반의 다이내믹 프라이싱은 가격 전쟁을 24시간 잠들지 않는 전면전으로 바꿔놓았다.

보이지 않는 가격표를 가장 적극적으로 활용하며 시장의 규칙을 바꾼 선구자는 단연 아마존이다. 아마존의 AI 알고리즘은 하루에 250만 번씩 상품 가격을 변경한다. 경쟁사 가격, 재고 수요는 물론이고 고객의 과거 구매 이력 검색 패턴, 심지어 사용하는 기기까지 분석하여 매출과 이익을 동시에 극대화할 수 있는 최적의 가격을 실시간으로 찾아낸다.

이러한 상황은 우리에게도 낯설지 않다. 특히 쿠팡이 도입한 아이템 위너 시스템은 우리의 이커머스 시장을 실시간 가격 전쟁터로 만들었다. 아이템 위너란, 동일한 상품을 파는 여러 판매자 중 오직 단 한 명의 승자를 결정하는 AI 알고리즘이다. 이 알고리즘은 단순히 최저가만을 보지 않는다. 판매 가격, 로켓배송 가능 여부, 구매자 평점, 재고 현황 등 수십 가지 변수를 종합 분석하여 소비자에게 가장 좋은 조건을 제공하는 판매자를 위너로 선정하고, 해당 판매자의 상품을 대표로 노출시킨다.

소비자 입장에서는 언제나 최적의 조건으로 상품을 사는 것 같지만 그 이면에는 수십만 명의 쿠팡 입점 판매자들이 벌이는 처절한 생존 경쟁이 숨어있다. 위너가 되지 못한 나머지 판매자들의 상품은 소비자 눈에 거의 보이지 않게 되기 때문에, 판매자들은 10원 단위까지 가격을 실시간으로 조정하는 가격 경쟁 봇을 사용할 수밖에 없다. 소비자가 보는 가격이 하루에도 수십 번씩 널뛰기하는 것은 바로 이 AI와 봇이 벌이는 치열한 전쟁의 결과다.

기업은 이를 '가격 최적화'라 부르지만 소비자에게는 가격 차별로 다가온다. 이에 대한 여러 소비자 조사에 따르면, 응답자의 상당수가 "내가 구매한 상품 가격이 며칠 뒤 혹은 다른 사람에게 더 싸게 판매되는 것을 보면 해당 플랫폼이나 브랜드에 대한 신뢰를 잃는다."고 답변했다. 이는 감정의 문제를 넘어 가격에 대한 사회적 신뢰 시스템의 붕괴를 의미한다. '내가 지금 보고 있는 가격이 진짜 가격이라는 믿음'이 사라질 때 소비자들이 시장 자체에 대한 피로감과 불신을 갖게 되는 것이다.

하지만 이 변화는 이미 되돌릴 수 없는 흐름이 되었다. 기업 입장에서는 AI 없이는 경쟁에서 살아남을 수 없는 시대가 되었고, 소비자 역시 더 저렴한 가격의 혜택을 포기하기는 어렵기 때문이다. 중요한 것은 이제 정찰제라는 개념 자체가 사라져가고 있다는 것이다.

미래의 쇼핑은 매순간 변하는 가격 속에서 가장 합리적인 선택을 찾아내는 일종의 게임이 될 것이다. 이 게임에서 승리하기 위해서는 기업의 AI만큼이나 똑똑한 소비자가 되어야 한다. 기억하자. 더 이상 정해진 가격은 없다.

'AI가 골라주는 쇼핑': 큐레이션의 진화

정보의 홍수 속에서 소비자들은 선택의 역설이라는 딜레마에 빠졌다. 이커머스 사이트에서 흰색 티셔츠 하나를 검색하면 수만 개의 상품이 쏟아지고, OTT 서비스에는 평생 봐도 다 못 볼 콘텐츠가 쌓여있다. 이처럼 과도한 선택지는 무엇을 골라야 할지 모르는 스트레스와 더 좋은 것을 놓쳤을지 모른다는 불안감을 안겨준다.

바로 이 선택 장애의 시대를 AI는 큐레이션이라는 이름으로 해결하며 새로운 시장을 열고 있다. AI 큐레이션이란 단순히 인기 상품을 보여주는 것을 넘어, 나의 모든 디지털 발자국을 분석하여 지금 나에게 가장 필요하고 좋아할 만한 상품을 콕 집어 제안해 주는 기술이다.

이러한 변화가 가장 드라마틱하게 나타나는 곳은 인테리어 분야다. 과거에는 소파 하나를 사기 위해 줄자로 치수를 재고 벽지 색깔과 어울릴지를 머릿속으로 상상해야만 했다. 하지만 '오늘의집'과 같은 플랫폼이 제공하는 AR 기능과 3D 인테리어 서비스는 스마트폰 카메라로 내 방을 비추기만 하면 AI가 가상의 3D 가구를 실제 공간에 놓아주는 마법 같은 경험을 제공한다.

이 기술이 가져온 경제적 효과는 엄청나다. 오늘의집 데이터에 따르면 AR 기능을 경험한 고객은 경험하지 않은 고객에 비해 구매 전환율이 3.6배 높게 나타났다. 또한 콘텐츠와 상품을 함께 살펴본 이용자는 상품만 둘러본 이용자보다 구매 전환율이 2배 높았다. 실패에 대한 두려움을 AI가 기술로 해결해 주자 소비자들이 기꺼이 지갑을 연 것이다.

패션 분야 역시 마찬가지다. 온라인 패션 쇼핑의 가장 큰 골칫거리는 사이즈가 맞지 않을 위험이었다. 국내 대표 패션 플랫폼인 '무신사', 'W컨셉' 등은 수억 건의 구매 데이터와 신체 사이즈 정보를 AI로 학습시켜 고객에게 가장 잘 맞는 AI 사이즈 추천 기능을 제공한다. 패션업계 전반에서 이런 AI 사이즈 추천 서비스 도입 후 반품률이 현저히 감소하는 효과가 나타나고 있다. 이는 단순히 고객의 편의를 높이는 것

'오늘의집' AR 서비스 적용 화면

출처: 오늘의집 뉴스룸

을 넘어 기업의 물류비용을 획기적으로 줄여주는 강력한 경쟁력으로 작용한다.

이러한 AI 큐레이션은 이제 와인, 책, 여행 등 개인의 취향이 중요한 모든 영역으로 빠르게 확산되고 있다. 글로벌 컨설팅 기업 맥킨지 McKinsey의 분석에 따르면, AI 기반의 개인화 추천은 이커머스 기업의 매출을 5~15% 증대시키고 마케팅 효율성은 10~30% 향상시키는 효과가 있다. 이는 AI 큐레이션이 기업의 생사를 가르는 핵심 비즈니스 모델이 되었음을 의미한다.

하지만 AI 큐레이션의 궁극적인 목표는 단순히 물건 하나를 더 파는 것이 아니다. 바로 고객을 자사 플랫폼에 묶어두는 락인 Lock-in 효과를 만들어내는 것이다. 내가 어떤 플랫폼을 더 오래 더 자주 사용할수록 그곳의 AI는 나의 복잡한 취향을 더 정확하게 학습하게 된다. 결국 '쿠팡이나 무신사만큼 나를 잘 아는 곳은 없어'라고 느끼는 순간, 우리는 다른 쇼핑몰로 쉽게 떠나지 못하게 된다.

이는 더 많은 데이터를 가진 기업이 더 정교한 추천을 하고, 더 많은 고객을 확보하며, 다시 더 많은 데이터를 쌓는 승자독식 구조를 만들어낸다. 결국 AI가 바꾸는 소비 시장의 새로운 규칙은 명확하다. 단순히 더 좋은 상품을 파는 기업이 아닌, 고객을 더 잘 아는 기업이 모든 것을 차지하게 될 것이다.

AI는 어떻게 나를 이렇게 잘 알까?

AI가 나의 취향을 귀신같이 맞추는 원리는 무엇일까? 어떻게 검색조차 하지 않은 상품이 화면에 나타나고, 마침 필요했던 물건이 추천으로 나타나는 걸까?

이 마법 같은 현상의 비밀은 AI가 우리를 관찰하고 분석하는 방법에 숨어있다. AI는 단순히 우리의 과거 구매 기록만 보는 것이 아니다. 우리의 모든 디지털 행동을 데이터로 바꾸고 이를 통해 우리 자신도 모르는 패턴을 찾아내며 미래의 필요까지 예측해 낸다. AI의 놀라운 학습 과정과 예측 능력의 비밀, 그리고 어두운 이면을 파헤쳐 보자.

'내 모든 클릭이 AI의 먹잇감': 디지털 페르소나

대부분의 사람들은 AI가 검색 기록이나 구매 내역 정도만 분석할 것이라고 생각한다. 하지만 AI의 관찰력은 우리의 상상을 초월한다. 당신이 쇼핑몰에서 빨강 원피스와 파랑 원피스를 번갈아 보다가 빨강 원피스 사진에서 마우스 커서를 0.7초 정도 더 머물렀다고 해보자. AI는 그 찰나의 순간을 놓치지 않고, 당신이 파랑보다 빨강을 선호하지만 가격이나 다른 요인 때문에 구매를 주저하고 있다는 정보를 학습한다. 그 결과, 다음날 당신의 인스타그램 피드에는 빨강 원피스 특별할인 광고가 나타나게 된다.

무심코 스크롤을 내리는 속도, 특정 이미지에 잠시 멈춘 시선, 심지어 스마트폰을 쥔 손의 미세한 기울기 변화 등 이 모든 것이 AI가 당신의 취향과 생활 패턴, 현재의 심리 상태까지 파악할 수 있는 결정적인 단서가 된다.

여기서 끝이 아니다. AI는 우리가 SNS에 남긴 글과 댓글의 뉘앙스를 분석하며 감정 상태까지 읽어낸다. 당신이 친구의 제주도 여행 사진에 '와! 여기 어디야? 너무 부럽다!'라는 댓글을 남겼다면 AI는 제주도 여행이라는 키워드와 그 안에 담긴 부러움이라는 긍정적인 감정을 인식한다. 며칠 뒤 당신의 브라우저에 제주도 항공권 특가 상품이나 렌터카 할인쿠폰 배너가 뜬 건 결코 우연이 아니다.

AI가 당신의 모든 행동을 샅샅이 훑어 디지털 페르소나를 완성했다면, 그 다음 단계는 당신과 똑같은 취향을 가진 디지털 쌍둥이를 찾아내는 것이다. AI는 전 세계 수십억 명의 데이터에서 당신과 비슷한 검색 기록과 구매 패턴을 가지고 있고, '좋아요'를 누른 사람들을 찾아낸다. 그리고 그들이 열광했지만 당신은 아직 발견하지 못한 콘텐츠나 상품이 있다면 '당신과 취향이 비슷한 사람들이 이걸 좋아했어요!'라며 화면에 슬쩍 띄운다.

이 전략을 가장 잘 활용하는 곳이 바로 넷플릭스다. 넷플릭스의 AI는 단순히 당신이 좋아할 만한 영화를 추천하는 데 그치지 않고 포스터까지 맞춤형으로 보여준다. 같은 영화라도 로맨스물을 즐겨 보는 A에게는 주인공의 애틋한 눈빛이 강조된 포스터를, 액션을 좋아하는 B에게는 화려한 폭발 장면이 담긴 포스터를 노출하는 식이다.

이러한 개인화는 음악 시장의 판도도 바꿨다. 세계 최대 음원 스트리밍 서비스 스포티파이의 디스커버 위클리 플레이 리스트는 매주 월요일마다 전 세계 사용자가 만든 플레이 리스트를 분석해서 내가 좋아할 확률이 높은 노래 30곡을 추천해 준다. 이 서비스는 2015년 출시 이후 10년 동안 누적 1,000억 회 이상 스트리밍되며 수많은 사용자들이 '나보다 내 음악 취향을 더 잘 안다'고 열광하게 만들었고, 스포티파이 생태계의 가장 강력한 무기가 되었다.

디지털 쌍둥이 전략의 경제적 파급력은 상상을 초월한다. 넷플릭스는 이 정교한 추천 시스템을 통해 고객의 이탈을 막아 매년 10억 달러 이상의 비용을 절감하고 있다. 이는 넷플릭스가 고객의 선택 시간을 단축시키고, 구독 해지를 방지할 수 있게 해주는 핵심 요소다. 아마존의 경우, 전체 매출의 약 35%가 추천 시스템을 통해 발생한다고 알려졌다. 이 추천 시스템은 고객의 과거 구매 및 탐색 기록을 기반으로 한 매우 정교한 AI 알고리즘이다. 유튜브 또한 전체 시청 시간의 70% 이상이 추천 엔진을 통해 발생한다. 유튜브의 추천 알고리즘은 시청 기록, 사용자 만족도, 예상 시청 시간 등을 분석해 개인화된 콘텐츠를 제공하는 데 중점을 둔다. AI 추천은 이제 기업의 생존에 필수적인 요소가 됐다.

'내가 원하기도 전에 미리': AI의 예측 쇼핑

AI는 과거와 현재를 분석하여 디지털 쌍둥이를 만들어냈고, 이제 한 걸음 더 나아가 우리의 미래까지 내다보려 한다. 우리가 언제 어떻게 지갑을 열 것인지, 무엇을 구매할지를 예상하는 예측 소비까지 가능해진 것이다.

AI 예측 능력의 핵심은 단순히 개별 데이터를 보는 것이 아니라 서로 무관해 보이는 데이터들을 연결하여 당신 삶의 맥락을 추론하는 데서 나온다. 예를 들어, 당신이 SNS에 약혼 사실을 알리거나 웨딩홀과 신혼여행지를 검색하는 순간, AI는 이를 '결혼'이라는 중요한 이벤트 신호로 감지한다. 그 순간부터 당신의 피드에는 신혼 가구, 예물, 예복 브랜드 광고가 선제적으로 노출되기 시작한다. 심지어 몇 달 뒤에는 자연스럽게 육아용품 정보가 따라붙는다. AI는 흩어진 데이터 조각들을 모아 당신의 인생 타임라인을 예측하고, 각 단계에 필요한 소비를 한발 앞서 제안하는 것이다.

이 예측 능력은 당신의 신체 및 주변 환경과 연결될 때 더욱 강력해진다. 당신의 스마트 워치가 수면 패턴이 나빠졌다는 걸 감지하면

AI는 이 데이터를 기반으로 '꿀잠을 위한 아이템'이라며 숙면에 도움이 되는 차나 명상 앱을 추천한다. 스트레스 지수가 높아지면 마음을 안정시키는 음악 플레이 리스트를, 활동량이 줄어들면 주변 피트니스 센터의 할인 쿠폰을 보여주는 식이다.

이는 더 이상 먼 미래의 이야기가 아니다. 삼성전자의 '스마트싱스' 플랫폼은 각종 가전제품을 연결해 생활 패턴을 분석하고 필요한 소모품을 미리 알려주는 서비스를 강화하고 있다. LG전자의 '씽큐' 앱 역시 스마트 냉장고가 보관 중인 식재료를 분석하여 유통기한이 임박한 재료를 알려주고 이를 활용한 레시피를 추천하는 기능을 고도화하고 있다. 이제는 우리가 필요를 인지하기도 전에 AI가 먼저 우리의 신체적·환경적 니즈를 파악하고 해결책을 제시하는 시대가 성큼 다가온 것이다.

심지어 AI는 소비자의 내일을 예측하는 것을 넘어 아예 세상에 없던 선택지까지 창조한다. 그 중심에는 지난 몇 년간 뜨겁게 떠올랐던 생성형 AI가 있다.

스타일링 서비스인 스티치 픽스는 AI와 인간이 협업하는 모델의 선구자다. AI가 고객의 숨겨진 취향까지 정밀하게 분석해 후보군을 추리면, 인간 스타일리스트가 마지막으로 감성적인 터치를 더해 나만을 위한 옷상자를 완성해 준다. 현재 수천 명의 스타일리스트와 수백 명의 데이터 사이언티스트가 AI의 효율성과 인간의 창의성을 결합한 서비스를 제공하고 있다.

시간이 갈수록 AI는 인간의 도움 없이도 창작 영역을 빠르게 확장해 가고 있다. 가장 대표적인 상용화 사례는 초개인화 광고다. 코카콜라는 최근 AI 기반 마케팅 플랫폼을 통해 개인의 관심사, 위치, 날씨, 감정 상태 등을 종합 분석해 수천 가지 버전의 맞춤형 광고를 실시간으로 생성하는 기술을 개발하고 있다. 모두가 보는 하나의 광고가 아닌 오직 당신만을 위한 광고의 시대가 열린 것이다.

여기서 한발 더 나아가 일부 패션 플랫폼에서는 고객이 "1970년대 레트로 풍의 패턴에 현대적인 실루엣을 더한 원피스를 만들어 줘."라고 입력하면, AI가 여러 디자인 시안을 제시하고, 그중 고객이 마음에 들어하는 디자인은 실제 상품으로 주문까지 할 수 있는 실험적인 서비스도 등장했다.

창조의 능력은 상품 기획 단계까지 확장되고 있다. CJ올리브영 같은 뷰티 플랫폼은 수만 건의 고객 리뷰 데이터를 AI가 분석해, 소비자들이 원하는 기능과 성분을 파악하고 이를 바탕으로 상품 개발에 AI 인사이트를 적극 활용하고 있다. 이는 AI가 트렌드를 분석하는 것을 넘어 상품 기획자의 역할까지 수행하기 시작했음을 보여준다.

과거의 챗봇이 정해진 질문에만 답하며 "잘 이해하지 못했어요."를 반복하는 수준이었다면, 이제 AI는 우리의 감정 상태와 나조차도 모르는 내일의 이벤트까지 예측하고 세상에 없던 해결책까지 창조하는 전지전능한 컨설턴트가 되어가고 있다.

현명한 소비자 vs 알고리즘의 노예, 그 한 끗 차이

AI가 만들어가는 새로운 소비 시장은 우리에게 놀라운 편리함을 선사한다. 하지만 이 달콤한 편리함 뒤에는 반드시 알아야 하는 어두운 면이 존재한다. AI가 건네는 추천이 과연 나를 위한 것일까, 아니면 기업의 이익을 위한 것일까?

이 질문이 2026년의 우리에게 중요한 이유가 있다. 세계적인 IT 리서치 기업 가트너는 2026년까지 80%의 기업이 생성형 AI API나 모델을 활용하게 될 것이라고 전망했다. 이는 AI가 소비 시장의 조력자를 넘어 사실상의 설계자가 된다는 의미다. 이 거대한 알고리즘의 힘 앞에서 우리는 어떻게 현명한 소비자로 살아남을 수 있을까? 이를 위해서는 AI의 어두운 면모를 알아두어야만 한다.

AI 추천 시스템의 가장 큰 문제는 필터 버블 현상이다. 이는 AI 알고리즘이 나의 과거 취향을 기반으로 내가 좋아할 만한 정보만 계속 보여주고 그 외의 낯선 정보는 차단해 버리는 현상이다.

문제는 이 필터 버블이 단순히 비슷한 콘텐츠만 보여주는 것을 넘어 우리의 시야를 가두고 취향을 획일화시킨다는 점이다. 과거에는 음반 가게 구석에서 우연히 명반을 발견하거나 서점에서 예상치 못한 분야의 책을 발견하는 기쁨이 있었다. 하지만 이제는 AI가 앞서 설명한 디지털 쌍둥이의 데이터를 기반으로 당신이 좋아할 확률이 99%인 안전한 선택지만을 보여주며 당신이 새로운 취향을 발견할 기회를 차단한다.

더 심각한 문제는 당신의 데이터를 상품으로 삼는 감시 자본주의의 실체다. 당신이 사용하는 쇼핑 앱은 당신에 대해 많은 것을 알고 있다. 더 무서운 사실은 당신이 한 번도 방문한 적 없는 회사도 당신에 대해 많은 것을 알고 있다는 것이다. 이것이 바로 하버드 비즈니스 스쿨의 쇼샤나 주보프Shoshana Zuboff 교수가 경고한 현실이다.

기업은 우리가 해당 플랫폼에 남긴 디지털 발자국을 수집하는 것에 만족하지 않는다. 그들은 데이터 브로커로부터 우리의 추가 정보를 구매하여 기존 데이터와 결합한다. 예를 들어, 당신이 SNS에 약혼 소식을 알리고 웨딩홀을 몇 군데 검색했다고 가정해 보자. 며칠 뒤 당신의 메일함에는 존재조차 몰랐던 대부업체가 보낸 신혼부부 맞춤 대출 광고가 들어있을 것이다. 결혼이라는 인생의 중요한 이벤트가 당신도 모르는 사이, 데이터 브로커에 의해 하나의 상품이 되어 거래되었기 때문이다.

현재 전 세계에는 4,000개 이상의 데이터 브로커 기업이 운영되고 있고, 관련 산업 규모는 수천억 달러에 이를 것으로 예상된다. 우리의 개인정보가 거대한 산업의 원료가 되고 있는 것이다.

또 다른 문제는 AI가 인간의 편견마저 학습하고 증폭시키는 알고리즘적 차별이다. 2024년 워싱턴 대학교 연구팀이 최신 대형 언어모델LLM 3개를 대상으로 실시한 연구에서 충격적인 결과가 나왔다. 실제 이력서 550건을 바탕으로, 지원자의 이름을 백인과 흑인, 남성과 여성으로 바꿔가며 AI의 평가를 분석했다. 그 결과, AI는 전체의 85%에서 백인 이름을 선호했고, 여성 이름이 높은 평가를 받은 경우는 11%에 불과했다. 특히 흑인 남성 이름이 백인 남성 이름보다 높은 평가를 받은 경우는 단 한 번도 없었다.

이러한 문제는 현재진행형이다. 글로벌 인적자원HR 소프트웨어 기업 워크데이는 자동화된 이력서 심사 도구가 인종, 연령, 장애에 따라 차별한다는 혐의로 소송에 휘말렸다. 심각한 것은 포춘 500대 기업(미국의 매출 상위 500대 기업)이 AI 채용 도구를 도입하고 있고, 알고리즘 기반 채용이 주류가 되어가고 있다는 사실이다.

기술은 중립적일 것이라는 우리의 믿음과 달리 AI가 우리 사회의 불평등을 더욱 공고히 하는 도구가 될 수 있다는 것이 현실인 것이다. 그렇다면 이 거대한 알고리즘의 힘 앞에서 우리는 속수무책으로 끌려다녀야만 할까? 다행히도 방법이 없는 것은 아니다. AI 시대를 살아가는 우리에게는 과거와 다른 새로운 생존법, 바로 디지털 리터러시가 필요하다.

전문가들이 말하는 AI 시대의 디지털 리터러시는 단순히 스마트폰을 잘 쓰는 능력을 넘어선다. 눈앞의 추천이 정말 나를 위한 것인지, 아니면 기업의 이익을 위한 것인지 비판적으로 판단하고, 알고리즘의 이면을 꿰뚫어 보는 능력을 의미한다. '이 할인 쿠폰은 정말 혜택일까, 아니면 충동구매를 유도하는 미끼일까?'라고 스스로 질문을 던지는 습관이 그 시작이다.

가장 기본적인 방어는 내 데이터의 주권을 되찾는 것에서 출발한다. 대부분의 플랫폼은 개인정보 및 광고를 사용자가 직접 설정할 수 있는 옵션을 제공한다. '모두 동의' 버튼을 무심코 누르는 습관을 버리고 어떤 정보가 수집되고 활용되는지 꼼꼼히 점검하고 불필요한 정보 제공을 차단하는 노력이 필요하다.

이제 소비자들은 수동적인 방어를 넘어 AI를 자신에게 유리하게 활

2025 포춘 500대 기업 상위 10개

순위	기업명	국가
1위	월마트	미국
2위	아마존	미국
3위	국가전력망	중국
4위	사우디아람코	사우디아라비아
5위	페트로차이나	중국
6위	시노펙	중국
7위	유나이티드헬스	미국
8위	애플	미국
9위	CVS헬스	미국
10위	버크셔해서웨이	미국

출처: 포춘

용하는 프로 액티브 소비자로 진화하고 있다. AI가 나를 분석하듯 나도 AI를 활용해 시장을 분석하는 것이다. 여러 AI 가격 비교 서비스를 활용해 기업들의 다이내믹 프라이싱 허점을 파고들어 최저가를 찾아내고, 생성형 AI를 나만의 쇼핑 비서로 삼아 특정 플랫폼의 필터 버블에서 벗어나 객관적인 정보를 얻을 수 있다.

"50만 원대 예산으로 방수 기능이 뛰어나고 디자인이 예쁜 2인용 텐트 5개를 찾아 각 제품의 장단점을 표로 정리해줘."와 같은 명령을 통해 AI를 기업의 마케팅 도구가 아닌 나의 합리적인 소비를 위한 도구로 역이용하는 것이다. 결국 AI 시대의 소비는 알고리즘에 끌려 다니는 노예가 될 것인가, 아니면 알고리즘을 지배하는 주인이 될 것인가의 싸움이다.

AI가 새롭게 여는 소비 산업의 미래

AI 소비 혁명이 거대한 파도처럼 밀려오는 지금, 우리는 중요한 질문 앞에 서있다. "무엇에 투자하고 어떤 직업을 준비해야 할 것인가?"

AI 시대 투자의 핵심은 화려한 최종 서비스가 아닌 그 서비스를 가능하게 하는 보이지 않는 인프라에 있다. 그리고 새로운 직업의 열쇠는 AI와의 경쟁이 아닌, AI와 협업하여 인간 고유의 가치를 창출하는 데 있다. 지금부터 AI 소비 혁명이 만들어내는 새로운 부의 지도를 함께 그려보자. 변화의 흐름을 읽고 미래를 선점할 수 있는 현명한 선택의 시간이 될 것이다.

AI 시대의 두뇌와 혈관

AI 소비 혁명을 뒷받침하는 가장 기본적인 요소는 데이터 인프라다. 모든 AI 서비스는 대규모 연산과 방대한 데이터 저장 공간을 필요로 하며, 이 인프라의 핵심에는 두뇌와 혈관이 있다. 두뇌 역할을 하는 것은 고성능 AI 반도체다. 넷플릭스의 추천 시스템과 쿠팡의 실시간 가격 조정은 모두 엔비디아NVIDIA의 반도체 칩GPU이 제공하는 막대한 연산 능력 없이는 불가능했을 것이다.

엔비디아는 2025년 1분기 기준, 개별 그래픽카드AIB 시장의 약 92%를 차지했다. 이 성과 뒤에는 20년간 축적된 소프트웨어 플랫폼인 CUDA가 있다. CUDA는 엔비디아 GPU를 더 쉽게 활용할 수 있도록 돕는 통합 개발 툴로, 딥러닝 계산을 병렬로 빠르게 처리할 수 있게 해

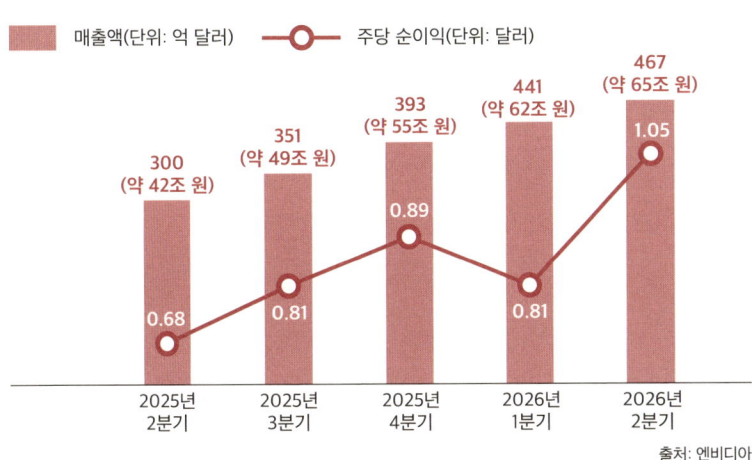

준다. 덕분에 전 세계 AI 개발자들에게는 GPU=CUDA=엔비디아라는 공식이 받아들여졌고, 경쟁사가 진입하기 어려운 기술 생태계가 완성되었다. 업계 조사에 따르면, 데이터센터 GPU 시장 규모는 이미 수천억 달러에 이르고 있으며 향후 꾸준한 성장세가 예상된다.

이제 AI 반도체 경쟁은 전력 효율성 경쟁으로 옮겨가고 있다. 국제에너지기구는 2026년까지 전 세계 데이터센터 전력 소비량이 1000TWh 이상 증가할 것이라고 전망했다. 이는 일본 전체 전력 소비량과 맞먹는 수준이다. AI 학습에 드는 전력이 폭증함에 따라 덜 먹고 더 뛰는 저전력 반도체 기술이 산업의 승부처로 떠올랐다. 이런 배경에서 구글의 TPU 마이크로소프트의 Maia 칩 등 자체 AI 칩 개발 경쟁이 가속화되고 있다. 하드웨어를 자체 조달하고 클라우드 서비스에 최적화하는 기업들이 AI

의 다음 지배자가 될 것이라는 전망이 나오는 이유다.

하지만 아무리 뛰어난 두뇌도 영양분과 산소를 공급하는 혈관 없이는 작동되지 않는다. 혈관 역할을 하는 것이 바로 클라우드 컴퓨팅이다. 클라우드 컴퓨팅이란, 쉽게 말해 내 컴퓨터에 저장하거나 계산하던 일을 인터넷에 연결된 거대한 컴퓨터 서버에 대신 맡기는 기술이다. 즉, 직접 컴퓨터를 사서 쓰지 않고 필요한 만큼 빌려 쓰는 방식이다. 과거처럼 기업이 AI를 돌리기 위해 수십·수백억짜리 슈퍼컴퓨터를 직접 구매하는 시대는 끝났다. 대신 아마존^AWS이나 마이크로소프트^Azure 같은 클라우드 기업의 거대한 데이터센터를 빌려 쓰는 방식 덕분에 작은 스타트업부터 대기업까지 누구나 AI 서비스를 개발하고 운영할 수 있게 되었다.

클라우드는 이제 단순한 데이터 저장 공간을 넘어, AI 개발에 최적화된 AI 클라우드 또는 GPU 클라우드 형태로 진화하고 있다. 클라우드는 21세기 경제의 전력망과 같은 핵심 인프라가 될 것이다. 이 거대한 망을 소유한 기업이 결국 미래 산업의 보이지 않는 지배자가 될 가능성이 크다.

흥미로운 건 이 두 산업이 맞물려 선순환 구조를 형성한다는 점이다. 클라우드 기업들은 엔비디아 GPU를 대량으로 구매하는 핵심 고객으로, 인프라를 활용해 더 많은 AI 서비스를 만들어내고 이로 인해 GPU 수요는 또다시 증가하게 된다. 엔비디아와 클라우드는 AI 시대의 공급망을 함께 설계하는 조력자이자 경쟁자인 셈이다.

글로벌 시장조사업체 IDC는 글로벌 클라우드 시장이 2028년까지

1조 6,000억 달러 규모로 성장할 것으로 전망했다. 결국 우리가 어떤 AI 서비스를 사용하고 어떤 초개인화된 결과를 누리든, 그 이면에서는 이 거대한 인프라 산업이 조용히 수익을 흡수하고 있다. AI 소비 혁명이 화려해질수록 그 무대를 지탱하는 데이터 인프라 산업은 더욱 단단하게 성장할 수밖에 없다.

나만을 위한 세상을 구현하는 기술

한편에서는 B2B 기술 기업들이 조용하면서도 강하게 몸집을 키우고 있다. 2026년 평범한 패션 브랜드의 CEO가 직면하게 되는 최대 과제는 아마존·쿠팡 등 거대 플랫폼과의 경쟁이다. 수십 년간 축적된 방대한 데이터와 자체 AI 시스템을 앞세운 이들 플랫폼은 고객의 취향을 예측해 최적의 구매 경험을 제공한다. 평범한 패션 브랜드가 이들과 맞서려면 동등한 수준의 AI 무기를 갖춰야 하는데, 이를 자체 개발하는 건 비용·인력·시간 측면에서 거의 불가능에 가깝다. 바로 이 지점에서 초개인화 솔루션 제공 산업의 기회가 생긴다.

이들이 공급하는 첫 번째 무기는 AI 큐레이션과 AR 가상체험 기술이다. 모든 기업이 AI 추천 엔진이나 실시간 가상 피팅 서비스를 자체 개발할 수 없기에 이를 전문화된 구독형 SaaS 형태로 제공하는 B2B 기업들이 빠르게 늘고 있다. 글로벌 뷰티 기업 로레알은 캐나다 AR 스타트업 '모디페이스'를 인수해 자사 쇼핑몰에 가상 메이크업 서비스를 도입했고, 이를 통해 구매 전환율을 2~3배 높였다. 이 사례는 초개인화 솔루션이 단순한 기술 시연이 아니라 기업의 실질적인 매출 성장과 직결되는 투자처임을 보여준다.

하지만 AI가 완벽한 제품 디자인을 추천하고 AR이 가상체험을 제공하더라도, 실제로 나만을 위한 제품으로 제작하지 못한다면 단순한 화면 속 이미지에 불과할 뿐이다. 그 마지막 퍼즐을 완성하는 것이 바로 스마트 제조 산업이다. 아모레퍼시픽 플래그십 스토어의 예처럼, AI가 고객의 피부톤을 진단하고 로봇이 즉석에서 립스틱을 제조해 주는 장면은 스마트 제조의 미래를 상징적으로 보여준다. 개인의 발 모양을 3D 스캔해 맞춤형 신발을 제작하는 서비스처럼 온디맨드 제조 플랫폼과 3D 프린팅 기술은 재고 없는 생산을 실현하는 미래 공장의 핵심 동력으로 부상하고 있다.

재고 없는 생산 방식은 특히 패션·뷰티 산업에 혁신적이다. 이러한 흐름에 발맞춰, 미국의 패션 브랜드 랄프 로렌은 패션 스타일링 도우미 '애스크 랄프'를 출시했고, 캐나다의 애슬레저 브랜드 룰루레몬은 회사의 기술과 AI 전략을 담당할 최고 AI 및 기술직을 신설하고 담당자를 임명했다. 수요 예측이 어려운 신제품을 대량 생산해 창고에 쌓아두는 전통 제조업의 리스크를 제거해 기업의 비용 구조를 근본적으로 바꾼 것이다. 이는 생존을 위한 필수 기술이자 미래 성장 전략의 핵심 축이다.

AI의 그림자를 막는 기술

AI 기술이 발전할수록 그로 인해 생기는 그림자도 커지고 있다. 역설적으로 그림자를 막아주는 빛, 즉 신뢰와 보안의 가치는 더 높아지고 있고 이를 중심으로 새로운 산업이 부상하고 있다.

AI 시대의 가장 대표적인 방패는 단연 지능형 사이버 보안 산업이다. 사이버 공격이 AI 기술을 만나며 더욱 교묘해지는 만큼, 공격을 막는 기술도 AI 기반으로 진화하고 있다. 최근에는 실제 사람의 목소리를 AI로 완벽하게 복제해 가족이나 지인인 것처럼 속이는 사기수법인 딥페이크 보이스피싱이나, AI가 스스로 공격 전략을 학습하는 지능형 랜섬웨어 등이 등장하여 기업과 개인 모두에 큰 피해를 안기고 있다.

이러한 새로운 위협에 맞서 다크 트레이스Darktrace(영국 AI 기반 사이버 보안 기업)와 크라우드 스트라이크CrowdStrike(미국 클라우드 기반 엔드포인트 보안 기업) 같은 글로벌 선도 기업들은 조직 네트워크의 정상 활동을 AI로 학습해 알려진 위협 외에도 새로운 이상 징후를 실시간 탐지하고 차단한다. 지능형 사이버 보안 시장은 2024년 약 2,400억 달러(약 336조 원)에서 2030년 약 5,000억 달러(약 700조 원) 규모로 급성장할 전망이다.

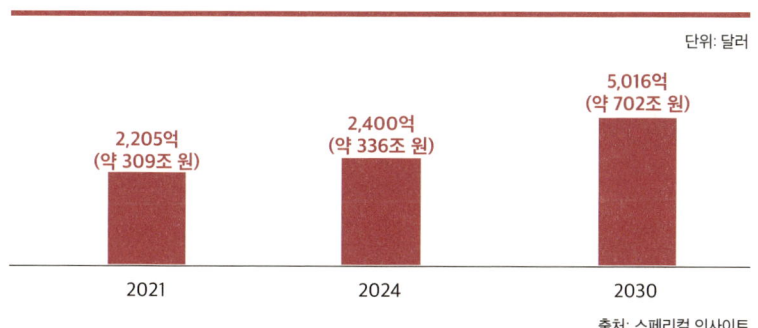

글로벌 사이버 보안 시장 규모

출처: 스페리컬 인사이트

'데이터를 활용하되 프라이버시는 지키고 싶다'는 요구에 답하는 기술도 있다. 바로 개인정보 보호 강화 기술Privacy-Enhancing Technologies, PETs이다. PETs는 데이터를 암호화된 상태로 분석하거나 처리할 수 있도록 해, 민감 정보를 노출하지 않고도 AI와 빅데이터 기술을 활용할 수 있게 해준다. 주요 IT 컨설팅 기관들은 향후 수년 내에 다수의 대기업이 PETs를 필수 기술로 채택할 것으로 보고 있다.

한발 더 나아가 내 정보의 주인은 '나'라는 데이터 주권 시대를 여는 핵심 기술로, 탈중앙화 신원증명Decentralized ID, DID이 부상하고 있다. 기존에는 기업 서버에 개인정보가 저장됐지만, DID는 개인 스마트폰에 있는 디지털 금고에 정보를 보관하고 필요한 순간에 선택한 정보만 제출할 수 있게 한다. 이미 마이크로소프트가 개발한 엔트라 검증 가능 ID와 같은 디지털 신분증 서비스와 국내 통신 3사의 PASS 앱이 상용 서비스로 자리 잡은 바 있다. 글로벌 DID 시장은 2023년 약 11억 달러(약 1조 5,400억 원)에서 2030년 약 1,020억 달러(약 140조 원) 이상, 연평균 80~90% 이상 성장할 것으로 추산된다.

글로벌 탈중앙화 신원증명 시장 규모

출처: 그랜드뷰서치

AI가 공정한 게임을 하도록 감시하는 '책임 있는 AI$^{Responsible\ AI}$' 산업도 빠르게 성장하고 있다. AI 알고리즘의 편향성 점검, 설명 가능성 확보, 투명성 감사를 지원하는 컨설팅 서비스로, 2026년 8월부터 본격 시행되는 EU의 AI 법을 통해 법적 의무가 되는 규제 산업으로 자리 잡게 될 예정이다. AI 법은 위험 등급별로 AI 시스템의 공정성과 투명성 입증을 법적으로 의무화하며, 딜로이트^{Deloitte}·PwC 등 글로벌 컨설팅 기업은 Responsible AI 전담팀을 매년 두 배 가까이 확대하고 있다. 이들 산업은 기술적 신뢰를 구축하여 AI 대중화의 가장 큰 걸림돌을 해소하는 동시에 투자자에게는 안정적이고 꾸준한 성장 기회를 제공할 것이다.

AI 시대의 새로운 전문가들

2025년 4월, 마이크로소프트 CEO 사티아 나델라는 "일부 프로젝트의 코드 20~30%는 이미 AI에 의해 작성되고 있다."고 밝혀 파장을 일으켰다. 세계 최고의 소프트웨어 기업마저 신입 개발자 대신 AI에게 핵심 업무를 맡긴다는 현실은 많은 이들에게 두려움을 안겨주었다.

세계경제포럼^{WEF}의 '미래 직업 보고서 2025'는 AI가 단순 코딩, 데이터 입력, 보고서 요약, 콘텐츠 번역 등 정형화된 인지 노동을 선제적으로 대체할 것이라고 경고한다. 정보를 규칙대로 처리하는 능력만으로는 더 이상 경쟁 우위를 확보하기 어려워졌다.

하지만 AI를 일자리를 빼앗는 파괴자로만 볼 수는 없다. AI 시대의 진짜 기회는 AI와 협업하여 새로운 가치를 만드는 데 있다. AI와 인간의 브릿지 역할을 하는 하이브리드 인재들은 AI의 연산능력을 보완하는 전략적 통찰, 창의적 판단, 윤리적 감독 능력을 갖춘 '사람'만이 할 수 있는 역할에 집중한다.

AI 기반의 상품 기획자는 더 이상 과거의 시장 조사나 직감에만 의존하지 않는다. 수백만 건의 고객 리뷰와 소셜미디어 데이터를 AI로 분석해 소비자가 원하는 포인트를 정확하게 찾아낸다. 실제로 CJ 올리브영은 AI 고객 리뷰 분석을 통해 체험형 뷰티 서비스를 강화하고 있고, 2025년 상반기 글로벌몰 매출은 전년 대비 70% 증가했다. 단편적인 기획자의 역할을 넘어, AI를 기반으로 데이터와 감각이 어우러지며 새로운 유형의 전문가가 탄생했다고 볼 수 있다.

큐레이션 분야에서는 스티치 픽스의 인간 스타일리스트-AI 협업이 대표적이다. 이 시스템에서 AI는 수백만 개의 의류 데이터와 고객 취향을 분석해 수백 가지 후보군을 1차 선별한다. 하지만 최종 옷 상자를 완성하는 것은 인간 스타일리스트다. 이들은 AI 제안 후보군에서 고객의 "요즘 기분이 우울해서 밝은 옷을 입고 싶어요." 같은 미묘한 감정이나 "재택근무가 끝나고 출근을 시작했어요." 같은 라이프스타일 변화까지 고려하여 최종 결과물을 완성한다. AI가 읽어내기 어려운 맥락은 사람이 파악한다. 스티치 픽스는 45억 개의 고객 텍스트 데이터를 보유하고 있으며, 생성형 AI를 활용해 개인화 추천의 정밀도를 높이고 고객 만족도를 향상시키고 있다.

전략 단계의 수익 관리 전문가도 결코 AI가 100% 대체할 수 없는 직군이다. 예를 들어, 항공업계는 AI 기반의 실시간 좌석 가격 조정 시스템으로 매출을 5~10% 개선했지만, AI가 충성 고객에게 과도한 요금을 부과하는 비합리적 판단을 할 수도 있다. 이럴 때 수익 관리 전문가는 알고리즘의 상한선을 설정하고, 단기 수익이 아닌 장기적으로 고객 신뢰를 우선시하는 전략을 설계한다. 즉 이들은 브랜드 가치를 지키는 전략 관리자로, 결코 AI 데이터만으로는 채울 수 없는 영역이다.

　AI 소비 혁명은 위기와 기회가 공존하는 변곡점이다. 예전 방식에만 매달리면 순식간에 뒤처지지만, AI를 적으로 보지 않고 파트너로 받아들여 새로운 가치를 만들어내는 사람들은 오히려 시장을 이끄는 주역이 될 것이다.

02
신노동시장
분초를 다툴 일자리

 불과 10년 전만 해도 "어디 다녀요?"라는 질문은 한 사람의 삶을 설명하는 가장 중요한 단서 중 하나였다. 번듯한 회사 이름은 사회적 신분과 경제적 안정을 의미했고, 매일 같은 시간에 출근해 정년까지 한 직장에 몸담는 것이 우리 사회의 보편적 성공 공식이었다. 과연 이 질문은 오늘날 대한민국에서 여전히 유효할까?

 이런 질문이 무의미해진 이유는, 우리가 지금 성장 제로 시대라는 전례 없는 전환점에 서있기 때문이다. 최근 몇 년간 한국 경제 성장률은 1% 안팎으로 하락했고, OECD와 한국은행, 여러 경제연구소는 우리 경제의 잠재성장률이 사상 처음으로 1%대에 진입했다고 진단한다. 이는 일시적인 한파가 아니라 반세기 동안 우리를 지탱해 온 성장 공식이 붕괴되었음을 의미한다.

성장 제로의 현실은 노동시장의 패러다임을 완전히 바꾸어놓았다. 경제의 파이가 더 이상 커지지 않는 사회에서 기업들은 안정적인 정규직을 무한히 창출하지 않는다. 이 직격탄은 특히 청년 세대에 가해진다. 2025년 8월 기준 15~29세 청년층 고용률은 45.1%로 357만 1,000명에 불과한 수치이다. 이는 체감 고용 한파가 어느 때보다 혹독함을 보여준다.

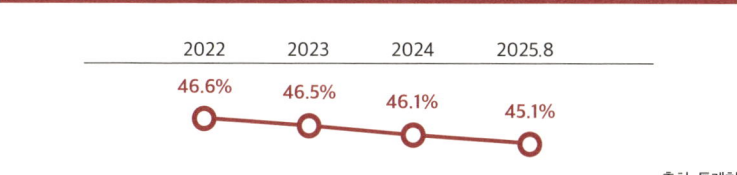

이런 변화 속에서 평생직장의 환상은 빠르게 사라지고 있다. 2025년 5월 기준 임금근로자의 38%가 비정규직이며, 안정된 고용 상태를 유지하는 정규직 노동자의 비중도 줄어들었다. 노동시장은 이제 모두가 스스로 생존법을 찾아야 하는 각자도생의 현장으로 변모했다.

평생직장이 사라진 자리에는 이전과는 전혀 다른 새로운 일자리의 형태가 빠르게 들어서고 있다. 이렇게 노동의 규칙이 변화하는 가운데, 우리는 무엇을 준비해야 할지, 그리고 이 혹독한 고용 시장에서 어떻게 기회를 마련할지에 대한 해법을 이번 파트에서 함께 찾아보자.

기업의 달라진 고용 풍경

기업의 고용 환경은 급변하는 경제·사회적 조건에 맞춰 완전히 새로운 국면에 접어들고 있다. 정기 공채의 종말, 경력직 중심의 핀셋 채용 등 맞춤형 채용이 현안으로 떠오른 것이다. 이제 고용은 단순한 인력 충원이 아니라, 조직과 개인 모두에게 최적화된 동기와 역량을 찾는 정교한 과정으로 진화하고 있다.

공채가 사라진 시대

취업 시장에는 낯익은 풍경이 점차 사라지고 있다. 한때는 봄, 가을이 되면 대기업 서류 전형을 통과한 젊은이들이 대거 광화문과 강남, 판교로 향했다. 하지만 더 이상 채용의 문은 정기적으로도, 활짝 열리지도 않는다. 길고 어두운 저성장·고물가·고금리 시대에 기업들은 매출 성장 대신 고정비 축소와 불확실성 최소화에 주목하며 신입 사원을 대규모로 뽑아 키울 여력이 사라진 것이다.

한국경제인협회가 매출 기준 600대 기업을 대상으로 조사한 2025년 8월 기업경기실사지수 BSI는 93.2을 기록했다. BSI는 기업들이 전월 대비 경기 전망을 수치화한 지표로 100을 넘으면 긍정적, 100 미만이면 부정적 전망을 의미한다. 93.2이라는 수치는 기업들이 체감하는 경기 한파를 짐작하게 한다. 이런 경기 부진은 2022년 4월부터 기준선 100 아래를 3년 넘게 연속 하회하며 역대 최장기 부진을 기록 중이다. 한국경영자총협회 2025년 기업 경영전망 조사에서도 기업들의 보수적 경영 기조가 확인되고 있다. 경영 환경의 불확실성 속에서는 지출 절감이 생존의 최우선 과제다.

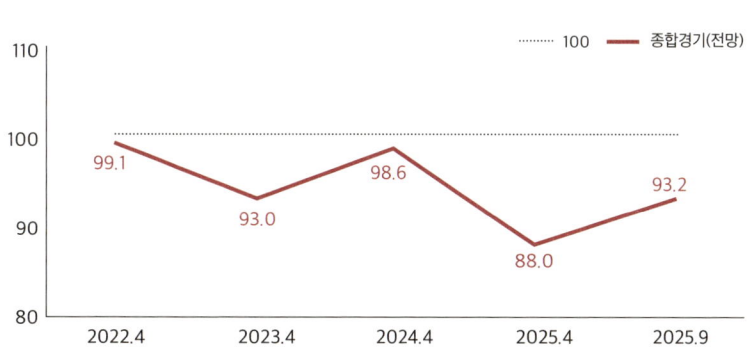

이 같은 경기 한파는 정기 공채의 종말을 초래했다. 2025년 채용시장 조사에 따르면, 신입사원 채용에서 수시 채용 비중이 압도적으로 높아졌고 공개 채용만 활용하는 기업은 10% 미만으로 급감했다. 공채를 유지하는 기업은 삼성·현대자동차·LG 등 일부 대기업과 공공기관에 한정되어 공채는 점점 과거의 문화가 되어가고 있다.

채용 구조의 변화는 곧바로 채용 사다리의 붕괴로 이어졌다. 기업은 필요한 기술을 가지고 있는 경력직을 핀셋처럼 골라 쓴다. 2025년 HR테크 기업 '인크루트'의 조사에 따르면, 기업 10곳 중 6.5곳이 채용 계획을 확정했으나 대부분이 즉시 투입 가능한 경력직 채용을 우선시했다. 그중 정규직 채용 이유로는 현재 인력이 부족해서(58.1%)가, 퇴사 예정 인력 때문에(28.1%), 우수 인력을 확보하기 위해서(24%) 순이었다. 기업은 더 이상 성장을 위한 투자가 아닌, 현재 공백을 메우기 위한 충원 중심으로 채용 전략을 바꿨음을 보여준다.

이러한 변화는 단순히 공채에서 수시로의 전환이라는 절차적 문제가 아니다. 대학을 갓 졸업한 청년 구직자들은 채용 입구 자체가 사라져 갈 곳을 잃게 됐다. 그 결과가 바로 쉬는 청년들의 급증이다. 2025년 2월 기준 15~29세 쉬었음 인구는 50만 4,000명으로 2003년 관련 통계 작성 이후 처음으로 50만 명을 돌파했다.

앞서 '저성장' 파트에서 언급했듯, 우리나라의 청년 니트족 증가는 국제적으로도 이례적이다. 한국고용정보원 보고서에 따르면, 2022년 기준 우리나라 15~29세 중 니트족의 비중은 18.3%로 OECD 11개국 중 3위를 차지했다. 더욱 심각한 것은 우리나라의 니트족은 2014년 17.5%에서 2022년 18.3%로 증가한 반면, 다른 OECD 주요국들은 모두 감소했다는 점이다. OECD 평균도 15.7%에서 12.6%로 3.1%p 감소했지만 우리나라만 홀로 증가세를 보였다.

결국 공채 시스템의 붕괴는 우리 사회 전체의 노동 패러다임을 뒤흔들고 있다. 평생직장 시대는 완전히 막을 내렸고, 그 과정에서 N

잡과 스폿워크^{Spot Work}(초단기 근무 형태)가 선택이 아닌 필수처럼 자리 잡고 있다.

직원이 아닌 파트너: 외부 인력의 부상

핀셋 채용으로 신규 채용의 문을 좁힌 기업들은 전문성을 가진 외부 인력을 파트너로 활용하는 방향을 추구하기 시작했다. 이러한 변화는 세계적인 트렌드다.

글로벌 시장조사기관 GII에 따르면, 2025년 글로벌 프리랜서 플랫폼 시장 규모는 76억 5,000만 달러(약 11조 원)에 달하며, 2030년에는 165억 4,000만 달러(약 23조 원)로 연평균 16.7% 성장할 전망이다. 미국에서는 이미 전체 노동 인구의 상당 부분이 프리랜서나 독립 계약자로 활동하며, 이들이 창출하는 경제 가치는 수천조 원 규모에 이른다. EU 집행위원회 보고에 따르면, 유럽 내 플랫폼 노동자 수는 2025년 약 3,000만 명에 달하며 2026년에는 4,000만 명을 넘어설 것으로 전망된다. 이들의 권리를 보호하기 위한 법안까지 마련될 정도로 외부 인력 활용은 이미 보편적인 경영 전략으로 자리 잡았다.

국내 긱 이코노미 시장 역시 폭발적 성장을 보이고 있다. 긱워커^{Gig Worker}는 정규직이 아닌 단기 계약·프로젝트 기반으로 일하는 프리랜서와 플랫폼 노동자를 포괄하는 개념이다. 글로벌 경영 컨설팅 기업인 보스턴컨설팅그룹 분석에 따르면, 국내 긱 이코노미 시장의 채용 건수는 2021년 1억 2,000건에서 연평균 35%씩 증가하여 2026년에는 5억 5,000만 건에 이를 전망이다.

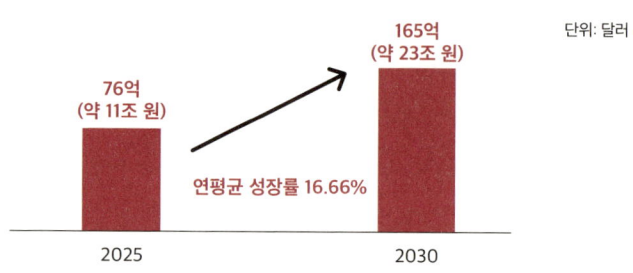

플랫폼 노동 형태를 도입한 기업의 만족도는 매우 높다. 2024년 중소기업 및 스타트업을 대상으로 한 연구에서 플랫폼 노동을 활용하는 기업들이 주요 혜택 요인으로 업무 효율성, 비용 절감, 직무 만족을 꼽았다. 또한 2022년 커리어 플랫폼 '사람인'이 458개 기업을 대상으로 조사한 결과, 긱워커를 활용한 경험이 있는 기업의 94.5%가 앞으로도 긱워커에게 업무를 맡길 것이라고 답했으며, 긱워커 활용 경험이 없는 기업 중에서도 32.1%가 향후 활용 의향이 있다고 응답했다. 긱워커를 활용하는 이유로는 노동력을 탄력적으로 조절하고(39.4%), 일회성 소규모 일도 외주 가능하며(33%), 전문가의 작업으로 결과물 품질을 높일 수 있고(22.3%), 빠른 결과를 받을 수 있기 때문(20.2%) 등이었다.

이러한 기업의 수요 변화는 완전히 새로운 인재 시장을 탄생시켰다. 국내 최대 프리랜서 마켓인 '크몽'의 성장세가 이를 증명한다. 크몽의 매출은 2021년 177억 원에서 2022년 285억 원, 2023년 397억 원, 2024년 497억 원으로 꾸준히 확대됐다. 3년 사이 181% 성장한 것이다. 흑자 전환도 가시권에 들어선 상황이다.

특히 B2B 서비스인 크몽 엔터프라이즈의 성장이 두드러진다. 2023년 연간 총 거래액 100억 원을 돌파하며 전년 대비 약 50% 성장했고, 2024년 상반기에도 100억 원대 계약 실적을 달성하며 전년 동기 대비 60% 성장을 기록했다. 과거 디자인·번역 중심이던 서비스 분야도 AI 개발, 거대 언어 모델 구축, 세무 컨설팅, 법률 자문 등 기업 핵심 업무 영역으로 빠르게 확장되고 있다.

기업 규모별 이용 현황에서는 대기업 및 중견기업이 약 75%를 차지한다. 디지털 전환, 신사업 구축, 운영 효율화 프로젝트에서 즉시 필요한 전문 인력을 크몽 엔터프라이즈를 통해 신속히 공급받는 수요가 증가하고 있다. 이는 과거 대기업에 국한됐던 최고 수준의 전문성을 중소기업, 스타트업도 프로젝트 단위로 쉽게 구매할 수 있음을 의미한다.

결국 기업 조직은 소수의 핵심 정규직 인력과 필요할 때마다 유연하게 합류하는 외부 전문가들이 어우러진 하이브리드 조직으로 재편되고 있다. 평생직장·평생직원이라는 산업시대 공식은 사라졌으며 필요할 때만 전문성을 조달하는 모델이 자리 잡게 되었다. 이러한 변화는 우리나라뿐 아니라 전 세계가 함께 겪고 있는 노동시장 재편의 핵심이다.

N잡러가 될 수밖에 없는 개인들

개인의 삶과 일하는 방식도 거대한 변곡점을 맞았다. 전통적인 풀타임 정규직 고용 모델이 흔들리고 있으며, 누구나 다양한 일자리와 역할을 동시에 수행하는 다중 노동 시대가 도래했다. 스폿워크와 긱워크 같은 유연한 근로 형태는 점차 일상화되고 있다.

일하는 법이 달라졌다

앞서 살펴본 대규모 공채의 종말은 그 자체로 기업과 노동자의 관계를 완전히 재편했다. 전통적인 정규직 대신 필요할 때마다 전문가를 소환해 쓰는 방식으로 바뀌자, 개인들도 일상의 틀을 깨고 여러 일을 동시에 수행하는 새로운 노동 패턴, 즉 스폿워크로 뛰어들고 있다.

스폿워크는 플랫폼 기반의 초단기 근로 형태로 편의점·창고·공장·호텔 같은 현장에서 당일·초단시간 인력 공백을 메워주는 것이 특징이다. 하루 3~4시간 혹은 30분 단위로 쪼개진 공백에 맞춰 근로자가 즉시 투입되며 급여는 일하는 즉시 지급된다. 대체 지불 방식 덕분에 일만 끝나면 남은 시간에 다른 일로 연결될 수 있어 개인들은 마치 레고 블록을 조립하듯 자신만의 근로 시간을 설계한다.

이른바 긱워크와 스폿워크를 구분하는 핵심은 현장 중심성과 초단기성이다. 긱워크는 디자인, 앱 개발, 번역 같은 프로젝트성 과업 위주라면, 스폿워크는 전통적 노동시장에선 소외되기 쉬운 물류,

새로운 노동 형태의 개념

항목	스폿워크	긱워크	단기 아르바이트
개념	초단기 근무, 즉시 투입	단기·비정규 프로젝트	일정 기간 반복 업무
플랫폼 기반	필수	필수	선택적
업무 성격	현장 중심, 인력 공백 대응	전문성과 유연성	반복성 높은 단순 업무
예시	편의점 2시간 판매 보조 등	배달, 앱 개발 등	주말 카페 서빙 등

출처: KB금융지주 경영연구소

제조, 유통, 병원, 호텔 등 현장형 일자리를 실시간으로 매칭해 준다. 일본 최대의 스폿워크 플랫폼인 '타이미Timee'는 2024년 가입자 1,000만 명을 돌파했고, 2023년 시장 규모는 824억 엔으로 27.2% 성장했다.

우리나라에서도 스폿워크가 빠르게 확산되고 있다. 2024년 기준, 주 15시간 미만 초단기 근로자는 182만 명에 이른다. '급구'와 '쑨' 같은 스폿워크 플랫폼들이 초단기 일자리 매칭 시장을 빠르게 확산시키고 있다. 팝업스토어 도우미나 행사 아르바이트 전시장 안내 같은 일회성 업무부터 AI 개발·거대 언어 모델 구축·세무 컨설팅·법률 자문까지 서비스 영역이 빠르게 확장되는 중이다. 게다가 디지털 기술의 발달로 AI 매칭 시스템이 완성도를 높이고 실시간 평점·이력 관리가 뒷받침되면서 초기 진입 장벽이 사라졌다.

스폿워크에는 단순히 일할 기회 이상의 의미가 있다. 기존 노동 시장에 진입하기 어려웠던 고령자와 경력 단절 여성, 학생, 취준생 등 유휴 인력이 쉽게 경제 활동에 참여할 수 있도록 문을 열어준다. 일본의 지역 특화 플랫폼 '오테츠타비'에서는 관광객이 농가에서 일하는 대신 숙식을 제공받는 형태로 농촌 일손 부족 문제를 해결한다. 우리나라에서도 중소형 플랫폼이 다양한 취업 기회를 마련하며 유휴 인력 재진입을 돕고 있다.

스폿워크가 불러온 변화는 일상을 넘어 금융·사회보장 영역으로도 파급된다. 전통적인 임금소득 기반 대출과 신용평가 시스템은 초단기 소득을 반영하지 못하기 때문에 플랫폼 활동 데이터를 활용한 대안 신용평가 모델이 부상하고 있다. 미국 핀테크 기업 비바파이낸스는 고용 형태와 실제 소득 흐름에 따라 대출 한도와 상환 조건을 유연하게 조정한다. 우리나라에서도 한국신용정보원이 배달 플랫폼 활동 데이터를 반영한 신용평가 모델을 개발 중이다.

바야흐로 스폿워크는 단순 일자리 매칭을 넘어 노동시장과 금융, 복지 정책의 경계를 허물고 있다. 2026년 빠르게 진화하는 노동 생태계에서 스폿워크가 제시하는 유연성과 즉시성은 분명 매력적이지만, 소득 불안정과 안전망 사각 지대라는 과제도 크다. 노동자, 기업, 정부가 새롭게 떠오른 노동의 방식을 이해하고 지속 가능성과 안전망 설계를 함께 고민해야 할 시점이다.

우리는 왜 N잡러가 될 수밖에 없는가

이제 우리나라에서 N잡은 특별한 사람만의 도전이 아니다. 모두가 자연스럽게 두세 개 이상의 일을 병행하는 삶에 익숙해지고 있다. 과거에는 유독 부지런한 소수만이 투잡과 쓰리잡에 도전했지만, 시간이 갈수록 우리는 N잡러가 될 수밖에 없는 처지가 되고 있다.

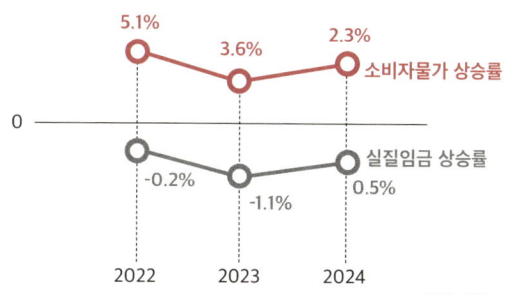

소비자물가 상승률과 실질임금 상승률 추이

출처: 한국노동연구원, 한국은행

가장 큰 동력은 먹고사는 문제다. '월급 빼고 다 오른다'는 말이 더 이상 우스갯소리가 아니다. 2022년 소비자물가는 5.1% 상승했지만 명목임금 상승률은 4.9%에 불과했다. 2023년에는 명목임금이 2.5%에 그쳤다. 명목임금은 월급으로 받는 화폐 액수 그 자체를 의미하고, 이때 물가상승률은 고려하지 않는다. 명목임금에 소비자물가지수를 반영하여 실제 구매력을 판단하는 실질임금은 더 차가운 결과를 보여준다. 2023년 실질임금 상승률은 -1.1%에 불과했고 2024년 상반기까지 마이너스를 기록하다 겨우 0.5%로 회복했다. 이른바 '아무리 일해도 월급에 빈곤이 함께 따라오는' 시대다.

여기에 대출이자 폭탄까지 겹쳐졌다. 2025년 1분기 기준, 우리나라의 가계부채 비율은 GDP 대비 89.4%이다. 거주지를 마련하기 위해 대출을 받고, 아이 교육비와 각종 생활비가 뒤따른다. 이자를 내고 생활비를 충당하면 통장에 남는 것은 쥐꼬리다. 월급만으로는 도저히 정상적인 삶을 이어갈 수 없다.

부족한 수입을 충당하기 위한 선택, 이것이 바로 N잡 현상의 본질이다. 2024년 2분기 부업 경험이 있는 취업자는 67만 6,000명으로 사상 최대치를 갈아치웠다. 그리고 그 동기는 분명하다. 생활비 충당이 61.9%로 압도적이다. 우리 모두가 현실에 떠밀려 포트폴리오 소득 모델(다양한 소득 창출)을 안고 살아가야 하는 시대에 들어섰다.

물론 바뀐 것은 경제 상황만이 아니다. N잡을 둘러싼 마음가짐 자체가 세대별로 완전히 달라졌다. 예전에는 투잡을 뛰면 "정말 부지런하다."는 말을 들었다. 하지만 현재 MZ세대는 투잡과 쓰리잡을 미래를 위한 투자로 여긴다. 회사를 오래 다녀도 인생이 보장되지 않기 때문에 불확실한 미래를 미리 대비하겠다는 심리가 자연스러워졌다.

이들은 경력을 쌓고 새로운 기회를 찾기 위해 다양한 N잡에 도전한다. IT 분야의 본업에, 온라인 과외, 주말엔 크리에이터로 변신하거나 플랫폼을 통해 온갖 프리랜서 프로젝트를 연달아 수주한다. 자신이 좋아하는 것을 본업 또는 부업으로 연결해 성장의 발판을 만든다.

반면 50대 이상의 베이비붐 세대, 경력 단절 여성, 은퇴자 등에게 N잡은 선택이 아니라 생존 그 자체다. 명예퇴직 이후 재취업 문이 쉽게 열리지 않는 사람들에게 유일한 희망은 나이와 경력을 묻지 않는 플랫폼 일자리다. 물류센터, 카페, 행사장 등에서 서너 시간 정도 일하고 한 달 100만~150만 원 정도를 버는 이들의 모습도 이제는 노동시장의 흔한 풍경이 되었다.

다중 소득을 향한 이런 움직임의 밑바탕에는 우리 사회 특유의 구조적 압력과 불안이 자리한다. 서울의 평균 전세가와 월세는 매년 신기록을 경신하고 대학 등록금과 사교육비 역시 줄기는커녕 계속 오르고 있다. 한정된 월급으로는 이런 고정비를 감당하기 벅차니 남는 해법은 추가 소득을 찾는 것뿐이다.

미래를 예측할 수 없는 사회 전반의 불안도 N잡 현상을 부추긴다. 언제 해고될지 모르는 고용 불안, 가족 돌봄에 대한 부담, 은퇴 후 노후 대비까지 "이 정도면 괜찮겠지."라고 안심할 수 없는 구조가 우리를 N잡러로 만드는 것이다.

기술의 발전도 N잡의 동력이 된다. 이제 누구나 스마트폰 앱에서 단 몇 번의 클릭만으로 자신에게 맞는 일자리를 찾을 수 있다. 맞벌이 부모가 방과 후 돌봄 교사로 일하는 것도, IT 개발자가 주말엔 온라인 강의를 하는 것도 모두 디지털 플랫폼 덕에 가능해졌다.

AI 매칭 시스템은 직무 경험·기술·직업 선호도를 분석해 즉시 일자리를 추천해 준다. 급여 정산이 며칠씩 지연되던 옛날과 달리 지금은 일이 끝나기가 무섭게 계좌에 돈이 찍힌다. 이런 즉시성 덕분에 누구나 마음대로 스케줄을 짜고 자신의 취향과 경험, 경제 목표에 맞는 현금 흐름 포트폴리오를 만들어가는 시대가 열렸다. 정해진 근무지에 나가지 않아도 다양한 방식으로 소득을 조립할 수 있는 나만의 경제 시스템을 누구나 꿈꿀 수 있게 된 것이다.

N잡러 현상은 더 이상 일시적인 트렌드가 아니다. 성실하면 하나의 직장으로도 충분하다는 공식이 무너진 시대, 자의든 타의든 복수의 일을 병행해야만 살아남을 수 있는 구조가 됐다. 각자가 일자리 설계도를 다시 그려야 하는 시점이다.

낡은 질서와 새로운 안전망

1953년 제정된 근로기준법은 여전히 우리의 운명을 좌우하고 있다. 특히 오늘날 88만 명의 플랫폼 노동자는 사회보험 사각 지대에서 각자도생하며 불안정한 미래와 맞서고 있다. 이미 전 세계가 움직이기 시작했다. EU의 강력한 보호, 미국의 제3지위 인정, 싱가포르의 혁신적 역량 강화까지. 각국의 실험 속에서 한국형 해법을 찾아야 할 시간이 다가오고 있다.

사회안전망의 사각 지대

개인은 자율성을 얻고 기업은 유연성을 확보했다고 말하지만, 정작 이 화려한 변화 뒤편에는 노동의 양극화와 사회안전망의 붕괴라는 거대한 그늘이 드리워져 있다.

2024년 기준 정규직과 비정규직의 시간당 임금 격차는 정규직 대비 비정규직이 66.4%로, 약 1.5배가 차이 났다. 역설적이게도 기술이 발전할수록 이 격차는 더욱 커진다. 한국노동연구원 분석에 따르면, AI와 자동화 기술이 고숙련 전문직의 생산성과 소득을 끌어올리는 동안 중간층 사무직과 단순 기능직은 빠르게 대체되고 있다.

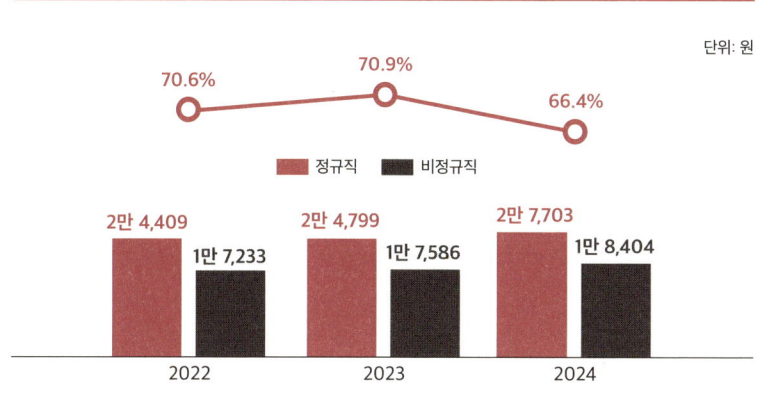

이런 양극화의 직격탄은 사회적 약자에게 더욱 가혹하게 다가온다. 신노동시장이 요구하는 현장성, 즉시성, 새로운 경쟁력은 모든 사람에게 공평한 기회를 주지 않는다. 가장 대표적인 피해자는 고령층이다. 2024년 기준 60세 이상 임금근로자 중 비정규직 비중은 약 61.4%로 전 연령대 중 가장 크다. 더 심각한 건, 이들 대부분이 저임금·무보험 일자리에 몰린다는 점이다. 이를 두고 서울시 노사민정협의회는 고령자들이 저임금·불안정 일자리에 몰리는 이유는 지위가 약한 개인들이 비경제활동 상태를 끝내거나 피하려는 필요에 의한 것이라고 분석했다. 이들에게 플랫폼 일자리는 마지막 선택지지만 정작 사회보험 사각 지대에서 각자도생해야 하는 현실이다.

경력단절 여성들의 상황은 더욱 복잡하다. 2022년 여성가족부 실태조사에 따르면, 경력단절을 경험한 여성은 42.6%로, 재취업까지 평균 8.9년이 걸리는 것으로 나타났다. 설령 재취업에 성공해도 이전 일자리 대비 임금과 지위가 현저히 낮아진다. 서울시 여성가족재단은 "현재 비취업 상태인 경력단절 여성들이 재취업 시장에서 여전히 편견과 저임금의 벽에 막힌다."고 지적한다. 특히 25~55세 경력단절 여성 중 상당수가 일·가정 양립의 어려움, 적절한 일자리 부족, 경력 단절로 인한 경쟁력 약화 등을 재취업의 주요 장애물로 꼽았다. 이들에게 '유연한 근로'는 그저 불안정한 미래의 다른 표현으로 다가갈 뿐이다.

더 큰 문제는 시대착오적인 법과 제도가 이런 변화를 전혀 따라잡지 못하고 있다는 점이다. 우리가 따르고 있는 근로기준법은 1953년 5월 10일 제정된 것으로, 제조업 공장에서 컨베이어 벨트 앞에 서는 근로자를 상정하고 만들어졌다. 노트북 하나로 어디서든 일할 수 있는 오늘날의 플랫폼 노동자와 프리랜서들은 이 낡은 법의 보호 울타리를 벗어나 있다. KDI 보고서도 '플랫폼 종사자는 대부분 프리랜서 내지 독립 사업자로 취급되어 실제로는 근로자와 비슷하게 일하더라도 노동법의 규제나 사회보험 가입 의무 등이 적용되지 않는다'고 지적했다. 일하는 방식은 21세기 한가운데를 질주하는데, 보호받는 권리는 20세기 초반에 머물러 있는 것이다.

그 결과는 참혹하다. 고용노동부·통계청의 '2023년 플랫폼 종사자

실태 조사'에 따르면, 플랫폼 노동자의 고용보험 가입률은 약 25.1%, 산재보험 가입률은 약 45.3%에 불과하다. 2023년 기준 88만 3,000명에 이르는 플랫폼 노동자 중 절반 이상이 산업재해 위험에 무방비로 노출되어 있으며, 약 4분의 3이 실업급여 혜택을 받지 못하는 상황이다. 이는 일하다 다치거나 갑작스런 실직 시 사회적 보호망이 매우 취약함을 의미한다. 플랫폼 노동자 수가 2021년 66만 1,000명에서 2023년 88만 3,000명으로 2년 새 약 22만 명이 급증하는 동안, 사회보험 가입률은 큰 변동 없이 정체되었다.

상황을 바로잡으려면 새로운 보호 체계를 하루빨리 만들어야 한다. 국회에는 플랫폼 종사자 보호 및 지원에 관한 법률안을 비롯해 여러 법안이 계류 중이다. 플랫폼 기업에 최소한의 책임을 부여하고, 일방적인 계약 해지를 막으며, 분쟁이 생겼을 때 노동자가 기댈 수 있는 구조를 만들자는 내용이 핵심이다. 하지만 현실은 녹록치 않다. 플랫폼 기업의 책임 범위를 어디까지 볼 것인지, 근로자성을 어떻게 인정할 것인지, 지나친 규제가 혁신을 저해하지 않을지 등의 복잡한 쟁점들 앞에서 입법은 계속 지체되고 있다.

문제는 시간이 흐를수록 이 그늘이 더욱 짙어진다는 점이다. 노동 양극화는 심화되고 취약계층의 구조적 소외는 고착화되며, 사회 안전망의 사각 지대는 더 커졌다. 이는 개인의 노력이나 기업의 선의만으로는 해결할 수 없는, 우리 사회 전체의 지속 가능성을 위협하는 구조적 과제다. 바로 이 대목에서 정부의 역할이 그 어느 때보다 절실해진다.

주요 플랫폼 종사자 직종별 규모

단위: 천 명, %

직종	2022	2023	증감률
배달·운전	513	485	-5.5
전문서비스(교육·상담 등)	85	144	69.4
컴퓨터 단순 작업(데이터 입력 등)	57	87	52.6
가사·돌봄	53	52	-1.9
창작활동(디자인 등)	36	50	38.9
IT 서비스(SW 개발 등)	17	41	141.2

출처: 고용노동부

미래 노동시장의 판을 짜라

앞서 본 사회안전망의 심각한 사각 지대는 우리나라만의 고민이 아니다. 전 세계가 같은 문제로 골머리를 앓고 있고, 각국이 내놓은 해법들을 살펴보면 앞으로 우리가 걸어갈 길이 선명해진다.

유럽이 선택한 길은 확실하다. 2024년 10월, EU가 제정한 '플랫폼 작업에서의 노동조건 개선 지침'은 플랫폼 기업의 통제를 받는 모든 사람을 고용된 것으로 추정하며 최저임금·단체교섭권·사회보험을 의무화했다. 약 2,800만 명의 플랫폼 노동자에게 적용되는 이 지침은 노동권 보호를 최우선으로 삼는다. 프랑스에서는 우버 운전자들이 유급 휴가를 받기 시작했고, 독일에서는 배달 라이더의 시간당 최저임금이 보장되었다. 하지만 그 대가로 플랫폼 서비스 비용은

15~20% 상승했고, 일부 플랫폼은 유럽에서 철수를 검토하고 있다.

미국 캘리포니아의 주민 발의안 22호는 또 다른 접근이다. 2020년 11월 투표에서 58%의 찬성으로 가결된 이 법안은 긱워커를 제3의 지위로 분류해 최저임금의 120%와 건강보험 보조금, 상해보험 같은 최소한의 혜택만 제공하되 기업의 혁신 동력은 보존한다. 우버와 리프트는 이 모델 덕분에 사업을 유지하면서도 운전자에게 부분적 보호를 제공한다. 다만 노동계는 '불충분한 보호'라며 반발하고 있고 뉴욕·워싱턴 등 다른 주에서는 더 강력한 규제를 도입했다.

가장 혁신적인 모델은 싱가포르다. 2015년부터 시행된 스킬스퓨처 제도는 모든 국민에게 평생학습 계좌를 제공한다. 25세 이상 국민은 500싱가포르달러(약 55만 원), 40세 이상은 교육비의 90%를 지원받는다. 2017년에는 약 28만 명이 혜택을 받았고, 이중 40세 이상이 12만 명에 달했다. 플랫폼 노동자들은 AI·데이터 분석·디지털 마케팅 등 고부가가치 스킬을 익혀 소득을 2~3배 늘렸다. 정부가 보호보다 역량 강화에 집중한 결과다.

전문가들은 우리나라가 2026년 이후 혼합형 모델을 택할 가능성이 높다고 본다. 2024년 7월, KDI 토론회에서 나온 결론은 '단일 모델보다는 산업별·직종별 맞춤형 접근이 필요하다'는 것이다. 한요셉 연구위원은 "55~64세 임금근로자 중 임시고용 비중이 OECD 평균의 4배에 달하는 구조적 문제를 고려할 때 연령대별로 차별화된 전략이 필요하다."고 제언했다.

실제로 우리나라는 이미 단계적 접근법을 구상하고 있다. 고용

노동부가 2020년 12월에 발표한 '플랫폼 종사자 보호 대책'을 보면 1단계로 배달·운송업 등 고위험 직종에 대한 산재보험 적용을 확대하고, 2단계로는 호출형 플랫폼까지, 3단계로는 지역기반 플랫폼 및 기타 특수고용직종으로 단계적 확산을 제시했다. 경제사회노동위원회 2021년 연구보고서에서는 더 구체적으로 '플랫폼 노동자의 사회적 보호는 특정 대상에게 한정된 보호가 아닌 보편적·사회적 보호 방식을 통해 이뤄져야 한다'며 '모든 형태의 취업자를 보호하는 사회보험 체계'를 마련하는 것이 핵심이라고 강조했다.

한국고용정보원의 2021년 조사는 보다 현실적인 방향을 제시한다. '플랫폼 종사자의 다양성이 고려되어야 하며 단기적으로는 보험료 지원을 통한 경제적 부담 완화, 중장기적으로는 디지털 플랫폼이 사회보험료 일부를 부담하도록 의무화하는 방안이 마련되어야 한다.'고 제언하면서 '주업형 플랫폼 종사자에 대한 우선 보호'를 강조했다. 이는 위험도와 종속성에 따른 차별화된 접근이 필요하다는 뜻이다.

2025년 고용노동부 업무계획에서는 구체적인 움직임이 감지됐다. 플랫폼 종사자·특수형태 근로종사자·프리랜서 등 노무 제공자 지원 사업에 160억 원을 배정하고, '노동약자 지원법' 제정을 추진하기로 명시했다. 이는 앞으로 제도적 보호가 본격적으로 시작될 신호로 해석된다. 특히 한국은행 오삼일 팀장이 2024년 7월 발표한 '341만 개 일자리의 AI 대체 위험성'을 고려하면 단순 보호보다는 스킬 업그레이드가 핵심이 될 것으로 보인다. 한국노동연구원 성재민 부원장은 "2026년부터는 개인별 맞춤형 재교육과 플랫폼 기업의 점진적 책임 확대가 동시에 진행될 것"이라고 전망했다.

결국 우리가 선택할 길은 EU식 강력한 보호나 미국식 최소 보장이 아닌, 선별적 단계별 확대 모델일 가능성이 크다. 88만 명의 플랫폼 노동자가 100만 명을 넘어서게 되면 정부는 더 이상 수동적 관찰자가 아닌 미래 노동시장의 새로운 질서를 만드는 적극적 중재자 역할을 해야 할 것이다.

신노동시장의 새로운 기회들

디지털 플랫폼과 비정규 노동의 확산이 만든 신노동시장은 전통산업의 구조를 해체하고 있다. 이 과정에서 긱워커를 위한 인프라, 평생학습과 업스킬링, 맞춤형 금융의 세 축이 뜨거운 기회의 영역으로 떠오른다. 각 영역에서는 독립 노동자의 일자리 매칭·교육·신용평가 등 핵심 과제를 해결하며 새로운 비즈니스 모델이 속속 등장하고 있다. 우리는 이 세 가지 축을 통해 신노동시장의 혁신 지형을 살펴볼 수 있다.

긱워커를 위한 인프라 산업

신노동시장에서 가장 큰 기회는 수백만 명의 독립 노동자들이 필요로 하는 인프라를 제공하는 데 있다. 이들이 직면한 공통적인 문제들, 즉 일자리 매칭, 세무 처리, 보험 금융을 해결해 주는 비즈니스가 바로 새로운 성장 동력이다.

글로벌 긱 이코노미 시장은 이미 성장 궤도에 올라선 상태다. 글로벌 시장조사기관 스태티스타에 따르면, 글로벌 긱 이코노미 시장 규모는 2018년 2,040억 달러(약 286조 원)에서 2023년 4,550억 달러(약 637조 원)로 2배 이상 증가했으며, 2030년까지 연평균 10.5% 성장해 약 7,850억 달러(약 1,100조 원)에 이를 것으로 전망된다.

국내 상황도 비슷하다. 통계청이 발표한 '경제활동인구조사 부가조사'에 따르면, 2024년 8월 기준 비정규직 근로자는 923만 명으로 전체 노동자(2,214만 명)의 41.7%에 해당하며, 이중 시간제 노동자는 426만 명(19.2%)을 차지한다.

프리랜서 마켓 플랫폼은 이제 단순한 일자리 중개를 넘어 독립 노동자들의 신뢰도와 전문성을 증명해 주는 핵심 기반으로 자리 잡았다. 글로벌 프리랜서 플랫폼 시장은 2025년 76억 5,000만 달러(약 11조 원)에서 2030년 165억 4,000만 달러(약 23조 원)로 연평균 16.66% 성장할 전망이다. 또 다른 연구기관은 2024년 39억 달러(약 5조 5,000억 원)였던 시장이 2033년까지 141억 달러(약 20조 원)에 도달해 연평균 15.3% 성장할 것이라는 분석을 내놓았다.

앞으로 이러한 플랫폼들은 단순 매칭을 넘어 프리랜서의 기술 향상과 시장성 개발을 지원하는 교육 플랫폼의 평판 관리 시스템과 프로젝트 관리 도구까지 제공하는 종합 생태계로 진화할 전망이다.

더 큰 기회는 독립 노동자들이 공통적으로 겪는 골치 아픈 문제를 해결해 주는 지원 서비스 시장에 있다. 대표적으로 AI 기반 세무 자동화 플랫폼 '삼쩜삼'은 2025년 3월 기준 누적 가입자 2,300만 명을 돌파했으며, 누적 환급 신고액은 1조 6,700억 원을 기록했다. 2024년 매출은 862억 원, 영업이익은 102억 원으로 처음으로 흑자 전환에 성공했다. 삼쩜삼의 성공에 자극받은 후발업체들도 급성장하고 있다. 이는 독립 노동자들이 얼마나 거대한 고객층이 될 수 있는지를 보여주는 상징적 사례다.

택스테크 시장은 앞으로 더욱 확장될 전망이다. 국세청이 무료 환급 서비스를 출시했지만 민간 플랫폼들은 개인맞춤형 세무 컨설팅, 사업자등록 지원, 부가가치세 신고 자동화, 각종 세액공제 최적화 등 차별화된 서비스로 대응하고 있다. 특히 개인사업자와 소상공인을 위한 종합 세무 솔루션으로 영역을 확장하면서 시장 규모는 더욱 커질 것으로 예상된다.

결국 신노동시장이 만드는 가장 큰 기회는 독립 노동자 스스로가 하나의 기업이자 거대한 소비자가 되는 새로운 시장의 탄생에 있다. 수백만 명의 새로운 경제 주체들이 필요로 하는 인프라와 지원 서비스를 제공하는 기업들이 바로 미래 성장의 핵심 동력이 될 것이다. 지금은 이 거대한 변화의 시작에 불과하다.

평생학습과 업스킬링(역량 강화) 시장의 폭발

신노동시장이 빠르게 재편되면서, 한번 배운 기술만으로 평생을 안심할 수 없는 시대가 되었다. AI와 자동화가 산업 현장 전반을 재정의하며, 경력의 유효기간을 단축시키고 있다. 세계경제포럼의

'2025 미래 직업 보고서'에서는, 향후 5년 내 전 세계 노동자가 보유한 핵심 기술의 44%가 변경될 것이며, 59%가 재교육 또는 업스킬링을 필요로 할 것이라고 경고했다. 이렇게 직업의 안정성이 사라지고 있는 불안한 현실은 평생학습과 업스킬링에 대한 절박한 수요로 이어지고 있다.

자동화에 밀려날지 모른다는 불안감과 경쟁이 치열해진 시장에서 더 높은 소득과 새로운 기회를 얻고자 하는 욕구가 맞물려 있다. 글로벌 스마트 교육·학습 시장은 2024년 681억 2,000만 달러(약 95조 원)에서 연평균 20.4% 성장해 2030년에는 1,594억 8,000만 달러(약 223조 원)에 이를 것으로 전망된다. 평생학습은 이제 개인 생존 전략의 핵심 축으로 자리 잡았다.

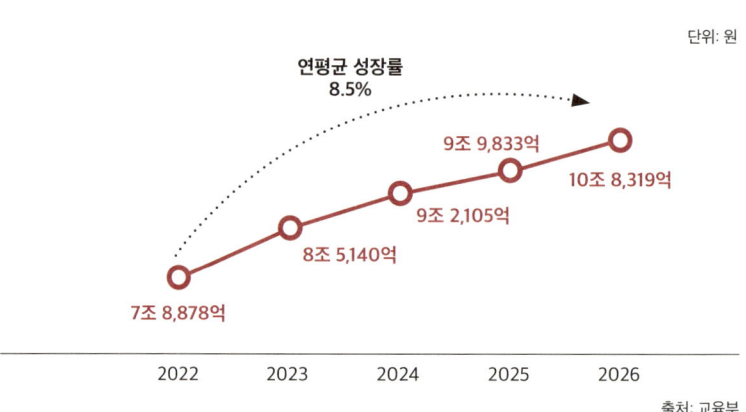

국내 에듀테크 시장 규모 및 전망

국내에서도 에듀테크 시장이 빠르게 성장 중이다. 교육부는 국내 에듀테크 시장이 2022년 7조 8,878억 원에서 연평균 8.5% 성장해 2026년에는 11조 원 규모에 이를 것으로 내다봤다. 실무교육 플랫폼인 패스트 캠퍼스는 2024년 7월 기준 누적 강의 판매량 100만 건, 회원수 약 83만 명을 기록했다. 2023년에는 AI 관련 강의 거래 수가 전년 대비 272% 증가했으며, 데이터 분석·AI 활용·디지털 마케팅 같은 현장 수요 기술을 집중적으로 가르치며 기업 고객의 재교육 수요까지 흡수하고 있다. 클래스101도 크리에이터 양성을 넘어 기업 연수 솔루션으로 사업 영역을 확대하고 있다. 이들 플랫폼은 기술 아닌 개인의 경험과 평판을 축적해 디지털 시대의 경력 자산으로 만드는 데 몰두한다.

기업들도 변화에 동참하고 있다. 삼성·현대자동차·LG 등 대기업의 60%가 2025년 사내 업스킬링 예산을 증액했으며, 중견·중소기업의 45%가 신규 교육과정을 신설 또는 확대하여 내부 인재의 기술 전환을 지원한다. 한국노동연구원은 "디지털 리터러시와 AI 활용 능력은 전 직군의 기본 역량"이라며, 정부·기업·교육기관의 협력이 시급하다고 지적한다.

짧고 집중적인 학습을 선호하는 성인 학습자들을 위해 모바일 러닝 앱 이용자도 급증하고 있다. IBM·구글·아마존 같은 글로벌 기업들은 자체 온라인 교육 플랫폼으로 사내외 인재를 육성하며, 유니콘 교육 스타트업과 협업해 혁신적 교육 생태계를 구축하고 있다.

블록체인 기반 디지털 배지 플랫폼은 평생학습 시장의 새로운 얼굴이다. 개인의 강의 수료와 실습 성과를 디지털 배지로 발행해 이력서와 연동하면, 채용 시장에서 검증된 역량으로 인정받는다. 이 플랫폼은 시범 도입을 마치고 주요 업종에서 인증서 기반 채용 시스템을 실험 중이다.

결국, 신노동시대를 살아가는 가장 확실한 투자처는 나 자신이다. 주식·부동산이 아니라 자신의 기술과 경험을 꾸준히 업그레이드하는 업스킬링이 불확실한 미래를 헤쳐나갈 최고의 안전자산으로 자리매김했다. 개인·기업·정부가 손잡아 평생학습 생태계를 구축하는 것이 이후 우리 경제의 지속 가능성을 좌우할 전망이다.

신노동자를 위한 금융의 탄생

신노동시장의 마지막 기회는 기존의 금융 시스템에서 소외된 수백만 노동자들을 위한 금융시장에 있다. 정규 직장인을 기준으로 설계된 전통적인 신용평가 및 대출 시스템은 소득이 일정하지 않은 독립 노동자들을 포용하지 못하고 있다. 그러나 이 거대한 금융의 사각 지대야말로 핀테크와 인슈어테크 기업들에게 가장 거대한 블루오션이 될 전망이다.

새로운 노동자들의 금융 접근성을 해결할 첫 번째 열쇠는 대안 신용평가 모델의 부상에 있다. 전통적인 신용평가가 정규직의 안정적 소득에만 초점을 맞추는 한계를 뛰어넘어, 근무 빈도·이력·고객 평점 등 플랫폼 활동 데이터를 신용평가에 반영하는 새로운 접근법이다.

이러한 혁신은 이미 현실화되고 있다. 신한카드는 2021년 과학기

플랫폼 종사자의 금융기관 이용 시 서류 증빙의 어려움

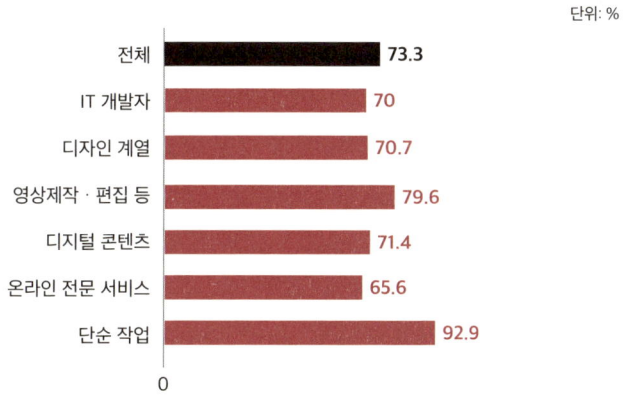

단위: %

- 전체: 73.3
- IT 개발자: 70
- 디자인 계열: 70.7
- 영상제작·편집 등: 79.6
- 디지털 콘텐츠: 71.4
- 온라인 전문 서비스: 65.6
- 단순 작업: 92.9

출처: 한국고용정보원

술정보통신부의 '마이데이터 실증 서비스 지원 사업'의 수행자로 선정되어 KCB·메쉬코리아·링크아시아매니지먼트와 컨소시엄을 구성, 플랫폼 종사자의 소득 활동 데이터를 통합·정리한 대안 신용평가 모델을 개발했다. 메쉬코리아는 '부릉' 배달 라이더의 동의를 받아 급여 내역을 수집·분석해 신한카드 모델에 반영하고 있다. 한국신용정보원은 2023년부터 배달 플랫폼 노동자의 수입 및 활동 데이터를 반영한 개인 신용평가 모델 개발 시범사업을 진행 중이며, 카카오뱅크는 2025년 7월 자체 개발한 비금융 데이터 기반 '카카오뱅크 플랫폼 스코어(카플 스코어)'를 NICE평가정보 시스템에 탑재, 외부 금융사 70여 곳에 개방해 플랫폼 이용 데이터·소액결제 내역·택시 호출 기록 등을 활용한 맞춤형 신용평가를 제공하고 있다.

신용평가 모델의 진화는 곧바로 맞춤형 금융상품의 탄생으로 이어진다. KB금융경영연구소는 소득이 유동적인 스폿워커(긱워커)의 증가에 따라, 이들의 소득 주기에 맞춘 탄력적 상환 조건과 유연한 금융상품 수요가 크게 확대될 것으로 전망했다. 해외에서는 미국 핀테크 기업 어니스트가 지원자의 교육 수준·고용 상태·재무 프로그램 참여 이력 등을 종합해 신용평가에 반영, 금융 소외 계층의 접근성을 재고하는 머신러닝 기반의 신용 모델을 운영 중이다.

국내 금융사들도 발 빠르게 대응하고 있다. KB캐피탈의 '다담론 신용대출'은 프리랜서 등 다양한 소득 패턴의 고객에게 최대 1억 2,000만 원까지 비대면 대출 상담 기회를 제공하며, 부산경남은행의 'BNK모바일 신용대출'은 다채로운 상환 방식을 통해 개인의 소득 특성에 맞춘 대출 환경을 지원하고 있다.

결국 신노동시장이 만든 새로운 기회는 금융 민주화라는 더 큰 변화의 시작점이다. 과거 정규직만 누릴 수 있었던 금융 혜택을 일하는 모든 이들이 공평하게 누릴 수 있는 시대가 열리고 있다. 이런 변화의 물결을 일찍 감지하고 새로운 고객층을 포용하는 혁신적인 금융 기업들이 미래 시장의 승자가 될 것이다.

03
디지털 화폐
호모 크립티엔스의 선택

　어느 날 당신의 월급이 현금이 아닌 디지털 화폐로 지급된다고 상상해 보자. 편의점에서 껌 하나를 살 때도, 친구에게 빌린 돈을 갚을 때도, 심지어 해외 직구 결제까지. 스마트폰 속 디지털 지갑만 있으면 모든 돈 문제가 해결된다. 영화 속 한 장면 같던 이 이야기는 더 이상 먼 미래의 일이 아니다. 지금 이 순간에도 세계 각국 정부와 거대 기업들은 보이지 않는 돈, 즉 디지털 화폐를 둘러싸고 총성 없는 전쟁을 벌이고 있다.

　디지털 화폐는 더 이상 일부 기술 마니아들만의 상상이 아닌 글로벌 트렌드가 되었다. 2025년 8월, '중앙은행들의 은행'이라 불리는 국제결제은행은 보고서를 통해 전 세계 중앙은행의 94%가 국가가 발행하는 디지털 화폐인 CBDC$^{Central\ Bank\ Digital\ Currency}$를 개발 중이라고 밝혔고, 더 나아가 2030년까지 20개국 이상이 실제로 CBDC를 발행할 것이라고 전망했다.

민간 영역의 움직임은 더욱 빠르고 대담하다. 2023년 8월, 온라인 지불 플랫폼 '페이팔^{PayPal}'이 PYUSD를 발행한 것을 시작으로 주요 빅테크 기업들이 주도하는 스테이블 코인 시장의 총 가치는 2025년 8월 약 2,845억 달러(약 400조 원)을 넘어섰다. 이는 웬만한 G20 국가의 외환 보유고와 맞먹는 규모다. 여기에 월스트리트의 거대 자산운용사 블랙록이 운용하는 비트코인 현물 ETF^{IBIT}가 510억 달러(약 71조 원) 이상의 순자산을 보유하며 기관 자금이 대거 유입되면서, 비트코인은 더 이상 투기 자산이 아닌 디지털 금이라는 새로운 자산으로 인정받고 있다.

세계는 지금 20세기 금본위제 붕괴와 1970년대 달러-금 태환 중단 이후 가장 큰 통화 시스템의 변화를 맞이하고 있다. 100년에 한 번 있을 법한 화폐 체계의 대변환이라는 평가도 나온다. 디지털 화폐를 둘러싼 국가, 기업 그리고 탈중앙 네트워크는 우리의 일상을 어떻게 바꾸어놓을까?

CBDC: 디지털 금광을 차지하기 위한 전쟁

앞서 언급했듯이 전 세계 국가는 디지털 화폐를 개발 중이고 이중 상당수는 이미 일상에 녹아들 준비가 되었다. 이제 CBDC는 일부 국가의 기술적 호기심을 넘어선다. 전 세계는 마치 새로운 금광이라도 발견한 것마냥 달아올랐다. 디지털 화폐의 패권을 쥐기 위한 전쟁은 이미 시작된 셈이다.

중국의 야망: 디지털 위안화와 달러 패권 도전

보이지 않는 화폐 전쟁에서 가장 빠르게, 그리고 노골적으로 질주하고 있는 나라는 단연 중국이다. 중국의 목표는 단순히 현금 없는 사회를 만드는 것을 넘어선다. 수십 년간 이어져온 달러 중심의 세계 금융 지도에 거대한 균열을 내고, 그 중심에 디지털 위안화라는 새로운 깃발을 꽂으려는 거대한 야심이다.

최근 중국을 방문한 여행 유튜버들의 영상에서 당혹스러운 장면을 볼 수 있다. 노점에서 음식을 사거나 택시비를 낼 때, 상점 주인이나 택시기사들이 손사래를 치며 현금을 거부하는 모습이다. 그들이 원하는 건 현금이 아닌 스마트폰의 알리페이나 위챗페이 QR코드를 통한 디지털 결제다. 현금은 이미 일부 지역에선 애물단지가 되어버렸다. 중국 정부가 자국의 디지털 화폐를 무섭도록 빠르게 확산시키고자 노력한 결과다.

주인공인 디지털 위안화$^{e\text{-}CNY}$는 2024년 6월 말 기준, 누적 거래액 7조 위안(약 1,316조 원)을 기록했고 거래 규모가 지속적으로 확대되고 있으며, 업계에서는 연간 거래액이 1,000조 원 규모를 넘어설 것으로 전망하고 있다. 이는 디지털 화폐가 기술 테스트를 넘어 생활 통화로 진입한다는 걸 의미한다. 중국 정부는 소비 진작을 내세우며 쑤저우, 베이징, 청두 등 주요 도시에서 수억 위안 규모의 디지털 훙바오를 무료로 살포했다. 이 돈은 정해진 기간 안에 디지털 위안화 앱을 통해서만 사용할 수 있으며, 이를 통해 국민들이 자연스럽게 디지털 위안화 지갑을 열도록 유도하는 국가적 캠페인인 셈이다.

디지털 위안화의 자국 내 확산은 더 큰 야심을 위한 시험 무대에 불과하다. 이 시스템의 진짜 목적 중 하나는 국가가 모든 개인과 기업의 금융 거래를 실시간으로 들여다볼 수 있는 강력한 사회 통제 수단을 확보하는 것이다. 디지털 위안화는 현금과 달리 모든 거래 기록이 중앙은행 서버에 남는다. 이는 자본 유출을 막고, 부패를 감시하며, 국가가 원할 때 특정 개인이나 집단의 자산을 동결시킬 수 있는 힘이 된다. 과거에는 상상할 수 없었던 강력한 통제력이 공산당의 손에 들어가는 것이다.

국내에서 통제 기술을 완성한 중국의 진짜 야심은 국경 너머를 향하고 있다. 과거 실크로드로 동서양을 연결했듯, 이제 중국은 디지털 위안화로 전 세계를 잇는 디지털 실크로드를 구축하려고 한다. 그들의 최종 목표는 명확하다. 바로 미국 달러가 지배하는 SWIFT 국제 결제망을 우회하는 새로운 금융 고속도로를 만드는 것이다. SWIFT란 전 세계 은행들이 국가 간 송금 정보를 주고받는 메시지 시스템으로, 사실상 미국과 유럽이 그 중심을 통제하고 있다. 미국이 이란이나 러시아 같은 적대국을 국제 금융 시스템에서 퇴출시킬 수 있었던 것도 바로 이 SWIFT 망에서 해당 국가의 은행을 차단해 버렸기 때문이다. 중국은 이 시스템의 족쇄를 끊어내려 한다.

　이 거대한 야심을 현실로 만들 수 있었던 무기가 바로 국제결제은행이 주도하고 중국이 핵심 멤버로 참여했던 mBridge 프로젝트다. 이는 SWIFT 같은 메시지 중개 기관 없이 각국 중앙은행의 디지털 화폐를 블록체인 위에서 직접 교환하는 방식이다. 2024년 6월 이 프로젝트는 최소기능제품[MVP] 단계에 도달했으며 태국, 아랍에미리트, 홍콩, 사우디아라비아 등 참여국의 중앙은행과 함께 실제 국가 간 무역 대금을 CBDC로 결제하는 테스트를 성공적으로 마쳤다. 기존 SWIFT 망을 거치면 며칠씩 걸리던 국제 송금이 단 몇 초 만에 완료된 것이다. 하지만 국제결제은행은 이 프로젝트가 미국의 제재를 우회하는 수단으로 활용될 수 있다는 우려 때문에 공식적으로 철수했다.

　중국의 야심 앞에는 아직 넘어야 할 두 개의 높은 벽이 있다. 먼저, 중국 스스로가 만든 자본 통제라는 벽이다. 하나의 통화가 국제 기축통화가 되려면 전 세계 누구나 그 통화로 표시된 주식이나 채권 같은 자산을 자유롭게 사고팔 수 있어야 한다. 하지만 중국은 자국 자본의 해외 유출을 엄격히 통제한다. 금융서비스 기업 S&P 글로벌은 자본 계정 제한이 존재하는 한 통화의 국제적 수용에 심각한 장애가 될 것이라고 분석했다. 실제로 위안화의 국제화는 이러한 구조적 제약으로 인해 점진적 경로를 걸을 수밖에 없는 상황이다. 만약 미국의 거대 연기금(연금과 기금의 합성어, 개인의 노후를 보장하기 위해 연금 재원을 모아 투자하는 기관 투자자)이 디지털 위안화로 중국 주식을 샀다가 팔았는데 수익금을 달러로 바꿔 자유롭게 미국으로 가져갈 수 없다면 어떻게 될까? 이 문제가 해결되지 않는 한 디지털 위안화는 국제적 거래 수단은 될 수 있어도 신뢰받는 가치 저장 수단이 되기는 어려울 것이다.

가장 큰 벽은 신뢰의 결핍이다. 과연 중국 공산당이 모든 거래를 들여다볼 수 있는 디지털 화폐를 자국의 핵심 결제 시스템으로 받아들일 수 있는 나라가 몇이나 될까? 디지털 위안화의 가장 큰 강점인 통제 가능성이 국제무대에서는 가장 큰 약점이 되는 것이다. 세계 각국은 미국의 패권에 피로감을 느끼면서도 중국의 감시에는 더 큰 두려움을 느끼고 있다.

미국의 우회 전략 : 민간을 앞세운 디지털 달러

중국이 디지털 위안화로 세계 금융 패권을 넘보는 동안 미국은 세계 금융 1위국답지 않게 신중한 처신을 보였다. 하지만 그 속내를 들여다보면 미국이 디지털 달러 발행을 망설이는 이유는 명확하다. 디지털 화폐라는 새로운 변화는 통화 패권을 더 공고히 할 가능성을 가진 동시에 스스로를 찌를 수도 있는 양날의 검이기 때문이다.

미국이 두려워하는 최악의 시나리오는 바로 예금자들이 불안감에 대규모 예금을 단시간에 인출하는 현상인 디지털 뱅크런이다. 현재 미국의 금융 시스템은 중앙은행 → 시중은행 → 국민이라는 3단계 구조로 JP모건과 같은 민간 은행들이 경제의 심장인 신용 창출을 담당한다. 국민들의 예금과 대출은 물론이고 기업들의 자금 조달까지 대부분 상업은행을 통해 이뤄진다. 쉽게 말해 미국 경제는 민간은행들이 대출을 내줘야 숨을 쉴 수 있는 구조인 셈이다.

그런데 중앙은행이 국민들에게 디지털 지갑을 열어주고 거기서 직접 달러를 발행한다면 어떻게 될까? 중앙은행이 국민에게 직접 디지털 지갑을 열어주는 CBDC는 이 중간 단계를 파괴할 가능성이 있다. 그렇게 되면 국민들은 작은 경제 위기만 닥쳐도 불안한 시중은행 대신 100% 안전한 중앙은행 지갑으로 예금을 옮길 것이고, 이는 은행의 대출 기능을 마비시켜 경제 전체를 멈추는 최악의 결과를 낳는다. 미국 연준**Fed**과 메사추세츠공과대학교**MIT**가 공동 진행한 프로젝트 해밀턴 보고서에서 가장 우려한 것이 바로 이 부분이다.

미국 달러가 전 세계에서 통화 패권을 유지하고 있는 건 단순히 미국 정부가 강하기 때문만은 아니다. 미국 달러의 힘은 민간 금융 네트워크의 뒷받침 덕에 공고히 유지되고 있다고 해도 과언이 아니다. 월스트리트의 금융회사들, 글로벌 카드사, SWIFT 같은 민간 결제망이 달러를 국제 표준으로 유지해 주는 실질적 힘이다. 만약 연준이 CBDC로 모든 금융 거래를 중앙은행 통제 아래 두게 된다면, 민간 금융권의 힘이 급격히 약화되고 달러의 국제적 위상도 위태로워질 수 있다.

결국 미국이 CBDC 발행을 주저하는 이유는 명확하다. 디지털 달러라는 새로운 무기가 자칫하면 자국의 금융 시스템과 달러 패권을 무너뜨릴 수 있기 때문이다.

더불어 미국에서는 정부의 금융권 개입 자체가 사회주의적 발상이라는 정치적 비판을 받기 쉽다. 공화당을 중심으로 한 보수 진영은 CBDC를 디지털 감시 사회의 도구로 규정하며 강하게 반발했다. 반면 일부 민주당 인사들은 금융 소외 계층에게 금융 접근성을 제공하는 수단으로 CBDC를 지지했다. 하지만 사회적 합의는 요원했다.

이처럼 정면 돌파가 어려운 상황에서 미국은 영리한 우회 전략을 선택했다. 직접 만들지 않고 지배하는 것. 바로 민간이 만든 디지털 달러에 국가가 인증 마크를 붙여주는 전략이다.

2025년 7월, 미국 의회는 미국 스테이블 코인 국가혁신 확립법 GENIUS Act을 통과시키고 트럼프 대통령이 서명하며 법안이 발효되었다. 이 법안에는 서클USDC, 페이팔PYUSD 같은 민간 기업들이 발행하는 스테이블 코인을 정부가 공인한다는 내용을 담고 있다. 물론 조건은 엄격하다. 스테이블 코인 발행사는 1:1 달러 준비금을 현금이나 미국 국채로 보유해야 하고, 연방 예금보험공사FDIC(예금자를 보호하기 위해 은행 예금에 보험을 제공하는 연방기관)나 연준의 철저한 감독과 감사를 받아야 한다. 미국 증권거래위원회SEC(증권시장을 규제하는 연방기관)나 상품선물거래위원회CFTC(선물·옵션 등 파생상품 시장을 감독하는 연방기관) 같은 기존의 금융 규제에서 벗어나 결제수단으로서의 지위가 명확히 규정되면서, 규칙은 정부가 만들고 혁신은 민간이 주도하는 미국식 시스템이 완성된 것이다.

이 법안이 통과되며 규제의 불확실성이 걷히자 그동안 눈치를 보던 거대 기업들이 본격적으로 움직이기 시작했다. 글로벌 카드사인 비자Visa는 2023년부터 자사 결제망에 USDC를 통합하여 전 세계 수억 명의 사용자가 비자카드로 스테이블 코인을 직접 사용할 수 있게 했고, 현재까지 2억 2,500만 달러(약 3,150억 원) 이상의 스테이블 코인 거래량을 처리했다. JP모건은 2025년 가을부터 8,000만 명에 달하는 신용카드 고객들이 코인베이스에서 직접 가상화폐를 구매할 수 있도록 하고, 2026년부터는 신용카드 리워드 포인트를 USDC로 전환할 수 있는 서비스를 시작한다고 발표했다. 정부는 법과 규칙만 세우고 전 세계 디지털 도로 위에서는 여전히 달러라는 연료가 쓰이게 되는 것이다.

하지만 이 전략에도 풀어야 할 숙제가 존재한다. 스테이블 코인이 국가가 발행한 화폐가 아닌 이상, 금융 안정성이나 중앙은행의 통화정책 효과가 약화될 수 있다. 또한 전통적으로 국가가 화폐 발행을 통해 독점적으로 얻었던 막대한 이익, 즉 세뇨리지가 민간 기업에 넘어갈 수 있다는 점도 간과할 수 없다. 발행 주체인 민간 기업이 위기 대응능력을 제대로 갖추지 못할 경우 금융 리스크가 커질 수 있다는 점도 고민거리다.

유럽: 데이터 주권과 빅테크 견제

유럽이 디지털 화폐를 바라보는 시선은 미국이나 중국과는 전혀 다르다. 미국이 민간 기업을 앞세워 디지털 달러 패권을 지키려 하고, 중국이 디지털 위안화로 새로운 국제 결제망을 구축하려는 동안 유럽은 조용한 전쟁을 준비하고 있다. 그들이 싸워야 할 적은 눈에 보이지 않게 서서히 진행되는 데이터 주권의 침해다.

2025년 유럽 시민들이 사용하는 결제 시스템의 약 3분의 2를 비자·마스터카드가 장악하고 있으며, 이들 카드사는 2023년에만 7조 유로(약 1경 원) 규모의 거래를 처리했다. 애플페이, 페이팔과 같은 미국 빅테크 기업들은 디지털 결제를 지배하고 있다. 거리의 작은 카페에서 결제를 하든 온라인 쇼핑을 하든 그 모든 결제 정보는 실리콘밸리로 흘러들어간다. 유럽 입장에서는 자신들의 소비 패턴 금융 정보가 미국 기업들의 데이터 서버에 저장되는 현실이야말로 심각한 경제적 주권 침해이자 디지털 식민지화나 다름없다고 여길 것이다.

유럽중앙은행ECB이 디지털 유로 프로젝트를 본격화한 이유도 바로 여기에 있다. 크리스틴 라가르드 ECB 총재는 "유럽의 통화 주권과 데이터 주권이 비유럽계 기업에 의해 위협받고 있다."고 공개적으로 경고하며, 디지털 유로가 이들의 영향력에서 벗어나기 위한 방어 수단임을 분명히 했다. 유럽이 디지털 유로를 개발하려는 목적은 단순히 디지털 화폐라는 기술 트렌드를 따르려는 게 아니다. 유럽인의 개인정보와 경제 주권을 스스로 지키기 위한, '디지털 독립운동'이다.

그래서 디지털 유로의 설계 철학은 중국이나 미국과는 완전히 다르다. 중국은 국가가 모든 거래를 들여다보며 강력한 통제를 추구하고, 미국은 민간 기업에게 맡기되 규칙을 만들겠다는 입장이다. 반면 유럽은 프라이버시 보호를 가장 중요한 가치로 내세운다. 디지털 유로가 도입되더라도 소액 결제에 대해서는 중앙은행조차 거래 내역을 확인할 수 없도록 기술적으로 설계하겠다는 것이다. 인터넷이나 전기가 끊긴 재난 상황에서도 현금처럼 사용할 수 있는 오프라인 결제 기능을 개발하는 것도 같은 맥락이다. 빠르고 편리한 결제보다는 프라이버시와 안전성이라는 유럽 특유의 가치를 최우선으로 삼겠다는 의지다.

그렇다고 유럽이 민간 기업의 혁신을 무작정 억누르려는 것은 아니다. 다만 그 혁신이 유럽의 통화 체계를 위협할 수는 없다는 것이다. 대표적인 사례가 바로 세계 최초의 포괄적인 암호화폐 규제법인 MiCA^{Markets in Crypto-Assets} 법안이다. 이는 과거 페이스북(현 메타)이 리브라라는 자체 스테이블 코인을 발행하려다 각국 정부의 맹렬한 반대에 부딪혔던 사건 이후 거대 빅테크가 유로화의 지위를 위협할 수 있다는 위기감에서 탄생한 강력한 규제다.

유럽은 2024년 6월, 스테이블 코인 규정을 시작으로 12월에 전면 시행된 MiCA를 통해 페이스북(메타)의 리브라 사태처럼 빅테크 기업들이 독자적으로 발행하는 스테이블 코인이 유로화를 위협하는 상황을 원천 차단했다. 이는 디지털 화폐 시장의 규칙을 민간이 아닌 유럽 각국 정부와 EU가 주도하겠다는 강한 메시지이기도 하다. ECB는 2025년 6월부터 70개 민간 기업과 함께 디지털 유로 파일럿 프로그램을 운영하며 디지털 유로의 실용적 기능들을 테스트하고 있다. 조건부 결제, 오프라인 거래 등 혁신적 기능들이 실험되고 있어 2026년 이후 본격 도입 시 차별화된 서비스를 제공할 수 있을 것으로 기대된다.

ECB 이사회는 조만간 디지털 유로 발행 여부에 대한 최종 결정을 내릴 예정이다. 만약 개발이 공식화된다면 이는 단순히 유럽 내 결제 수단 하나가 더 늘어나는 문제가 아니다. 유럽은 국가 중심의 중국이나 민간 주도의 미국과 달리, 프라이버시와 데이터 주권이라는 제3의 가치를 내세워 세계 디지털 금융 질서를 재편하겠다는 야심찬 선언을 하게 되는 셈이다.

하지만 유럽의 이 선택이 성공하려면 몇 가지 넘어야 할 산이 있다. 첫째는 기술적 신뢰성이다. 유럽의 디지털 유로 프로젝트가 아무리 철학적으로 아름다워도 소비자가 사용하기에 불편하다고 느낀다면 결국 미국 빅테크 서비스로 돌아갈 것이다. 둘째는 글로벌 확장성이다. 유로화가 디지털로 전환되더라도 달러나 위안화처럼 국제무대에서 통용될 수 있는 글로벌 결제 인프라로 자리 잡을 수 있느냐는 또 다른 문제다.

유럽은 미래의 디지털 화폐가 단순히 편리한 결제 수단이 아니라 데이터 주권, 시민의 프라이버시, 민주적 금융 시스템이라는 사회적 가치를 재정의하는 도구로 보고 있다. 2026년 이후 유럽식 디지털 금융 모델이 글로벌 스탠더드로 자리 잡을 수 있을지 지켜볼 일이다.

대한민국: 금융 강국을 향한 승부수

미국, 중국, 유럽이 야심 속에서 거대 담론을 펼치는 동안 우리나라는 지극히 실용적이고 야심 찬 길을 선택했다. 바로 디지털 원화를 미래 투자 시장을 선점하기 위한 강력한 금융 인프라로 만들겠다는 승부수다. 이는 화폐 패권을 둘러싼 지정학적 전쟁에서 한발 비켜서서 가장 진보된 기술로 새로운 시장의 판 자체를 깔겠다는 영리한 전략이다.

이러한 자신감의 배경에는 세계 최고 수준에 도달한 한국은행의 CBDC 기술력이 있다. 한국은행은 2020년부터 연구·개발을 본격화하여 2022년 1단계 모의실험을 완료했고, 2024년 4분기에는 한국거래소·금융결제원과 공동으로 2단계 모의실험에서 탄소 배출권을 디지털 원화로 실시간 거래·정산하는 기술을 검증했다.

하지만 실제 시장 검증은 예상만큼 순탄치 않았다. 2025년 4월부터 시작된 '프로젝트 한강' 1차 실거래 테스트에서는 목표 10만 명 중 8만 여 명이 '예금토큰' 지갑을 개설했지만 활용도는 기대에 미치지 못했다. 참여 은행들이 총 300억 원을 투자했음에도, 은행권의 비용 부담과 명확한 상용화 로드맵 부재를 이유로 2025년 6월 2차 테스트를 잠정 보류했다. 그럼에도 한국은행은 의지를 굽히지 않았다. 2025년 7월, '디지털 화폐 연구실'을 '디지털 화폐실'로 바꾸고 디지털 원화를 국가적 사업으로 선언했다. 이는 디지털 원화가 단순한 연구 단계를 넘어 국가적 사업으로 격상되었음을 보여주는 분명한 신호이다.

여기서 말하는 디지털 원화는 한국은행이 직접 발행하는 화폐다. 이와 별개로 시중은행이 고객 예금을 기반으로 발행하는 예금토큰은 디지털 화폐 실험의 또 다른 축이다. 한국은행은 디지털 원화를 공공 인프라로, 예금토큰을 민간 결제수단으로 병행 운용하는 이중 구조 전략을 구상 중이다. 이 예금토큰의 활용성을 검증하기 위한 프로젝트가 바로 '프로젝트 한강'이다.

그렇다면 한국은행은 이 기술로 무엇을 구현하려고 하는가? 핵심은 토큰증권STO이라는 새로운 시장을 선점하는 것이다. 토큰증권이란, 고가의 빌딩이나 미술품, K팝 저작권까지 모든 가치를 블록체인 기반의 디지털 토큰으로 쪼개어 거래하는 시장이다. 예컨대, 커피 한 잔 값으로 강남 빌딩 지분을 소유하고 매달 배당금을 받을 수 있는 방식이다.

토큰증권 시장이 성공하려면 디지털 원화가 필수적이다. 기존 금융 시스템으로는 수많은 조각투자 자산의 배당 지급과 소유권 이전 절차가 복잡하고 많은 비용이 든다. 하지만 프로그래밍이 가능한 디지털 원화는 스마트 계약을 통해 수수료 없이 실시간으로 자동 처리할 수 있다. 디지털 원화는 토큰증권 시장의 운영체제 역할을 담당하는 셈이다.

정부와 금융권이 이 시장에 거는 기대는 엄청나다. 보스턴컨설팅그룹과 하나금융연구소는 국내 토큰증권 시장이 2030년까지 367조 원 규모로 성장할 수 있다고 전망했다. 이는 코스닥 전체 시가총액인 400조 원과 맞먹는 규모다. 만약 이 전략이 성공한다면 대한민국은 전통적인 금융 허브인 홍콩과 싱가포르를 뛰어넘어, 아시아의 디지털 자산 허브로 도약할 수 있는 전례 없는 기회를 잡게 될 것이다.

국내 STO 시장 추이

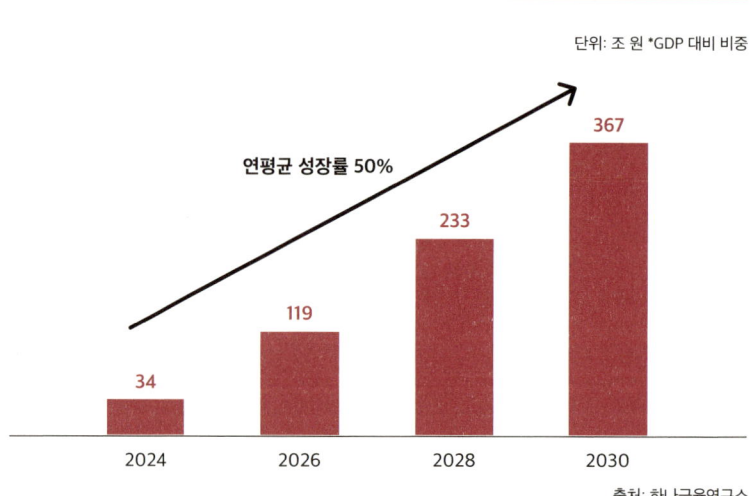

출처: 하나금융연구소

하지만 이 비전에는 장애물이 있다. 우선 금융 안정성 문제다. '프로젝트 한강'의 2차 테스트가 보류되었다는 것은 비용 부담과 법적 불확실성이 그만큼 크다는 것을 보여준다. 미국 연준이 우려하는 금융 안정성 리스크, 중국 사례에서 드러난 프라이버시 문제, 그리고 디지털 격차 해소 등은 국민적 합의를 위해 반드시 해결해야 할 과제다. 대한민국의 디지털 원화 승부수는 이러한 기술적·사회적 과제들을 얼마나 현명하게 해결하느냐에 달려 있다.

빅테크의 역습: 화폐 권력의 재설계

국가가 법과 제도를 바탕에 두고 신중하게 게임판을 설계하는 사이, 훨씬 더 빠르고 유연한 플레이어들이 그 틈을 비집고 들어오고 있다. 그 주인공은 바로 빅테크이다. 지금 이 순간에도 페이팔, 서클, JP모건 같은 글로벌 기업들은 국경을 넘어 디지털 달러 생태계를 구축하며 화폐 전쟁의 룰을 다시 쓰고 있다.

결제 혁명과 스테이블 코인의 미래

암호화폐 세상의 초기 개척자들이 꿈꿨던 미래는 단순했다. "언젠가 비트코인으로 커피를 사 마실 수 있을 거야!" 하지만 그 꿈은 현실의 차가운 벽 앞에서 산산조각 났다. 2021년 테슬라는 야심 차게 비트코인 결제를 도입했다가 불과 몇 달 만에 극심한 변동성을 이유로 백기를 들었고, 마이크로소프트 역시 느린 시스템과 비싼 수수료를 감당하지 못하고 결정을 번복했다. 오늘 5만 원이던 커피 한 잔이 내일 3만 원이 되거나 7만 원이 될 수 있는, 이런 불안정한 화폐를 거래에 사용하겠다는 이는 많지 않았다.

시장은 이렇게 급변하는 변동성 리스크가 해결되길 갈망했다. 그리고 마침내 달러나 유로 같은 실제 돈에 그 가치를 1:1로 고정시키는 스테이블 코인이 그 모습을 드러냈다. 이름 그대로 안정적인 가치를 약속하는 이 새로운 디지털 화폐는 아슬아슬한 외줄 타기에 지친 시장에서 신뢰를 얻으며 빠르게 자리 잡기 시작했다.

그렇다면 스테이블 코인은 어떻게 실제 통화와 1:1 가치를 유지할 수 있을까? 그 원리는 카지노에서 현금 10만 원을 10만 원짜리 칩으로 바꾸는 것과 같다. 서클, 페이팔 등의 스테이블 코인 발행사가 100만 USDC를 발행하고 싶으면 반드시 현금 100만 달러를 은행의 특별 계좌에 예치하거나 미국 단기 국채처럼 안전한 자산으로 보관해야 한다. 즉, 주요 스테이블 코인인 USDC · PYUSD 등은 1개당 실제 현금 1달러 또는 이에 상응하는 안전자산이 100% 보관되어 있다. 언제든 사용자가 칩(스테이블 코인)을 가져오면 현금(달러)으로 바꿔줄 수 있다는 완전 담보 방식이 바로 스테이블 코인이 가진 신뢰의 원천이다.

특히 스테이블 코인은 국가 간 송금 시장에서 각광받고 있다. 아르헨티나에 사는 프리랜서 디자이너 마리아를 상상해 보자. 그녀는 미국의 스타트업과 일하지만 월급날이 마냥 기쁘지만은 않았다. 자국 통화인 페소는 매일같이 가치가 폭락하고, 전통적인 해외 송금 시스템은 수수료도 비싸고 돈을 받기까지 며칠이 걸리기 때문이다. 2025년의 마리아는 월급을 USDC, 즉 민간 기업 서클이 발행하는 디지털 달러로 받는다. 미국의 회사가 송금 버튼을 누른 지 단 몇 초 만에 마리아의 디지털 지갑에는 가치가 안정적인 달러가 수수료도 거의 없이 들어온다.

결제수단별 수수료·정산 비교

결제수단	수수료	정산 시간	비고
신용카드	2~3%	즉시	가맹점 수수료 높음
국제 송금	30~50달러 (약 4~7만 원)	1~5영업일	수수료 높음, 환율 가산 적용
송금 서비스	200달러 송금 시 6.65%	수분~수일	서비스 도착 국가에 따라 다름
스테이블 코인	0.01달러 미만	수 초~수분	전 세계 어디서나 사용 가능, 수수료 최소화

출처: 앤드리슨 호로위츠

바로 이 거대한 해외 송금 시장을 글로벌 결제 공룡 페이팔이 자신들의 스테이블 코인 PYUSD로 적극 공략하고 있다. 전 세계 수억 명의 사용자를 가진 페이팔이 기존 금융 시스템의 비효율을 파고들며 스테이블 코인의 대중화를 이끌고 있는 것이다.

또한 해당 시장은 개인 간 거래를 넘어 기업 금융[B2B]의 세계에서

몸집을 키우고 있다. JP모건이 그 선두에 있다. 그들이 기관 고객을 위해 만든 JPM 코인은 2025년 현재 독일의 지멘스Siemens와 같은 글로벌 기업의 재무 관리 자동화에 활용되며 하루 10억 달러(약 1조 4,000억 원) 이상의 자금을 처리하고 있다. 전 세계에 흩어져 있는 자회사의 돈을 단 몇 초 만에 주고받는 새로운 시대가 열린 것이다.

최근 JP모건은 한발 더 나아가 일반 퍼블릭 블록체인 위에서 작동하는 예금토큰JPMD 출시를 발표하며 기업 간 국경 결제 시장 진출을 본격화했다. 이렇게 되면 프로그래밍이 가능한 재무 관리가 현실화된다. 예를 들어, 부산항에 도착한 컨테이너의 위치가 GPS로 확인되는 순간 스마트 계약이 자동으로 작동하여 베트남의 수출업자에게 디지털 달러로 대금이 즉시 지급되는 식이다. 인간의 개입 없이 코드에 의해 움직이는 미래의 무역 금융이 현실화되는 것이다.

이처럼 스테이블 코인은 비트코인이 실패했던 결제 영역에서 과거와는 비교할 수 없는 속도와 효율성으로 조용한 혁명을 일으키고 있다. 2025년 7월 기준, 전체 스테이블 코인의 시장 규모는 약 2,450억 달러이다. 테더USDT가 1,647억 달러, USDC가 638억 달러의 시장 점유율을 보이고 있다. 글로벌 투자사 씨티Citi는 글로벌 스테이블 코인 시장이 2030년에 기본 시나리오로는 1조 6,000억 달러(약 2,240조 원), 낙관 시나리오로는 3조 7,000억 달러(약 5,180조 원) 규모로 성장할 것이라고 예측한다. 국가가 주저하는 동안 거대 금융 및 빅테크 기업들이 먼저 새로운 돈의 표준을 만들어가고 있는 것이다.

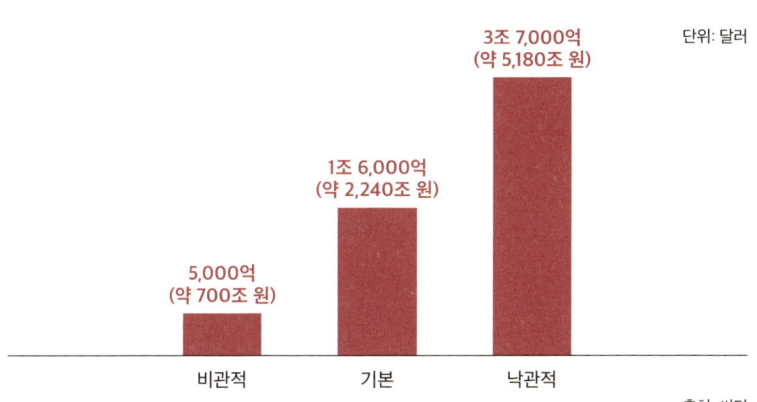

스타벅스와 네이버: 기업 화폐는 어떻게 진화하는가

"난 코인 투자를 안 해서 무슨 말인지 모르겠는데?"라고 생각하는 독자라도 이미 기업이 만든 돈의 시대에 살고 있다. 기업 화폐는 국가가 발행하는 CBDC나 빅테크의 스테이블 코인보다 훨씬 더 교묘하고 부드럽게 우리 지갑 속 깊숙이 스며들어 있기 때문이다. 바로 포인트와 선불머니라는 이름으로 말이다.

기업 화폐의 대표 사례는 단연 스타벅스다. 2024년 말 기준, 전 세계 스타벅스 카드·앱 선불 충전금 잔액은 약 17억 8,000만 달러(약 2조 5,000억 원)에 달한다. 이는 2020년의 20억 달러(약 3조 원) 대비 소폭 감소한 수치지만, 여전히 중견 지방은행의 예금 규모에 버금가는 수준이다. 월스트리트에서는 '스타벅스 은행'이라는 별명을 붙일 정도다. 우리나라의 스타벅스 매장 수는 미국(1만 7,049개), 중국

(7,685개)에 이어 세계 3위 규모로, 인구 대비로는 세계 최고 밀도를 자랑한다. 전국 2,009개 스타벅스 매장에서 사용되는 별과 e-쿠폰은 사실상 스타벅스 생태계에서는 원화보다 더 강력한 화폐로 통용된다. 이러한 포인트와 선불 충전금은 기술적·기능적 측면에서는 스테이블 코인과 크게 다르지 않다. 사용자가 인식하지 못하는 사이, 우리는 이미 기업이 만든 돈으로 일상을 살아가고 있는 셈이다.

스타벅스의 야심은 단순히 커피 선불카드에 머무르지 않는다. 2024년 3월에 종료된 NFT 기반의 로열티 프로그램인 '스타벅스 오디세이'는 이들의 진짜 미래를 보여준 중요한 실험이었다. 비록 시기상조라는 평가와 함께 베타 프로그램을 마쳤지만, 스타벅스는 이 실험을 통해 고객들이 별이라는 단순한 포인트를 넘어 거래 가능한 디지털 자산NFT을 소유하고 커뮤니티 활동에 참여하는 것에 얼마나 열광하는지에 대한 귀중한 데이터를 확보했다. 전문가들은 이 경험을 바탕으로 미래의 스타벅스 코인 2.0이 등장할 것으로 예측한다.

이러한 기업 화폐의 진화는 국내 독자들에게 익숙한 네이버와 카카오의 사례에서 더욱 뚜렷하게 나타난다. 네이버페이 포인트는 이제 온라인 쇼핑 시 적립받는 혜택을 넘어 웹툰을 보고 금융 상품에 투자하며 심지어 오프라인 편의점에서도 현금처럼 사용할 수 있는 준(準)화폐가 되었다. 최근 기아자동차가 자사의 임직원 복지 포인트를 네이버페이 포인트로 지급하기로 결정한 것은 네이버페이가 기업의 복지 시스템까지 대체하는 사실상의 범용 화폐로 진화하고 있음을 보여주는 상징적인 사건이다.

카카오페이 포인트 역시 위력이 막강하다. 카카오 포인트는 친구에게 보내는 선물하기부터 택시 호출, 쇼핑, 금융 서비스에 이르기까지 카카오의 모든 서비스를 유기적으로 연결한다. 이는 카카오 생태계 안에 소비자를 강력하게 묶어두는 락인 효과를 만들어내며, 다른 경쟁자들이 넘볼 수 없는 견고한 디지털 제국을 구축하는 가장 강력한 무기가 된다.

이러한 기업 화폐들은 스타벅스, 네이버, 카카오라는 각자의 성 안에서만 통용되는 닫힌 화폐다. 그러나 진정한 위력은 이 울타리가 허물어지고 서로 호환될 때 발휘된다. 2025년 6월, 마스터카드는 글로벌 금융 기술 및 서비스 기업인 '파이브서브Fiserv'와 손잡고 스테이블 코인 통합을 발표하며, 이를 적용한 카드를 1억 5,000만여 개의 가맹점에서 사용할 수 있도록 출시할 계획이라고 밝혔다. 이처럼 기업 화폐의 상호 운용성을 뒷받침할 기술적 기반이 이미 마련되고 있다.

이 기술이 현실화되면 각 기업의 포인트와 선불 충전금은 단순히 특화된 수단을 넘어 국가 경계를 넘어서는 거대한 민간 통화 블록을 형성하게 될 것이다. 이는 국가가 발행하는 CBDC나 글로벌 스테이블 코인에 필적하는 새로운 통화 권력이 등장함을 의미하며, 결제 시스템의 변화뿐 아니라 통화 권력의 재편을 예고하는 서막이라고 볼 수 있다.

디지털 금, 비트코인이 가진 힘

스테이블 코인과 기업 화폐들이 결제 시장을 재편하고, 각국 중앙은행이 디지털 화폐 패권 전쟁을 벌이는 동안 그 누구의 통제도 받지 않는 화폐, 비트코인은 전혀 다른 길을 걷고 있다. 국가도, 기업도 아닌 네트워크가 만든 비트코인은 처음부터 디지털 화폐의 이상향으로 출발했다. 중앙은행도, 정부도 필요 없는 P2P(금융기관을 거치지 않는 형태) 전자 현금 시스템을 만들겠다던 사토시 나카모토의 꿈은 한때 전 세계를 뒤흔든 암호화폐 열풍 속에서 현실이 되는 듯 보였다.

당시 수많은 기업들이 혁신이라는 이름 아래 비트코인 결제를 도입했다. 미국의 대형 영화관 체인 AMC는 영화표를 비트코인으로 살 수 있도록 했고, 명품 브랜드 구찌Gucci는 뉴욕 플래그십 매장에서 비트코인 결제를 지원하며 화제를 모았다. 스위스의 소도시 루가노는 아예 비트코인을 공과금 납부까지 가능한 사실상의 법정 통화로 채택하는 파격적 실험에 나섰다. 하지만 이 모든 장밋빛 시나리오는 극심한 변동성이라는 현실 앞에서 산산조각 났다.

그러나 결제 수단으로서의 실패는 역설적으로 비트코인을 디지털 금으로 만드는 출발점이 되었다. 비트코인은 결제 속도와 수수료에서 경쟁력을 잃었지만, 누구도 찍어낼 수 없는 희소성, 정부나 중앙은행의 통제를 받지 않는 탈중앙성, 인터넷이 되는 어디로든 옮길 수 있는 이동성이라는 본질적인 가치를 재발견하게 된 것이다.

2024년 1월, 미국 증권거래위원회의 비트코인 현물 ETF 승인은 비트코인의 운명을 완전히 바꿔놓았다. 금융의 중심지인 월스트리트가 마침내 비트코인을 제도권 자산으로 공식 인정한 것이다. 그 결과는 폭발적이었다. 2025년 7월 말 기준, 블랙록의 비트코인 ETF^IBIT는 700억 달러(약 98조 원)를 돌파했으며, 전체 12개 비트코인 현물 ETF의 총 운용자산은 1,300억 달러(약 182조 원)를 넘어섰다. 이는 기존 기록인 스테이트 스트리트^State Street의 금 ETF^GLD보다 5배 빠른 속도다.

더 나아가, 위스콘신 주 투자위원회를 비롯한 다수의 연기금이 비트코인 ETF를 포트폴리오에 편입했다. 현재 세계 최대 비트코인 현물 ETF인 IBIT는 블랙록이 운용하는 1,197개 펀드 중 세 번째로 큰 규모의 수익을 창출하는 펀드로 자리매김해, 비트코인이 단순한 투기 자산이 아닌 기관 투자 자산으로 공고히 자리 잡았음을 입증했다.

블랙록의 회장 래리 핑크는 2024년 7월 CNBC 인터뷰에서 과거 비트코인 회의론자였던 자신이 틀렸다고 인정하며 "비트코인은 디지털 시대의 새로운 가치 저장 수단, 디지털 금으로써 월가의 필수 자산이 될 것."이라고 언급했다. 뱅크오브아메리카도 비트코인을 인플레이션과 지정학적 리스크 헤지(위험 회피) 자산으로 평가하며, 금과 함께 포트폴리오 다변화 전략의 핵심 자산으로 분석했다.

중요한 것은 비트코인이 디지털 화폐 전쟁에서 제도권이 통제할 수 없는 유일한 플레이어라는 점이다. CBDC는 국가가, 스테이블 코인은 기업이 발행하고 규제받지만, 비트코인은 네트워크상에서 누구도 통제할 수 없다. 이런 통제 불가능성이 정부 부채, 인플레이션, 지정학적 갈등으로 금융 불확실성이 커지는 시대에 비트코인이 지닌 가장 강력한 무기다.

결국 디지털 화폐 전쟁에서는 세 가지 힘이 충돌한다. 국가는 통제를, 빅테크는 편의성을, 비트코인은 자유를 무기로 삼는다. 불확실성이 커질수록 사람들은 가장 믿을 수 있는 가치를 찾아간다. 달러와 금이 해왔던 그 역할을 비트코인이 디지털 세계에서 이어받고 있는 것이다.

디지털 화폐가 바꾸는 우리의 일상

디지털 화폐는 단순히 국가 간의 경쟁을 넘어 일상의 풍경과 산업의 지형도까지 송두리째 바꿀 거대한 힘을 가지고 있다. 마치 스마트폰이 지난 10년간 우리의 삶을 상상할 수 없을 정도로 변화시켰듯 돈의 디지털화 역시 커다란 변화를 가져올 수 있을 것이다.

수수료 제로 전쟁의 시작

디지털 화폐가 가져올 변화의 거대한 파도는 가장 먼저 결제 시장부터 덮칠 것이다. 이미 우리는 현금 없는 사회에 깊숙이 들어와 있다. 한국은행의 '2024년 지급수단 및 모바일 금융서비스 이용 행태 조사 결과'에 따르면, 최근 1개월 내 모바일 금융서비스를 이용한 성인이 81.3%에 달하며, 전체 거래에서 현금 사용 비중은 2015년 41.0%에서 2024년 약 15.9%로 감소했다. 신용카드는 물론 삼성페이나 카카오페이 같은 간편 결제가 우리의 지갑을 대체한 지 오래다. 하지만 이것은 예고편에 불과하다.

진짜 변화는 국가의 CBDC와 스테이블 코인이 본격적으로 결제 시장에 뛰어드는 순간 시작된다. 이들의 등장이 무서운 이유는 단 하나다. 바로 수수료가 제로에 가까운, 파괴적인 비용 때문이다.

지금까지는 우리가 카드를 긁을 때마다 가게 주인은 약 1~2%의 수수료를 카드사, PG사, VAN사 등 수많은 중개기관에 지불해 왔다. 이것이 수십 년간 올드 머니들이 쌓아온 핵심 수익모델이었다. 하지만 디지털 화폐는 전통적인 중개 구조 자체를 무너뜨린다. 블록체인 기반의 CBDC는 중앙은행이 직접 발행하는 디지털 화폐이므로 복잡한 중간 단계를 생략해 거래 비용을 현저히 낮출 수 있다. 스마트 계약 기술을 통해 조건 충족 시 자동으로 계약이 이행되어 거래 비용과 불이행 위험을 동시에 해결한다. 즉, 돈이 내 지갑에서 가맹점 지갑으로 실시간 전송된다. 수수료가 붙을 이유 자체가 사라지는 것이다. 마치 과거 유선전화 시대에 국제전화를 걸 때마다 수십만 원씩 요금을 내던 풍경이, 카카오톡의 무료 보이스톡으로 붕괴되었던 순간과 같다. 디지털 화폐는 결제 시장의 카카오톡이 될 것이다.

기존 결제 시장의 강자들은 이러한 변화가 생존을 위협한다는 것을 뼈저리게 깨닫고 있다. 비자는 카드 회사를 벗어나 결제 네트워크를 넘어 블록체인 인프라를 주도하는 기술 플랫폼으로 변신 중이다. 마스터카드 역시 스테이블 코인의 결제 과정을 위한 글로벌 파트너십을 강화하며, '우리는 카드를 만들지 않는다, 결제를 설계한다'는 슬로건을 내걸었다. 그들의 전략은 일시적인 대응이 아니라 전면적인 체질 개선이다.

이 거대한 지각 변동에서 누가 최강자가 될까? 맥킨지는 디지털 월렛이 2027년까지 25조 달러(약 3경 5,000조 원) 거래를 처리할 것으로 전망했으며, PwC는 97%의 금융기관이 실시간 결제 시스템으로 전환할 것이라고 분석했다. 실제로 2024년 전 세계 디지털 결제 총액은 18조 7,000억 달러(약 2경 6,000조 원) 달했으며, 2030년까지 33조 5,000억 달러(약 4경 7,000조 원)로 두 배 가까이 성장할 것으로 예상된다. 디지털 월렛은 슈퍼 앱으로 거듭날 것이다.

디지털 결제 현황 및 추이

단위: 달러

	2014년	2024년	2030년(전망)
디지털 결제 규모	1조 7,000억 (약 2,380조 원)	18조 7,000억 (약 2경 6,000조 원)	33조 (약 4경 6,000조 원)
오프라인 결제 점유율	2%	16%	53%
온라인 결제 점유율	15%	39%	79%

출처: 월드페이

디지털 월렛 전쟁이 시작되면 소비자 입장에서는 선택지가 폭발적으로 늘어난다. 커피를 살 때도 CBDC로 결제하면 세금 혜택, 스테이블 코인으로 결제하면 수수료 무료, 기업 포인트로 결제하면 추가 적립 같은 맞춤형 혜택이 실시간으로 제시될 것이다. 소비자는 가장 유리한 조합을 골라서 결제하는 주도권을 가지게 된다. 또한 블록체인 기술을 기반으로 국경 간 B2B 결제의 효율성을 높이거나 공급망 금융을 혁신하는 솔루션들은 이미 구체적인 상용화 사례를 늘려가며 그 가능성을 입증하고 있다.

그러나 편리함의 이면에는 데이터 독점이라는 위험이 잠재해 있다. 슈퍼 앱이 진짜 원하는 것은 결제 수수료가 아니다. 소비자 개개인의 소비 패턴과 금융 데이터를 실시간으로 흡수해 고객을 가장 잘 아는 존재가 되는 것이다.

이 막대한 데이터는 개인화된 대출, 맞춤형 보험 상품 추천 등 수익성 높은 다음 금융 사업으로 이어지는 강력한 무기가 된다. 경쟁 은행이나 카드사는 결코 확보할 수 없는 정보 비대칭을 바탕으로 미래 금융시장을 지배하게 될 것이다. 머지않아 나보다 내 소비 습관을 더 잘 아는 디지털 지갑 앱이 탄생할지도 모른다. 결국 승자는 가장 낮은 수수료를 제공하는 기업이 아니라, 고객의 금융 데이터를 독점해 생활 전반을 장악하는 플랫폼이 될 것이다.

금융 서비스의 달라진 미래

2025년 상반기 기준, 국내 은행 점포수는 5,521개로, 2019년 말 6,738개에서 1,217곳(18.1%) 감소했다. ATM 기기가 사라진 자리에 QR코드만 덩그러니 남은 사례도 늘어나고 있지만, 은행이 사라지는 것은 아니다. 다만 그동안 우리가 알고 있던 전통적인 은행의 모습은 빠르게 사라지고 있다.

국가가 발행하는 CBDC, 국경을 넘나드는 빅테크의 스테이블 코인 공세 속에서 은행이 예금을 받고 대출을 해주는 중개인 역할로만 살아남을 수 없는 시대다. 은행 점포의 축소는 단순히 비용 절감 신호가 아니다. 은행이 존재하는 이유, 비즈니스 모델 자체가 바뀌고 있다는 신호다.

이러한 위기 앞에서 은행이 살아남기 위한 유일한 길은 이전과는 완전히 다른 혁신뿐이다. 과거에 돈을 보관해 주던 금고의 역할에서 벗어나 AI와 빅데이터를 기반으로 고객의 자산을 관리하고 불려주는 초개인화 금융 컨설팅 플랫폼으로 진화해야만 한다. 당신의 주거래 은행이 당신만을 위한 AI 금융비서가 되는 시대가 오고 있다.

이 모습은 이미 빠르게 실현되고 있다. KB국민은행 앱 'KB스타뱅킹'에서는 AI 금융비서가 단순히 카드 추천을 넘어 '이번 달 외식비가 평균보다 20% 높습니다. 이 카드를 사용하면 매달 5,000원을 더 아낄 수 수 있습니다'라고 귀띔해 준다. 신한은행의 '디지털 데스크'에선 AI가 당신의 신용도를 평가해 대출 한도를 정하고, 맞춤형 은퇴 플랜까지 짜준다. AI 덕분에 고액 자산가들의 전유물이었던 개인 맞춤형 자산관리를 누구나 누릴 수 있는 시대가 된 것이다.

더 이상 천편일률적인 예금·대출 상품에 나를 맞출 필요도 없다. AI 금융비서가 내 소비 습관, 투자 성향, 재무 목표를 분석해 나만을 위한 금융 솔루션을 선제적으로 제안하는 시대다.

그렇다면 이러한 변화 속에서 우리의 삶은 어떻게 달라질까? 우선 금융사의 선택 기준부터 달라질 것이다. 과거엔 금리가 조금이라도 높은 곳, 인지도가 높은 은행을 우선적으로 선택했다. 하지만 디지털 화폐와 AI 금융비서의 시대에 이러한 기준은 무의미하다. 이제 당신이 선택해야 할 금융 파트너는 나의 데이터를 얼마나 정교하게 이해하고, 그것을 나에게 얼마나 돌려주는가에 달려있다. 지점이 얼마나 많은지가 아니라 당신의 금융 생활을 얼마나 똑똑하게 설계해 주는지가 핵심이다.

따라서 은행 자체보다 이들의 디지털 전환을 돕는 기술 기업들에 주목할 필요가 있다. AI 금융비서 혁명은 은행 혼자만의 힘으로는 불가능하기 때문이다. 특히 로보어드바이저 산업의 성장을 눈여겨보자. 로보어드바이저는 인공지능이 고객의 투자 성향과 재무 목표를 분석해 자동으로 포트폴리오를 구성하고 관리해 주는 서비스다. 글로벌 로보어드바이저 시장은 2025년 108억 6,000만 달러(약 15조 원)에서 2032년 693억 2,000만 달러(약 97조 원)로 성장하며, 연평균 30.3%의 폭발적 성장세가 전망된다. 국내에서도 핀트나 콴텍과 같은 기업들이 AI 기반의 정교한 투자 알고리즘을 무기로 운용 자산을 빠르게 늘려가고 있다.

은행의 핵심 업무인 여신(대출)과 보안 부분에서 혁신을 꾀하는 AI 기술 기업들도 유망하다. 핀테크 스타트업들이 개발한 AI 신용평가 모델은 기존의 정형화된 데이터로는 잡아낼 수 없었던 리스크를 정교하게 분석하며 은행의 대출 부실률을 낮추는 데 기여한다. 또한 디지털 전환 시대에 중요해진 사이버 보안 산업 역시 은행들의 막대한 투자금이 몰릴 수밖에 없는 분야다. 이 모든 변화는 결국 금융 클

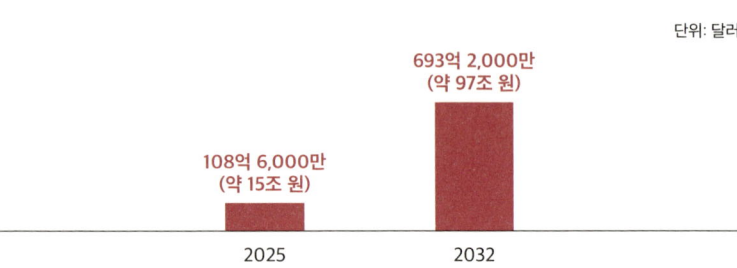

글로벌 로보어드바이저 시장의 성장

단위: 달러

108억 6,000만 (약 15조 원) — 2025
693억 2,000만 (약 97조 원) — 2032

출처: 포춘 비즈니스 인사이트

라우드라는 거대한 인프라 위에서 이루어진다. 은행들은 자체적으로 서버를 구축하는 대신 아마존 웹서비스AWS나 네이버 클라우드가 제공하는 보안이 강화된 금융 전용 클라우드를 기반으로 AI 서비스를 운영한다. 이 클라우드 기업들은 미래 은행들의 디지털 건물주인 셈이다.

결국 은행의 변신이 만들어내는 진짜 기회는 은행 자체보다는 그들의 디지털 전환 과정에 필수적인 기술을 제공하는 기업들에게 있다. 이들이야말로 새로운 시대의 숨겨진 승자가 될 것이다.

디지털 화폐가 바꾸는 투자의 판

디지털 화폐는 투자의 판을 완전히 뒤엎는다. '어떻게 돈을 벌고, 어디에 투자해야 할까?'라는 질문에, 이전과는 전혀 다른 답안이 나오게 된다. 그동안 주식, 펀드, 부동산 정도로만 생각했던 투자 시장이 앞으로는 눈으로 보고, 귀로 듣고, 좋아하는 모든 것으로까지 확장될 것이다. 그 중심에는 실물 자산의 토큰화^{RWA}가 자리 잡고 있다.

RWA란 건물·미술품·음원 저작권 등 실물 또는 무형의 자산을 블록체인에 토큰으로 발행해, 조각투자 형태로 24시간 언제든 사고팔 수 있게 하는 기술이다. 이미 월스트리트에서는 이러한 변화가 빠르게 현실화되고 있다. 월스트리트 주요 기관들이 이미 투자에 나서고 있으며, 보스턴컨설팅그룹은 전 세계 자산 토큰화 시장이 2030년까지 16조 달러(약 2경 2,400조 원)에 달할 것이라 전망했다.

무엇이든 토큰화될 수 있는 세상의 도래는, 특히 개인 투자자에게 투자의 신세계를 열어준다. 가장 큰 매력은 과거 고액 자산가들의 전유물이었던 다양한 우량 자산에 소액으로 투자할 수 있는 조각투자가 일상화된다는 점이다. 예를 들어, 강남의 수백 억짜리 빌딩 전체를 살 수는 없지만 빌딩의 소유권을 나타내는 디지털 토큰 몇 개를 커피 몇 잔 값으로 사서 건물주가 될 수 있다. 또 피카소의 그림 한 점을 공동 소유하는 것도 가능하며, 그 가치 상승을 함께 누리는 경험이 현실이 된다.

이 거대한 혁명은 우리가 앞서 살펴본 CBDC의 안정적인 결제 인프라와 만날 때 비로소 완성된다. 현재의 복잡한 금융 시스템 대신 디지털 원화를 통해 이 모든 조각 자산들이 실시간으로 거의 수수료 없이 거래되고, 그로부터 발생하는 월세나 저작권료 같은 수익이 매달 내 디지털 지갑에 자동으로 배당되는, 완벽한 자동화 투자의 시대가 열리는 것이다.

우리나라는 이 새로운 시장의 퍼스트 펭귄이 되고자 부단히 노력

중이다. 2026년 상반기, 금융위원회 주도하에 세계에서 가장 제도적으로 완비된 토큰증권 시장이 본격적으로 열릴 예정이다. 이에 발맞춰 국내 대형 증권사들은 이미 토큰증권 플랫폼 구축을 위한 컨소시엄을 구성하고 시장 선점을 위한 치열한 경쟁에 돌입했다.

하지만 이 새로운 투자 시장이 마냥 장밋빛인 것은 아니다. 디지털 토큰에 투자할 때는 먼저 수탁(디지털 금고) 서비스의 안정성과 신뢰성을 확인해야 한다. 내가 보유한 자산을 안전하게 보관하고 관리해 줄 시스템이 무엇보다 중요하기 때문이다. 아울러 토큰의 가치를 객관적으로 산정하고 검증할 수 있는 평가기관과 디지털 자산을 쉽고 안전하게 거래할 수 있는 전문 플랫폼 인프라도 갖춰져야 한다.

게다가 블록체인 코드의 취약점을 노린 해킹이나 그럴듯한 기획으로 투자자를 현혹하는 신종 사기 수법도 더욱 교묘해지고 있다. 새로운 기회의 문이 열릴 때면 언제나 새로운 위험이 도사리듯, 디지털 자산에 투자하기 전에는 반드시 인프라와 서비스의 견고함을 꼼꼼히 점검해야 한다.

기술 혁명은 우리의 삶을 풍요롭게 만들 뿐 아니라
투자 전략과 커리어의 방향성까지
새롭게 정의하고 있다.

이제 남은 질문은 하나다.
개인의 소비 성향은 앞으로
어떤 부의 지도를 그려갈 것인가.

3부

선택의 기준이 될 뉴노멀

1

소비 패턴이 부의 흐름을 바꾸고 있다.
더 현명한 소비를 선택하고 투자의 균형을 맞출 때,
그 순간 새로운 부의 전략이 탄생한다.

01
리세일

중고거래에서 투자 시장으로

"당근이세요?" 어느 새 자연스러워진 이 물음과 함께 중고거래는 우리의 일상이 되었다. 불과 10년 전만 해도 '중고'라는 단어에는 낡고, 퀴퀴하고, 어쩔 수 없이 선택하는 듯한 이미지가 묻어있었다. 하지만 이제 중고거래는 힙하고, 가치 있으며, 지속 가능한 소비 방식으로 자리 잡았다.

이러한 인식의 변화는 단순히 기분 탓이 아니다. 숫자가 그 거대한 흐름을 증명한다. 미국의 중고 의류 플랫폼인 스레드업의 2024년 보고서에 따르면, 전 세계 중고 패션 시장은 2028년까지 3,500억 달러(약 490조 원) 규모로 성장할 것으로 예측된다. 이는 전체 패션 시장 성장률의 3

배에 달하는 폭발적인 속도다. 국내 중고 의류 시장도 2024년 기준 약 5조 원 규모에 이르렀으며, 매년 약 30% 이상 고속 성장 중이다. 이 성장 속도는 같은 기간 국내 전체 패션 시장 성장률(약 2.3%)의 약 10배에 달한다.

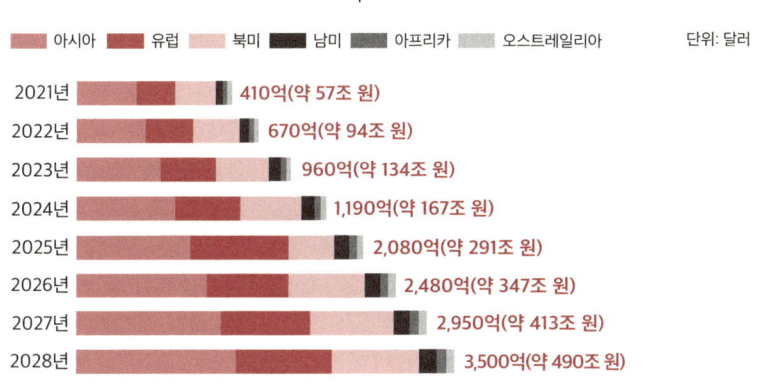

글로벌 중고 패션 시장의 성장 전망

2021년	410억(약 57조 원)
2022년	670억(약 94조 원)
2023년	960억(약 134조 원)
2024년	1,190억(약 167조 원)
2025년	2,080억(약 291조 원)
2026년	2,480억(약 347조 원)
2027년	2,950억(약 413조 원)
2028년	3,500억(약 490조 원)

출처: 스레드업

리세일 시장이 이토록 커진 배경에는 경제적 변화가 자리한다. 고물가와 저성장이 맞물리면서 사람들은 지갑을 지키기 위해 합리적 선택을 추구하기 시작했다. 하지만 지금의 리세일 열풍을 단순히 불황형 소비로 치부해서는 안 된다. 그 이면에는 지속 가능성이라는 새로운 시대정신과, 남들과 다른 나만의 것을 찾으려는 가치 소비 트렌드가 깊숙이 뿌리내리고 있기 때문이다. 특히 MZ세대에게 리세일은 단순한 거래를 넘어선 새로운 라이프스타일 자체가 되었다.

이 거대한 리세일 시장의 부상은 우리의 소비 생활과 산업 지형도를 어떻게 바꾸어놓을까? 그리고 이 새로운 기회의 땅에서 우리는 무엇을 발견하고 준비해야 할까? 지금부터 그 흥미로운 변화의 중심으로 들어가 보자.

리세일 시장의 성장 요인 3가지

리세일 시장은 경제 현실과 새로운 소비 가치, 그리고 첨단 기술이라는 세 가지 축이 맞물려 성장하고 있다. 지갑 사정이 팍팍해진 소비자들은 더욱 합리적인 소비를 추구하고, MZ세대를 중심으로 지속 가능성과 개성을 중시하는 가치 소비가 확산된다. 여기에 AI, 빅데이터, 블록체인 등 첨단기술이 플랫폼에 접목되어 거래 편의성과 신뢰성을 크게 높여, 이 세 가지가 서로 보완하며 시장을 가파르게 키우고 있다.

내 지갑은 소중하니까!

리세일 시장의 폭발적 성장 뒤에는 우리의 지갑 사정이 가장 강력한 동력으로 작용하고 있다. 수년간 지속된 고물가 현상은 월급봉투를 얇게 만들었다. 통계청의 가계 동향 조사에 따르면, 2024년 1분기 가계 실질소득은 고물가의 직격탄을 맞으며 1.6% 감소했다. 이는 2021년 이후 4년 만에 실질소득이 마이너스를 기록한 것으로, 명목 임금은 소폭 올랐지만 물가가 더 크게 오르면서 실제 구매력은 되레 줄어든 셈이다. 다행히도 2024년 2분기 이후 가계 실질소득은 점차 회복세를 보였고, 4분기에는 2.2% 증가하는 등 소득이 꾸준히 늘었다. 다만, 높은 물가와 주거비 부담 등 소비자들이 체감하는 경제 상황은 변화가 없어 지갑을 쉽게 열지 않는다. 이로 인해 소비는 제한적이며, 경제 불안감은 여전하다.

여기에 가계부채는 2024년 1분기 기준 GDP 대비 가계부채 비율이 92.1%에 달해 세계 최고 수준을 나타냈다. 심지어 KDI는 우리나라의 2030년 경제성장률이 1%대 초반에 그칠 것이라는 우울한 전망을 내놓았다.

이런 현실에서 절약은 더 이상 선택이 아닌 필수가 되었다. SNS를 중심으로 유행처럼 번진 무지출 챌린지, 짠테크 같은 새로운 소비문화는 결국 생존을 위한 선택이다. 단순히 하루이틀 허리띠를 졸라매는 수준을 넘어 절약이 일상이 된 시대, 이를 놀이처럼 즐기고 공유하는 문화가 자리 잡은 것이다.

특히 주목할 점은 체리슈머 현상이다. 체리피커(케이크 위 체리만 골라먹는 사람)와 소비자의 합성어인 체리슈머는 필요한 것만 골라 전략적이고 계획적인 소비를 하는 새로운 소비자층을 의미한다. 이들은 단순히 싼 것만 찾는 것이 아니라, 가격·품질·혜택을 종합적으로 고려해 가성비를 극대화하는 소비의 고수들이다. 필요한 것만 똑똑하게 골라 소비하는 체리슈머들의 놀이터가 바로 리세일 시장이다.

과거에는 큰 결심을 하고 사야 했던 브랜드 옷이나 가방을 리세일

마켓에서는 절반 혹은 그 이하 가격으로 득템하며 합리적 소비를 실현할 수 있다. 대한상공회의소가 2025년 발표한 중고제품 이용실태조사에 따르면, 중고거래 경험자 1,000명을 대상으로 중고거래를 하는 이유를 물었을 때 좋은 물건을 저렴하게 구매할 수 있는 좋은 소비 방법이라고 대답한 비율이 67.5%로 가장 높았다. 더 흥미로운 점은 68.6%가 중고로 사서 쓰다가 다시 중고로 되팔 수 있다는 점이 경제적으로 매력적이라는 생각에 그렇다고 동의한 것이다.

한편 리세일 시장은 추가 수입을 창출하는 중요한 파이프라인 중 하나이기도 하다. 각종 앱을 활용해 소소한 수입을 마련하는 것을 '디지털 폐지 줍기'라고 부르는데, 리세일 앱을 활용하는 것도 그 일종이라고 볼 수 있다. 특히 한정판 스니커즈나 명품가방은 수입 규모가 상당해 '리셀 테크'로 불린다.

실제 사례를 보면 그 수익률이 놀랍다. 스포츠용품 브랜드 나이키가 아이스크림 브랜드인 벤앤제리스Ben & Jerry's와 협업하여 만든 한정판 운동화 '나이키 SB 덩크 로우 벤앤제리스 청키덩키'의 출시 가격은 12만 9,000원이었지만, 3일 만에 210만 원에 거래되어 약 1,600%의 수익률을 기록했다. 나이키와 가수 지드래곤이 협업한 '권도 1 피스마이너스원'은 정가가 20만 원대였으나 한때 300만 원대까지 거래되며 1,400% 이상의 수익률을 보여주기도 했다. 소소한 중고판매 수익 그 이상으로 제2의 월급을 만들 수 있는 것이 현실이 된 셈이다.

새 것만이 정답은 아니니까!

많은 이들이 리세일 시장에 열광하는 이유를 단순히 경제적 요인으로만 설명하기는 어렵다. 리세일 시장 성공의 이면에는 이전과 완전히 다른 가치관이 강력한 요인으로 작용하고 있다. 대표적인 정신이 바로 지속 가능성이다.

기후위기와 환경 문제를 체감하며 성장한 MZ세대에게 소비는 단순히 물건을 소유하는 행위를 넘어 자신의 신념을 표현하는 수단이다. 글로벌 컨설팅업체 딜로이트가 전 세계 46개국 MZ세대 2만 3,000명을 대상으로 실시한 2024년 글로벌 서베이에 따르면, Z세대 62%, 밀레니얼 세대 59%가 지난 1개월 내 기후 변화에 대해 불안해 하거나 우려의 감정을 느낀 적이 있다고 답했다. 더욱 주목할 점은 Z세대의 64%, 밀레니얼 세대의 63%가 지속 가능한 제품 및 서비스를 구매하기 위해 더 많은 비용을 지불할 의향이 있다고 응답한 것이다.

지속가능 제품 구매의향

	GenZ	밀레니얼
한국	59%	47%
글로벌	64%	63%

출처: 딜로이트

이는 이전의 아나바다 운동처럼 단순한 절약과는 다른 의미를 지닌다. 목화 재배부터 티셔츠 탄생까지 수천 리터의 물이 사용된다는 사실을 아는 사람은 중고 의류를 구매하면서 '내가 새 옷을 만드는 데 필요한 물 사용량을 80% 이상 줄이고, 탄소 배출량을 감축했어!' 같은 강력한 윤리적 만족감을 느낀다.

유엔UN 보고서에 따르면, 패션 산업은 전 세계 온실가스 배출량의 약 10%를 차지한다. 이는 국제 항공편과 해상 운송의 탄소 배출량을 합친 것보다 더 높은 수치다. 뿐만 아니라 패션 산업은 연간 약 1조 5,000억 리터의 물을 사용하며, 이는 한 사람이 900일 동안 마실 수 있는 양에 해당한다. 이런 환경적 비용에 대해 비교적 정확히 인지하고 있는 MZ세대에게 중고 의류 구매는 단순한 절약을 넘어 지구를 지키는 적극적인 실천이다. 이에 따라 소비는 개인의 가치관을 표현하는 중요한 수단으로 자리 잡았다.

지속 가능성과 함께 젊은 세대의 소비를 움직이는 또 다른 키워드는 나만의 개성이다. 획일적인 대량 생산과 유행을 따르는 패스트 패션에 싫증을 느낀 이들은 리세일 시장을 자신만의 스타일을 찾을 수 있는 보물찾기의 장으로 여긴다. 이는 Z세대의 75% 이상이 브랜드보다 지속 가능성을 더 중시하는 동시에 개성과 차별화된 소비를 추구한다는 조사 결과와도 일맥상통한다.

네이버 자회사인 중고거래 플랫폼 크림KREAM은 단순한 중고거래를 넘어, 한정판 스니커즈나 스트리트웨어를 주식처럼 거래하는 새로운 문화를 만들어냈다. 정가보다 몇 배나 비싼 가격에 거래되는 신발들은 더 이상 신는 물건이 아니라, 자신의 취향과 안목을 증명하는 소장품이자 새로운 형태의 투자 자산이 된 것이다. 크림은 2024년 기준 매출 2,976억 원을 기록하며 역대 최대 실적을 달성했고, 창사 이래 처음으로 핵심 사업 부문에서 흑자를 달성하며 이 시장의 폭발적 성장을 입증했다.

이러한 변화는 소셜미디어에서도 확인할 수 있다. 2024년 현재 인스타그램에는 #빈티지룩 해시태그가 붙은 게시물이 약 164만 개에 달한다. 획일적인 유행을 따르기보다 단종된 빈티지 제품이나 자신만의 이야기가 담긴 물건으로 개성을 표현하는 과정이 하나의 즐거움이자 유희가 되고 있다. 이제는 새 명품 가방보다 어렵게 구한 빈티지 제품을 간직하는 것이 더 힙한 행위로 자리 잡았다.

이런 현상의 배경에는 MZ세대의 '미닝아웃 meaning out (소비 행위로 신념 표현)' 문화가 자리하고 있다. 이들은 소비를 통해 자신의 정체성을 드러내고, 이를 SNS에 공유하며 사회적 메시지를 전달한다. 브랜드가 자신들의 신념과 일치할 때는 강력한 지지자가 되지만, 그렇지 않을 때는 공개적으로 보이콧하기도 하는 적극적인 소비자들이다.

내 방이 곧 백화점!

합리적인 가격 너머의 지속 가능성, 개성 같은 새로운 가치를 발견한 소비자들은 리세일 시장으로 더욱 빠르게 모여들고 있다. 그리고 이들의 열광적인 참여를 폭발적인 시장 성장으로 이끈 결정적인 무대가 바로 기술의 발전으로 탄생한 개인 간 거래, 즉 C2C Consumer to

Consumer 플랫폼이다.

과거 벼룩시장이나 온라인 카페에서 이뤄지던 중고거래는 불편하고, 불안했으며, 소수만의 문화로 여겨졌다. 하지만 이제 스마트폰 앱 하나만 있으면 내 방 옷장이 작은 백화점이 되고, 잠자고 있던 물건들은 언제든 현금으로 바꿀 수 있는 자산이 된다. 중고거래 앱 '당근'은 2025년 1월 기준 누적 가입자 4,000만 명, 월간 활성 이용자 2,000만 명을 돌파하며 국민 앱으로 자리 잡았다. '번개장터'는 취향 기반의 리세일 커뮤니티로 MZ세대의 강력한 지지를 받으며, 2024년 거래 건수가 전년 대비 63% 급증하는 폭발적 성장을 보였다.

'당근'의 성장 지표

2025년 1월 기준

누적 가입자 수	월간 활성 이용자수
4,000만+	2,000만+
글로벌 지역 진출	누적 투자 유치
1,400여 곳	2,270억 원

출처: 당근 공식 홈페이지

이들 플랫폼의 성공 비결은 단순히 거래 공간을 제공하는 것을 넘어, AI 기술을 적극적으로 도입하여 사용자의 편의성과 신뢰도를 획기적으로 높인 것에 있다. 가장 대표적인 기술은 AI 가격 제안이다. 내가 팔고 싶은 물건의 사진을 찍어 올리면, 번개장터의 AI가 과거

거래 데이터를 순식간에 분석하여 적정 판매가를 제안해 준다. 이는 판매 경험이 없는 사람도 쉽게 판매자로 나설 수 있도록 진입 장벽을 크게 낮추는 역할을 한다.

길에서 본 마음에 드는 가방의 브랜드를 모를 때, 사진 한 장만 찍어 올리면 AI가 유사한 중고 상품을 찾아주는 AI 이미지 검색 기능도 활발히 사용된다. 번개장터는 상품 이미지와 설명을 등록하면 AI가 이를 자동으로 분석해 상품 정보를 담은 동영상을 생성하는 AI 숏폼 기능까지 출시했다. 이 기능은 상품 노출도를 높여 물건이 더 빨리 판매될 수 있도록 한다.

주목할 점은 이러한 기술 혁신이 실제 사용자 경험 개선으로 이어지고 있다는 것이다. 번개장터의 개인화된 상품 추천 알고리즘 고도화 결과, 상품 상세 페이지에서 발생하는 상품 조회수가 234% 증가했다. 또한 빅데이터와 머신러닝 기술을 활용한 자동 사기 탐지 시스템을 통해 앱 채팅에서 사기 유형을 감지하고 알림 메시지를 발송하여, 2024년 10월 사기 신고 건수가 7월 대비 80% 가까이 감소하는 성과를 거뒀다.

결국 리세일 시장의 폭발적인 성장은, 불황이라는 경제적 현실, 가치 소비라는 새로운 라이프스타일, 그리고 이 모든 것을 가능하게 한 플랫폼 기술이라는 세 개의 톱니바퀴가 완벽하게 맞물려 돌아간 결과다. 이 세 가지 동력이 만들어낸 리세일 시장은 과거와는 전혀 다른 풍경을 우리 앞에 펼쳐놓고 있다.

리세일 시장의 새로운 풍경: 무엇이 어떻게 거래되는가?

리세일 시장은 명품 리세일의 부상, 리셀 테크의 확대, 그리고 모든 생활용품을 아우르는 중고거래의 일상화라는 세 가지 흐름이 맞물려 빠르게 변화하고 있다. 명품은 투자 자산으로 자리 잡으며 가치가 상승하고, 젊은 세대는 한정판 스니커즈 등에서 높은 수익을 기대하며 리셀 테크에 열광한다. 이런 변화는 개인 간 거래 플랫폼과 첨단 기술의 뒷받침으로, 이전과는 전혀 다른 시장 지형을 만들어내고 있다.

명품 리세일의 화려한 부상

리세일 시장의 풍경을 바꾸어놓은 주역은 단연 명품이다. 불과 15~20년 전만 해도 명품은 그저 사치품으로 여겨졌다. 하지만 지금 명품은 시간이 지날수록 가치가 오르는 새로운 투자 자산으로 인식된다. 샤넬과 재테크의 합성어 '샤테크', 롤렉스와 재테크의 합성어 '롤테크'가 익숙한 단어가 되었고, 명품 브랜드들은 매년 가격을 인상하면서 '오늘이 가장 싸다'라는 말을 현실로 만들고 있다.

상황이 이렇다 보니 중고시장에서 명품 가방, 명품 시계의 가격은 웬만한 주식 종목보다 안정적인 상승률을 보이기도 한다. 롤렉스의 인기 모델인 서브 마리너나 데이토나는 매장에서 구하기가 힘들다 보니, 리세일 시장에서는 수백만 원에서 수천만 원의 웃돈이 붙어 거래된다. 누군가가 사용했던 옷과 시계를 파는 '구제 시장'이라는 말은 이제 과거의 흔적이 되었다.

이러한 흐름은 데이터로 명확히 입증된다. 글로벌 컨설팅업체인 베인앤드컴퍼니는 전 세계 중고 명품시장이 2023년에만 450억 유로(약 65조 원)의 거래를 기록하며, 전체 명품시장의 12%를 차지했다고 밝혔다. 4년 만에 약 2배 규모로 성장한 셈이다. 이어 중고 명품 매출은 2026년까지 약 15%씩 성장할 가능성이 있으며, 이는 같은 기간 신규 명품 증가율의 2배에 해당한다. 뿐만 아니라 미국 통신사 비즈니스와이어는 전 세계 중고 명품시장이 2030년에는 850억 달러(약 120조 원)에 이를 것으로 내다봤다.

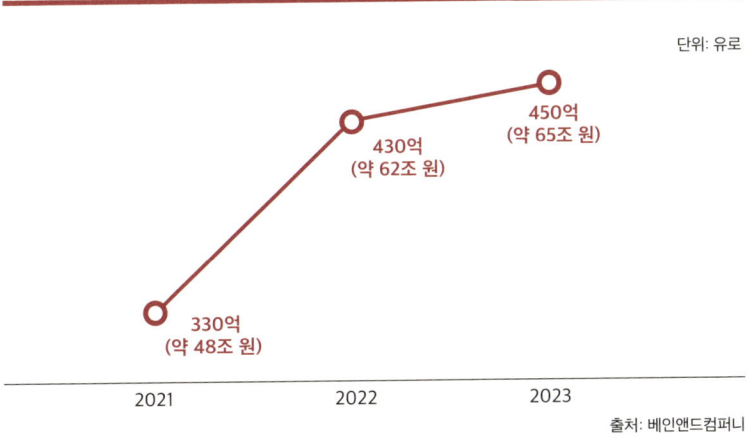

중고 명품시장의 성장 추이

명품 리세일 시장을 이끄는 건 각종 플랫폼들이다. 해외에는 미국의 명품 중고 전문 플랫폼 더리얼리얼The RealReal, 프랑스의 명품 리세일 플랫폼 베스티에르 콜렉티브Vestiaire Collective가 대표적이고, 국내도 경쟁이 치열하다. 트렌비, 발란, 머스트잇과 같은 명품 커머스 플랫폼들이 리세일 시장에 뛰어들었고, 번개장터와 같은 종합 C2C 플랫폼 역시 명품을 핵심 카테고리로 내세우며 빠르게 성장하고 있다.

이와 같이 명품 리세일 전문 플랫폼의 급성장 배경에는 벤처캐피털의 대규모 투자도 한몫했다. 크림은 2024년 신규 투자 라운드에서 기업 가치를 1조 원 이상으로 평가받으며 1,000억 원대 자금을 확보했다. 머스트잇과 발란도 각각 500억 원, 300억 원 규모의 투자를 유치하며 서비스 고도화와 글로벌 진출을 위한 발판을 마련했다. 이러한 자금력은 플랫폼들이 전문 감정 시스템과 AI 기반 가격 예측 기능, 프리미엄 배송 서비스 등 차별화된 사용자 경험을 구축하는 데 핵심 동력이 되고 있다.

새로운 재테크, 리셀 테크의 세계

명품 리세일이 시장의 격을 한 단계 끌어올렸다면, 또 다른 한편에서는 한정판 스니커즈와 스트리트웨어를 중심으로 훨씬 더 역동적인 '리셀 테크'의 세계가 펼쳐지고 있다.

이 시장이 Z세대의 새로운 투자처이자 놀이터로 자리 잡은 이유는, 엄청난 수익률 때문이다. 드레이크와 나이키의 협업 모델인 '녹타 에어포스 1 로우'는 발매가가 18만 9,000원이었지만, 한때 50만 원 이상에 거래되며 150% 이상의 수익률을 기록했다. 이런 현상은 러닝화 시장에서도 마찬가지다. 나이키의 '에어 줌 알파플라이 넥스트%3 프로토'는 발매가가 32만 9,000원이었지만 크림에서 79만 4,000원에 거래되어 141%의 프리미엄을 기록했다. 아식스의 '메타스피드 엣지 파리'는 발매가 29만 9,000원에서 45만 원으로 50% 이상 상승했다.

이러한 엄청난 수익률의 비밀은 브랜드들의 치밀한 '한정 수량' 전략에 있다. 나이키, 아디다스 같은 글로벌 브랜드들은 의도적으로 수요보다 적은 양을 출시해 희소성을 극대화한다. 특히 '드로우(추첨)' 시스템은 이런 희소성을 극대화하는 핵심 장치다. 전 세계적으로 5,000켤레만 판매하는 식으로 제한하고, 추첨을 통해서만 구매 기회를 부여한다. 여기에 유명 아티스트나 디자이너와의 '컬래버레이션'이 더해지면 팬덤과 희소성이 결합돼 가격이 폭등한다.

글로벌 스니커즈 리셀 시장은 이미 거대한 산업으로 성장했다. 미국 투자은행 코웬앤코에 따르면, 2019년 20억 달러(약 2조 8,000억 원)였던 세계 시장이 2025년 60억 달러(약 8조 4,000억 원) 규모로 성장할 것으로 예상된다. 업계에서는 2030년까지 연평균 16% 성장해 300억 달러(약 42조 원)에 도달할 것이라는 전망도 나온다. 국내 시장 역시 빠르게 성장하고 있다. 2021년 7,000억 원 규모였던 시장은 2022년 1조 원을 돌파했으며, 2025년에는 2조 8,000억 원까지 확대될 것으로 예상된다. 리셀이 단순한 중고거래를 넘어 하나의 금융 상품으로 인식되기 시작한 것이다.

리셀 테크가 주류 산업으로 인정받고 있음을 보여주는 가장 상징적인 사건은 바로 백화점의 참여다. 현대백화점은 2021년 MZ세대의 성지로 불리는 여의도 '더현대 서울'에 중고거래 플랫폼 번개장터와 손잡고 스니커즈 리셀 전문 매장 '브그즈트랩BGZT랩'을 오픈했다. 이는 국내 대형 유통사 최초로 리셀 전문 매장을 정식으로 입점시킨 사례로, 음지에 있던 리셀 문화를 백화점이라는 양지의 공간으로 끌어올렸다는 점에서 큰 의미를 가진다.

BGZT랩의 성과는 예상을 뛰어넘었다. 오픈 2년 만에 누적 방문자 수 66만 명을 기록했으며, 1일 최대 방문자 수는 4,000명에 육박했다. QR코드 스캔 횟수만 38만 회를 넘어서며 앱과 오프라인을 넘나드는 새로운 쇼핑 패턴을 만들어냈다. 이중 MZ세대 방문자 비중이 90%로, 한정판 스니커즈에 관심이 많은 MZ 세대의 압도적 호응을 얻었다. 이는 리셀이 더 이상 소수의 하위문화가 아닌, 유통 대기업도 무시할 수 없는 거대한 산업이 되었음을 방증한다.

BGZT랩 2주년 통계

총 방문자 수	총 방문자 중 MZ세대
66만 명	90%

출처: 번개장터 앱

'가구부터 가전까지 모든 것을 거래한다': 중고시장의 일상화

리세일의 열기는 우리 생활의 모든 영역으로 빠르게 스며들고 있다. 리세일 시장은 더 이상 특별한 날을 위한 소비가 아닌, 평범한 일상의 소비가 된 것이다.

변화가 가장 뚜렷한 분야는 가구와 가전제품이다. 주요 C2C 플랫폼에서 디지털·가전과 가구·인테리어는 꾸준히 최상위권을 차지한다. 이는 1인 가구 비중이 2023년 기준 35.5%에 달하고, 2037년에는 40%를 넘어설 것으로 예상되는 우리나라 사회 구조의 변화와 관련이 있다. 혼자 사는 주거 공간에서는 새 제품보다 중고 제품을 사용하고 이사할 때 되파는 방식이 현명한 소비로 자리 잡은 것이다. '오늘의집'과 같은 인테리어 플랫폼의 유행으로 전반적인 눈높이가 높아졌고, 이를 중고시장에서 가성비 좋게 해결하려는 수요도 한몫했다.

리세일 시장의 또 다른 거대한 축은 바로 '유아용품'이다. 아이는 하루가 다르게 자란다. 몇 달 쓰지 못하는 카시트, 장난감, 옷 등 이 모든 것을 새 제품으로 사는 건 경제적으로 큰 부담이다. 산업연구원에 따르면, 유아용품 시장은 2020년 기준 4조 원을 넘어섰으며, 저출산에도 불구하고 골드 키즈(부모의 아낌없는 투자로 키워지는 자녀) 트렌드로 꾸준한 성장세를 보이고 있다.

이와 함께 부모들 사이에서는 육아용품을 중고로 구매하는 문화도 확산되고 있다. 특히 맘카페나 중고거래 앱에서는 육아용품을 사고파는 부모들이 많아, 필요한 물건을 저렴하게 구매하고 아이가 성장하면 다시 합리적인 가격으로 되파는 이른바 '선순환 육아'가 자리 잡았다. 동병상련의 마음 때문인지 무료 나눔도 활발하다.

한편 리세일 문화는 새로운 취미에 도전하는 허들도 낮춰주고 있다. 큰맘 먹고 사야 하는 캠핑 장비, 낚싯대, 골프채 등 고가의 취미 용품들이 중고시장에서 활발하게 거래된다. 고가 장비를 비교적 저렴하게 구매해서 체험해 본 뒤 활동이 자신에게 맞지 않다면 쿨하게 되팔고, 지속한다면 과감하게 새 제품에 투자하는 '보험' 역할을 톡톡히 해내고 있다. 특히 2024년 러닝 붐과 함께 러닝화 시장이 급성장하면서, 30만 원대 고가 러닝화의 중고거래가 활발해지고 있다.

리세일 시장에서는 심지어 무형의 서비스와 권리도 거래된다. 대표적인 사례가 기프티콘 중고거래다. 선물로 받았지만 쓰지 않는 커피 쿠폰, 편의점 상품권, 영화 관람 티켓 등을 '팔라고'나 '니콘내콘' 같은 티켓 중고거래 전문 플랫폼에서 판매할 수 있다. 반대로 해당 티켓이 필요할 때도 10~20% 정도 저렴하게 구매할 수 있어 이미 많은 이들이 이용하고 있다. 2024년 기준 국내 모바일 상품권 시장 규모는 약 10조 원에 달하며, 기프테크(기프티콘 중고거래) 관련 거래 금액은 연간 5,000억 원을 돌파한 것으로 추정된다. 불필요한 티켓을 현금화하려는 판매자와 알뜰하게 소비하려는 구매자의 니즈가 정확하게 맞아떨어진 구조다.

이처럼 오늘날의 리세일 시장은 말 그대로 '없는 것 빼고 다 있는' 거대한 만물상이 되었다. 심지어 당근에서는 '벌레 잡아주기', '대신 줄 서기'와 같이 재능과 시간까지 거래 대상이 되며 경계를 허물고 있다. 단순한 중고물품 거래를 넘어 우리 삶의 모든 영역이 리세일 시장과 연결되는 '일상화'가 완성된 것이다.

리세일 시장의 성장으로 짙어진 그림자

리세일 시장이 빠르게 성장하는 동시에 그림자도 나타났다. 고가 제품의 거래에 따르는 가품 문제는 시장에 대한 신뢰를 떨어뜨리므로 이에 대응하기 위한 플랫폼과 브랜드의 기술적·제도적 노력이 계속되고 있다. 동시에 날로 교묘해지는 중고거래 사기는 소비자 불안을 증폭시키며 안전거래 시스템을 더욱 강화하게 만든다. 다가올 미래에, 리세일 시장의 성장을 위해 반드시 해결해야 하는 문제점을 짚어보자.

가품과의 끝나지 않는 전쟁

리세일 시장이 아무리 힙하고 스마트한 소비로 포장된다 해도 소비자들의 마음 한구석에는 가품에 대한 근본적인 불안감이 자리 잡고 있다. OECD와 유럽연합 지식재산청[EUIPO]이 2024년 발표한 보고서에 따르면, 연간 위조품 교역 규모는 약 5,220억 달러(약 734조 원)에 달하며, 그중 명품 패션 상품이 60% 이상을 차지한다. 이 같은 위조 유통은 시장 전체의 신뢰를 크게 훼손하고 있다.

이런 불안을 해소하기 위해 리세일 플랫폼들은 자체 검수 시스템을 강화하고 있다. 크림과 무신사의 솔드아웃은 명품을 자체 감정 센터로 보내고, '구구스GUGUS'는 오프라인 전문 감정팀을 운영하고 있다. 또한 한국명품감정원과 제3기관의 법적 감정 소견이 보증 기능으로 확산 중이다.

기술 도입을 통한 혁신도 이어진다. 미국의 AI 기술 기업 엔트루피Entrupy는 휴대용 현미경과 AI 알고리즘을 결합해 가죽 결·바느질 패턴을 99.1% 정확도로 판별하며 수많은 고급 브랜드를 인증하고 있다. 국내 AI 기업 마크비전은 '마크AI' 솔루션을 통해 1,500여 개 온라인몰을 24시간 모니터링하면서 2024년 109만 건 이상의 위조 게시물을 탐지·차단하는 성과를 냈다. 이는 2년 전보다 약 4배 이상 증가한 수치다.

명품 브랜드들도 직접 나섰다. 루이비통·디올을 소유한 LVMH 그룹은 '아우라 블록체인 컨소시엄'을 통해 제품의 생산·유통·소유권 이력을 블록체인에 기록하고, NFC 칩을 통해 소비자가 직접 진위를 확인할 수 있도록 했다. 2024년 말 기준 이 컨소시엄에는 20개 브랜드와 200여 개 이상의 딜러 및 플랫폼이 참여 중이며, 누적 5,000만 건 이상의 거래 데이터를 처리하며 가품 유입을 원천적으로 차단하고 있다.

가장 파격적인 대응은 롤렉스의 '인증 중고Certified Pre-Owned, CPO' 전략이다. 2022년 말 도입된 CPO 프로그램은 초기에는 제조 후 3년 이상 모델에 한정됐으나, 2025년 5월부터는 제조 2년 경과 모델까지 대상을 확대했다. 롤렉스는 자체 보증 씰과 2년간 국제 보증을 제공하며, 명품 시계 판매 숍 '부커러'에 등록된 CPO 시계의 판매가는 국내 2차 시장가 대비 최대 100% 이상 프리미엄이 붙는다. 이는 브랜드가 직접 중고시장의 프리미엄을 흡수하고, 유통 이윤을 극대화하는 새로운 비즈니스 모델로 주목받고 있음을 보여준다.

이처럼 AI와 블록체인, CPO 프로그램이 결합된 가품 대응은 리세일 시장의 신뢰를 쌓기 위한 핵심 축이다. 그러나 기술만으로는 부족하다. 플랫폼들은 구매부터 사후 보상까지 '보이는 기술'과 '보이는 서비스 경험'을 함께 설계해야만, 소비자의 불안감을 완전히 해소하고 지속 가능한 시장 생태계를 완성할 수 있을 것이다.

날로 교묘해지는 중고거래 사기

설레는 마음으로 택배 상자를 열었는데, 주문한 태블릿 PC 대신 벽돌이 들어있었다던 황당한 경험은 더 이상 드문 일이 아니다. 2024년 한 해 동안 사기 피해 관련 전문 플랫폼 '더치트'에 접수된 사례는 22만 건으로, 2023년 대비 10% 이상 증가했다. 경찰청 통계를 종합하면, 2024년 중고거래 사기 피해액은 약 1,200억 원에 달해 중견 기업의 1년 매출 규모와 맞먹는다.

이러한 사기꾼들의 횡포는 소비자들에게 '이 사람을 믿고 거래해도 될까?'라는 깊은 불신을 심어주며, 시장 전체를 위축시키는 최대 걸림돌이 되었다. 이를 해소하기 위해 플랫폼들이 내놓은 최선의 방어 수단은 '안전결제 에스크로 시스템'이다. 번개장터는 2024년 8월 전 상품군에 안전결제 의무화를 도입했다. 그 후 안전결제 거래 건

번개장터 월 거래 관련 통계

2025년 2월 기준

월 거래 상품건수	월 거래액	월간 활성 이용자수
100만 건	900억 원 (안전 거래 도입 이전 대비 116% 증가)	680만 명

출처: 번개장터

수가 145% 이상 증가했고 사기 신고 건수는 전달 대비 80% 가까이 줄었다. 특히 '번개케어' 서비스를 통해 거래 분쟁 발생률도 크게 줄어드는 성과를 거두었다.

교묘한 공격에 맞서 플랫폼들은 AI 기반 '예측·예방 시스템'도 구축했다. 네이버는 AI 기반 이상거래탐지시스템 FDS을 자체 개발해 하루 평균 1만 5,000여 건의 의심 거래를 실시간 차단한다. 이 시스템은 96% 이상의 정확도로 사기 의심 계정을 검거하며, 플랫폼 전반의 신뢰도를 눈에 띄게 향상시켰다. 당근마켓은 2024년 10월, 서울 5개 구에서 '당근페이 안심결제'를 시범 도입해 사기 피해를 크게 줄였다. 더하여 거래 안정성과 편의성을 더한 '안심보상 제도' 도입으로 사기 발생 시 안심결제 최대 결제 금액인 195만 원까지 보상하며 신뢰를 높이고 있다.

사기 수법도 진화하고 있다. 가짜 안전결제 링크 피싱, 허위 송장 제공, 매물 사칭 등이 기승을 부리자 플랫폼들은 기술과 제도를 결합한 '삼중 방어망'을 구축했다. 번개장터는 피해 보상 한도를 거래액의 최대 200%까지 상향해 즉시 보상을 보장하며, 당근마켓은 '안심 스크리닝 팀'을 운영해 사기 의심 게시물을 3분 이내에 삭제하고 판매자 제재를 실시한다.

이처럼 기술, 제도, 사람이 결합된 삼중 방어망은 중고거래 사기와의 전쟁에서 리세일 시장의 신뢰를 회복하고 파이를 키우는 힘으로 작용하고 있다. 앞으로도 지속적인 기술 고도화와 제도 보완, 소비자 경험 강화가 리세일 시장 성장의 핵심이 될 것이다.

리세일이 오히려 소비를 조장한다?

리세일 시장은 '지속 가능한 소비'와 '자원 순환'이라는 긍정적 이미지로 포장된다. 중고 물품을 되팔아 환경에 기여하고, 합리적 소비를 한다는 인식이 시장 성장을 견인해 왔다. 그러나 빛의 이면에 그림자가 존재하듯 리세일이 오히려 과소비를 부추기는 장치로 작동한다는 비판도 있다.

한국소비자원에 따르면, 중고거래는 '자기 합리화'를 촉발해 추가 소비를 유발할 수 있다. 중고거래 앱을 반복 사용하면서 '중고 구매로 절약했으니 추가 지출은 괜찮다'는 심리가 형성되고, 결국 계획에 없던 충동구매로 이어질 가능성이 커진다. 특히 Z세대의 소비 행동에서 이러한 충동성 경향이 두드러진다.

스레드업이 2022년 발표한 '리세일 리포트'에 따르면, MZ세대의 62%는 쇼핑하기 전에 중고제품부터 찾는다. 또 절반가량은 의류를 구매할 때 '재판매 가치를 고려한다'고 답했다. 즉, 나중에 되팔아 손실을 줄일 수 있다는 기대감으로 비교적 쉽게 지갑을 여는 성향이 나타난다.

리세일 시장의 '냉정한 자본주의 시험장' 성격도 부각된다. 모든 중고품이 활발히 거래되는 것은 아니다. 유행에 민감한 디자인, 낮은 내구성, 희소성 부족 등으로 인해 대부분 제품은 가격 방어가 어렵다. 미국의 중고 명품 플랫폼 '더리얼리얼'과 프랑스의 중고 패션 온라인 쇼핑몰 '베스티에르 콜렉티브'는 특정 브랜드의 재판매 가치를 꾸준히 보고하는데, 루이비통·샤넬·구찌·에르메스 등 최상위 명품들만이 강세를 유지한다. 이것은 '지속 가능성'이 아닌, 브랜드 자산의 희소성과 시장 수요가 가치를 매긴다는 현실을 드러낸다.

전 세계적으로 매년 약 1,000억 벌의 의류가 생산되지만, 이중 330억 벌이 소비되지 못하고 버려진다. 매년 4,800만 톤의 의류 쓰레기가 발생하며 그중 70%는 소각되거나 매립되어 환경 문제를 악화시킨다. 일부 비평가들은 리세일 플랫폼이 환경오염을 막는 '순환 구조'가 아니라, 여전히 선형 유통 단계에 머물러 있다고 지적한다.

이처럼 리세일 시장의 그림자는 깊은 역설을 품고 있다. 중고 구매가 '소비의 면죄부'가 되어 과소비를 부추기고, 대다수 중고품은 가치를 인정받지 못한 채 폐기물로 남는다. 지속 가능한 소비라는 명분은 시장의 냉정한 가치 평가 앞에서 흔들린다. 앞으로 리세일 시장이 진정한 자원 순환을 위해 역할을 다하려면, 본질적 한계와 과제를 극복하고 '소비의 본질'과 '환경적 책임'을 다시 성찰하는 전환점이 필요하다.

리세일 시장이 만들어갈 새로운 판

리세일 시장의 미래는 치열한 경쟁과 전략적 선택의 무대다. 개인 판매자와 소비자는 상품 특성에 맞게 여러 플랫폼을 선택하는 멀티호밍multi-homing 전략을 활용해 최적의 거래 경험을 만들어가고 있다. 현재 리세일 시장은 단순한 중고거래를 넘어 새로운 금융과 투자 시장으로 진화하는 과정을 겪고 있다.

플랫폼의 미래: 통합 확장 VS 전문화 집중

현재 우리나라의 리세일 시장은 통합 확장과 전문화 집중이라는 두 축으로 나뉘어 치열하게 경쟁하고 있다.

대통합 전략을 내세운 플랫폼은 중고거래를 출발점으로 삼아 구인·구직, 간편 결제, 중고차 및 부동산 중개, 지역 광고 같은 다양한 서비스를 끊임없이 확장하면서, 지역 생활의 모든 면모를 한곳에 담아내는 것을 목표로 하고 있다. 대표 주자인 당근마켓은 2024년 말 기준으로 월간 활성 이용자 수가 약 2,000만 명에 달하며, 2024년 매출 또한 전년 대비 48% 증가해 약 1,900억 원에 이르렀다. 당근알바, 당근페이, 부동산 및 소상공인 광고 등으로 이어지는 탄탄한 에코 시스템은 방대한 트래픽을 기반으로 이용자를 강력하게 묶어두는 락인 효과를 극대화하고 있으며, 이는 맥킨지가 지적한 '모든 서비스를 제공해 이용자를 에코 시스템 안에 가두는 전략'과도 정확히 부합한다.

그럼에도 불구하고, '당근마켓에서 모든 상품을 안심하고 구매할 수 있느냐'는 질문에는 아직 명확히 답하기 힘들다. 당근마켓은 압도적인 트래픽 우위를 점하고 있지만, 고가 및 한정판 상품 거래에서 소비자들이 요구하는 검수의 정확성과 품질 보증을 완벽하게 제공하려면 추가적인 시스템 구축과 전문 인력 확보가 필요하다.

반면, 특정 분야에 집중하는 플랫폼들은 '신뢰'를 무기 삼아 시장에서 확고한 입지를 쌓아가고 있다. 대표적인 사례로, 크림은 자체 검수 센터와 고도화된 감정 시스템으로 가품 위험을 철저히 차단하며, 한정판 스니커즈와 명품 거래에 집중해 왔다. 이 회사는 2024년 기업 가치 1조 2,000억 원으로 평가받으며 유니콘(기업 가치 1조 원 이상의 비상장 스타트업) 지위를 공고히 했고, 수십만 원에서 수백만 원에 이르는 거래에서도 소비자들이 가격보다 '안심 거래'를 우선시하도록 만들어 높은 수수료에도 충성도 높은 고객층을 확보하는 데 성공했다.

베인앤드컴퍼니는 '고가치 상품일수록 소비자들이 가격보다는 신뢰도를 더 중요하게 생각한다'고 분석하며, 이는 크림과 같이 특정 분야의 전문성이 깊이 있는 서비스와 검수를 제공하는 '버티컬 플랫폼' 전략의 핵심 동력임을 보여준다. 번개장터 역시 스니커즈와 피겨 등 특정 카테고리에 전문성을 두어 크림과 유사한 성장 궤적을 그리고 있다.

지금까지는 두 플랫폼이 서로의 영역을 침범하지 않고 공존해 왔지만, 앞으로는 충돌이 불가피해 보인다. 당근마켓이 명품 검수팀을 꾸려 크림의 전문 영역에 도전할 가능성이 있고, 크림은 쌓아온 신뢰를 바탕으로 주얼리·시계·미술품 등 인접한 고가치 카테고리로 영역을 확장할 수도 있다. 이러한 경쟁의 승패가 향후 리세일 시장의 주도권을 결정할 전망이다.

이처럼 큰 경쟁 구도 속에서 개인 판매자와 소비자가 취할 전략으로 상품 특성에 맞게 여러 플랫폼을 교차 사용하는 멀티호밍이 주목받고 있다. 예를 들어, 거래 빈도가 높고 가격 변동 폭이 크지 않은 SPA 의류나 소형 가전제품은 대규모 트래픽을 보유한 당근마켓을, 진위 확인이 필수적인 고가의 한정판 제품은 전문 검수 플랫폼인 크림이나 번개장터에 올리는 방식으로 '가치와 신뢰'를 동시에 확보하는 것이다.

두 플랫폼의 성장 가능성은 어떤 부분에 더 중점을 두느냐에 따라 달라질 수 있다. 당근마켓은 확보한 트래픽을 중고거래 외 신사업 매출로 얼마나 잘 전환할 수 있는지가, 크림은 거래 단가를 유지하며 고가치 카테고리를 얼마나 성공적으로 확장하느냐가 중요하다. 각 플랫폼의 강점과 약점, 성장의 바로미터가 되는 핵심 질문들을 명확히 이해해야만 거대한 시장 변화 속에서 새로운 기회를 포착할 수 있을 것이다.

브랜드의 미래: 적과의 동침

그동안 명품 브랜드와 중고시장은 서로 다른 목표를 가진 동상이몽이었다. 브랜드들은 중고거래가 매장 질서를 해치고 가품 유통을 부추기는 골칫거리로 여겼다. 하지만 리세일 시장이 연간 수조 원대 규모로 급성장하면서 브랜드들은 태세를 전환하여 단순한 관망자가 아닌, 시장을 함께 설계하고 주도하는 핵심 주체가 되었다.

브랜드가 중고시장에 뛰어든 것은 단순한 유행 추종이 아니라 필연적인 변화였다. 리세일 시장이 제공하는 거대한 수익 창출의 기회를 외면할 수 없었던 것이다. 중고시장에서 형성되는 가격을 통제하여 과도한 할인 경쟁을 방지하고, 가품 유통으로 프리미엄 가치가 훼손되는 일을 막으려는 계산도 작용했다. 이와 동시에 중고시장이 Z세대와 밀레니얼 세대가 유입하는 접점으로 활용되고 있어, 이들을 미래의 충성 고객으로 전환시키고자 하는 전략이 뒤따랐다. 마지막으로, ESG(환경·사회·지배구조) 경영이 기업 평판에 필수적인 요소로 자리 잡으면서, 자원 순환과 지속 가능한 소비를 장려하는 모습이 브랜드 이미지 강화 및 투자자 요구에 부합한다는 인식도 확산되었다.

시장에 뛰어든 브랜드들은 각기 다른 전략으로 움직이고 있다. 롤렉스는 중고 유통의 전 과정을 직접 통제하는 모델을 선택했다. 온라인과 오프라인 자사 채널에서 강화된 검수 기준과 일관된 가격 정책을 적용하며, 외부 플랫폼을 배제하고 품질과 신뢰를 직접 책임진다. 프랑스 명품 그룹 케링은 전략적 투자 모델을 택해, 자사 플랫폼보다는 크림 같은 선도 리세일 업체의 지분을 인수하는 방식으로 리스크를 낮추고 성장의 과실을 함께 나눈다. 한편 LVMH는 기술 표준 모델을 주도하는데, 블록체인 기반의 디지털 보증서를 도입해 거래 내역과 진위 정보를 분산 원장에 기록하고, 시장의 검증 기준을 직접 설정해 참여자들에게 영향력을 행사하고 있다.

이러한 브랜드의 직접 참여는 리세일 시장을 더욱 세분화하고 복잡하게 만들었다. 브랜드 인증 중고 채널은 공식 기준에 부합하는 최신 모델 중심으로 운영되고 있고, 디자이너 브랜드의 희귀 빈티지와 수십 년 된 클래식 제품은 빈티지 전문 플랫폼이 맡는다. C2C 플랫폼은 빠른 거래 속도와 예상치 못한 득템의 즐거움을 앞세워 여전히 일상 거래의 중심을 지키고 있다. 소비자는 완벽한 품질 보증과 브랜드 경험을 원한다면 브랜드 인증 중고 채널을, 희소성과 스토리를 중시하면 빈티지 전문 플랫폼을, 빠르고 편리한 거래를 원하면 대형 C2C 플랫폼을 선택할 수 있게 되었다.

무엇보다 특정 브랜드와 플랫폼의 가치를 평가할 때는 브랜드가 자신만의 가치를 지켜내기 위해 나아가는 방식 중 완전 통제형, 전략적 투자형, 기술 표준형 중 어느 쪽에 해당하는지, 그리고 플랫폼은 브랜드 의존을 벗어나 희귀 카테고리나 특정 고객층을 위한 독자적인 경쟁력을 얼마나 단단히 구축하고 있는지를 꼼꼼히 살펴야 한다. 이렇게 분절된 상황 안에서 각자의 강점을 극대화한 플레이어들이 리세일 시장의 미래를 이끌어갈 것이다.

리세일 시장의 궁극적인 지향점

그렇다면 리세일 시장이 향하는 가장 궁극적인 미래는 어디일까? 바로 중고거래라는 껍질을 깨고 대체 실물자산을 거래하는 새로운 금융시장으로 진화하는 것이다. 이제 리세일은 단순히 쓰던 물건을 사고파는 행위를 넘어 우리의 옷장과 선반 위 물건들을 주식이나 부동산처럼 새로운 투자 포트폴리오로 재편하는 흐름을 만들고 있다.

모든 것이 투자 자산이 되는 시대는 더 이상 일부 마니아들의 전유물이 아니다. 과거에는 부유층의 취미로만 여겨졌던 희귀 위스키, 미술품, 시계와 같은 수집품들이 지난 10년간 주식시장의 평균 수익률을 능가했다는 사실은, 영국 부동산 컨설팅 그룹 나이트 프랭크 **Knight Frank**의 럭셔리 투자지수가 잘 보여준다. 이 지수는 클래식 카, 미술품, 와인, 보석, 고급 시계 등 다양한 고가 수집품의 가격 변동과 시장 성과를 종합해 보여주며, 수집품이 주식이나 부동산과는 다른 대체 투자처로 주목받고 있음을 나타낸다. 인플레이션 시대를 맞아 자산 가치를 방어하려는 똑똑한 투자자들이 이제는 희소성이 있는 물건에서 새로운 기회를 찾아내기 시작한 것이다.

국내 시장도 이에 발맞춰 빠르게 움직이고 있다. 조각투자 플랫폼 '테사'는 누적 공모금액 321억 원, 투자자 3만 5,000명 이상을 확보했으며, '트레져러'는 명품 시계와 가방을 조각투자 형태로 제공해 누적 가입자 수가 약 60만 명에 이른다. 2024년 6월, 금융위원회가 발표한 토큰증권 가이드라인은 조각투자를 제도권으로 끌어들이면서 공식 인정했다. 이러한 제도적 변화는 금융사로 하여금 자산 배분 포트폴리오에 중고 명품과 예술품을 포함할 수 있는 길을 열어주었다.

더 나아가 리세일 자산의 가치 평가 방식도 고도화되고 있다. 블록체인을 이용해 거래 이력을 투명하게 기록하는 동시에 AI 기반의 수요·공급 분석과 희소성 평가 알고리즘을 도입한 서비스들이 등장해 투자자의 신뢰를 높이고 있다. 국내외 여러 스타트업이 AI와 블록체인 기술을 결합해 새로운 가치 평가 시스템을 개발 중이며, 이러한 기술 인프라가 확대될수록 리세일 자산의 투자 가치는 더욱 커질 것으로 기대된다.

앞으로 우리는 물건을 살 때 스스로에게 묻게 될 것이다. "이것은 단순한 소비인가, 아니면 미래의 수익을 만들어낼 자산인가?" 단순히 만족을 위한 소비가 아니라, 순환 경제 속에서 가치를 유지하며 되돌아오는 자산으로 물건을 바라보는 순간, 리세일은 소비와 투자의 경계를 허물고 새로운 금융 생태계로 자리매김할 것이다. 머지않아 리세일 플랫폼들은 전통적인 자산 투자 시장과 어깨를 나란히 하며 경쟁하게 될 것이고, 이 시장의 성장 속도는 전체 소비 경제의 구조 변화를 가늠하는 중요한 지표가 될 것이다.

02 부의 양극화
쏠림 속 자산의 새로운 흐름

    수백만 원짜리 한정판 명품 백을 사기 위해 백화점 문이 열리기도 전에 줄을 선다. 이들에게 값비싼 사치품은 자신의 지위를 증명하는 수단이자 미래 가치를 위한 투자 수단이다. 같은 시각, 단돈 천 원이라도 절약하려고 편의점 김밥으로 점심을 대신하는 사람들도 있다. 천정부지로 솟은 물가에 '런치플레이션(런치+인플레이션)'이라는 신조어까지 등장한 상황에서 이들의 한 끼 식사는 만족보다는 생존에 가깝다.

    이처럼 극단적인 두 부류는 같은 시대를 살아가고 있다. 우리 사회는 부의 양극화로 갈라졌다. 2024년 상위 10% 가구(순자산 10분위)

가 전체 가계 순자산의 절반에 가까운 약 45%를 소유하고 있고, 하위 50% 가구(순자산 1~5분위)의 총자산은 전체의 약 10%에 지나지 않아 격차의 깊이를 실감케 한다.

순자산 10분위별 가구의 순자산 점유율

단위: 만 원, %

2017년		
	평균 순자산	점유율
전체	31,572	100.0
순자산 1분위	-666	-0.2
순자산 2분위	2,565	0.8
순자산 3분위	6,108	1.9
순자산 4분위	9,624	3.0
순자산 5분위	15,912	5.0
순자산 6분위	25,030	7.9
순자산 7분위	40,131	12.7
순자산 8분위	57,393	27.6
순자산 9분위	87,196	27.6
순자산 10분위	131,916	41.8
2024년		
	평균 순자산	점유율
전체	44,894	100.0
순자산 1분위	-669	-0.1
순자산 2분위	3,067	0.7
순자산 3분위	7,666	1.7
순자산 4분위	13,365	3.0
순자산 5분위	20,185	4.5
순자산 6분위	31,400	7.9
순자산 7분위	51,082	11.4
순자산 8분위	75,633	16.8
순자산 9분위	108,882	24.2
순자산 10분위	199,516	44.4

출처: 통계청

이는 단순히 부자와 빈자의 이야기가 아니다. 우리나라의 경제 구조가 대부분을 가진 소수와 거의 갖지 못한 다수로 재편되고 있음을 여실히 보여주는 증거라고 할 수 있다. 거대한 갈림길 앞, 당신은 어디에 서있는가? 앞으로 어디로 가야 할까?

중산층의 붕괴

한때 우리 사회를 떠받치던 중산층이라는 든든한 기둥이 흔들리고 있다. 경제적 안정의 상징이었던 중산층 지위가 더 이상 노력만으로는 달성할 수 없는 꿈이 되어버린 지금, 우리는 모래시계처럼 허리가 잘록한 양극화 사회로 급속히 재편되고 있다. 이러한 변화는 특히 Z세대에게 단순한 경제적 어려움이 아닌, 인생 전체의 전략과 가치관을 바꿔야 하는 생존의 문제로 다가온다.

나는 중산층일까?

대부분의 사람들은 중간을 좋아한다. 너무 튀는 것도 선호하지 않고, 그렇다고 뒤처지는 것도 좋아하지 않는다. 이처럼 적당한 위치에서 안도감을 느끼려는 사람이 많아서인지, 많은 이들이 부자보다는 중산층의 삶을 영위하고 싶어 한다. 그렇다면 그토록 많은 이들이 현실적인 목표로 삼는 중산층의 범위는 어디부터 어디까지일까?

OECD는 한 나라의 가구들을 소득 순으로 줄 세웠을 때 정확히 중간에 있는 가구의 소득, 즉 중위소득의 75~200%를 중산층이라고 본다. 2025년 기준, 중위소득은 4인 가구 기준으로 월소득 610만 원이다. 그래서 4인 가구 기준 월소득 약 458만~1,220만 원인 가구를 중산층으로 볼 수 있다. 하지만 이 기준을 보고 "나도 중산층이네!"라고 말할 수 있는 사람은 많지 않다. 몇 가지가 걸림돌로 작용하며 중산층의 개념을 흔들고 있기 때문이다.

우선 통계의 착시가 작용한다. 중산층의 기준으로 매겨지는 소득의 실질적인 가치가 과거와 비교할 수 없을 정도로 추락했다. 2015~2024년, 실질임금 상승률은 연 평균 1%대에 머무른 반면 생활비는 무섭게 치고 올라갔다. 소득은 거의 제자리걸음을 하고 있는데 주거비, 식비, 교육비 등 고정비가 무섭도록 치솟으면서 여윳돈은 급격히 줄어들었다. '월급은 통장을 스칠 뿐'이라는 자조 섞인 농담은 중산층 삶의 질이 얼마나 크게 떨어졌는지를 보여준다.

소득과 자산의 간극은 더 잔인하다. 시간이 갈수록 자산의 규모 면에서 건널 수 없는 격차가 커지고 있다. A와 B 모두 10억 원의 자산이 있다고 가정해 보자. A는 영혼까지 끌어모아 은행 대출을 끼고 10억 원짜리 아파트를 구입했다. 표면적인 자산은 10억 원이지만 이중 6억 원은 대출이라 매달 월급의 상당 부분을 대출이자로 납부한다. 고액 자산가인 B의 10억 원은 순자산이다. B는 보유하고 있는 상가에서 매달 나오는 월세로 어디에 투자할 것인지를 고민한다.

A는 한 계단씩 힘겹게 오르고, B는 에스컬레이터를 탄 듯 수월하게 올라가는 셈이다. 분명 A도 쉬지 않고 움직였지만 알아서 움직이

는 에스컬레이터의 속도를 도통 따라잡을 수 없다. 이 간극을 잘 보여주는 대표적인 지표가 바로 소득 대비 주택가격 비율, 즉 PIR이다. PIR은 한 가구가 한 푼도 쓰지 않고 꼬박 모아서 주택 한 채를 사는 데 몇 년이 걸리는지를 의미하는 값이다. 2024년 기준, 서울의 PIR은 11.3이었다. 이 말은 11년 3개월 동안 한 푼도 쓰지 않고 돈을 모아야 집 한 채를 살 수 있다는 뜻으로, 사실상 불가능에 가까운 수치다. 성실한 노동의 가치도 자산 가치 상승 속도 앞에서는 무력해진다.

이러한 경제적 현실은 결국 멘탈을 무너뜨리고 SNS에서 증폭된 상대적 박탈감으로 이어진다. 인스타그램에 넘쳐나는 해외여행, 명품, 고급 레스토랑 이미지는 끊임없이 비교를 부추겨, 스스로를 보잘것없는 존재로 여기게 만든다. 시간이 갈수록 '노력하면 성공할 수 있다'는 믿음은 희미해지고 '부모의 자산이 곧 나의 계급'이 된다는 수저계급론을 점점 당연하게 받아들이게 된다.

실제로 각종 조사에서 노력만으로 사회경제적 지위가 높아질 수 있다고 응답한 서울 청년은 20%에 그친 반면, 계층 대물림이 굳어졌다는 인식은 갈수록 팽배해지고 있다. 이 현상은 중산층 붕괴가 단순한 경제적 문제가 아니라, 사회적 희망과 신뢰까지 흔드는 심각한 징후임을 보여준다.

허리가 사라지는 모래시계형 사회

앞서 살펴본 개인들의 불안감은 결코 기분 탓이 아니다. 통계가 우리 사회의 허리가 실제로 부러지고 있음을 분명히 보여준다.

2024년 통계청에 따르면, 소득 상위 10%와 하위 10% 간 격차가 2억 원을 넘어서며 우리 사회가 '모래시계형' 구조로 빠르게 재편되고 있다. 또한 순자산 상위 10%가 전체 가구 순자산의 44.4%를 점유하는 등 양극화가 심화되고 있다. 이러한 양극화는 비단 우리나라만의 문제는 아니지만, 세계불평등연구소 분석에 따르면 2007~2021년에 우리나라의 소득 최상위 1% 비중 증가 속도가 OECD 30개국 중 2번째로 빠른 것으로 나타났다. 특히 중간 소득층이 상위층이 아닌 하위층으로 이동하는 '하향 이동' 현상이 뚜렷해, 그 심각성이 더욱 부각된다.

이러한 구조적 변화는 우리 사회의 소득 구조가 상층과 하층은 비대해지고 허리는 잘록해지는 이른바 모래시계형 사회로 고착화되었음을 의미한다. 이러한 모래시계 구조는 사회의 허리가 무너진 것과 같다. 탄탄한 구매력을 갖춘 중산층은 기업이 안심하고 투자하고 새로운 일자리를 만들게 하는 내수 시장의 핵심 동력이자 사회의 급격한 충격을 흡수하는 완충지대 역할을 한다. 하지만 허리가 사라진 사회는 작은 충격에도 쉽게 부러지고 경기 침체의 골을 더욱 깊게 만든다. 더 나아가 중산층의 소멸은 사회를 부유층과 빈곤층의 이해관계로 나누어 극단적인 정치적·사회적 갈등을 증폭시키는 가장 큰 원인이 되기도 한다.

무엇보다 무서운 것은 주관적인 인식의 붕괴다. KDI 보고서와 같이 처분가능 소득(세금 등 필수 지출을 제외하고 자유롭게 쓸 수 있는 소득)을 기준으로 보면 중산층 비중이 유지되거나 소폭 증가했다는 분석도 있다. 그러나 이러한 통계적 수치와 달리 국민 대다수가 스스로를 중산층이라 여기지 못하는 심리적 붕괴는 더욱 심각하다.

2024년 KDI 조사에 따르면, 월평균 소득 700만 원 이상 고소득층조차 자신을 상층이라고 응답한 경우는 11.3%에 불과하고 중층이라고 인식한 이가 76.4%에 달했다. 이는 상위 소득층조차 자신을 중산층으로 인식하며 느끼는 불안감을 보여주는 동시에 실제 중산층은 그보다 낮은 하층으로 인식하는 경향이 복합적으로 작용해 전반적인 중산층 위기론을 키웠음을 시사한다.

결국 통계상 비율과 무관하게 개인들이 느끼는 불안감은 그 수치를 훨씬 뛰어넘는다. 이러한 인식의 격차는 왜 생기는 걸까? 소득-자산의 괴리와 더불어 소득의 불안정성이 결정적인 원인으로 작용한다. 통계상 연소득이 중산층에 해당해도, 계약이 언제 끊길지 모르는 비정규직이거나 매달 수입이 널뛰는 자영업자라면 스스로를 안정적인 중산층이라 여기지 않는 것이다.

대한민국의 허리는 이미 부러졌다고 해도 과언이 아니다. 안정적인 중간 지대가 사라진 사회는 극단적인 대립과 갈등에 더욱 취약해질 수밖에 없다.

'이생망'을 외치는 Z세대의 절규

중산층 붕괴는 단순한 소득 지표의 변화가 아니다. 자산 축적의 사다리가 사라지고 끝없이 치솟는 생활비 앞에서 실질 구매력이 떨어지는 현실, 그리고 스스로를 중산층이라 여기지 못하는 심리적 좌

절감 속에서 중산층의 기반과 정체성이 무너지고 있다는 의미다. 이러한 거대한 지각 변동을 온몸으로 맞으며 사회에 진출한 첫 세대가 바로 Z세대다.

이들에게 양극화는 분석 대상이 아니라 태어날 때부터 주어진 생존 환경 그 자체다. '이번 생은 망했다', 줄여서 '이생망'이라는 자조 섞인 농담은 푸념을 넘어 새로운 생존 전략이 되었다. 그들에게는 이전 세대와는 전혀 다른 시간에 대한 인식이 자리 잡고 있다.

과거의 부모 세대에게 시간은 자산을 불려주는 든든한 아군이었다. 성실하게 일하고 저축하면 시간이 복리의 마법을 통해 내 집 마련과 안정적인 노후를 보장해 줄 것이라는 믿음이 있었다. 하지만 Z세대의 출발선은 제로조차 못 되는 마이너스이다. 국무조정실이 발표한 2024년 청년의 삶 실태조사에 따르면, 청년 개인의 평균 부채는 1,637만 원이고, 특히 청년층의 소득 대비 부채 비율이 전 연령대 중 가장 빠르게 증가 중인 것으로 나타났다. 이 부채는 단순히 갚아야 할 돈을 넘어 사회초년생 때부터 신용점수를 갉아먹고 결혼과 출산 같은 인생의 주요 계획들을 무기한 연기시키거나 포기하게 만드는 실질적인 족쇄가 된다. 부를 축적할 귀중한 시간을 선불로 차감당한 채 인생 레이스를 시작하는 것이다.

자산 축적의 전통적인 공식, 즉 '티끌 모아 태산'이라는 저축 신화는 Z세대에게 더 이상 유효하지 않다. 이들은 시간을 압축하고 변동성에 베팅하는 전략을 택한다. 가상자산 거래소 투자자의 절반가량이 2030세대라는 사실은 이를 상징적으로 보여준다. 이들의 투자는 안정적인 자산 증식이 아닌 생존형 베팅에 가깝다. 근로소득이라는 계단을 포기하고 코인이나 밈 주식(기업 실적과 관계없이 입소문을 타면서 투자자가 몰려 주가가 급등락하는 주식)이라는 아슬아슬한 로프로 단숨에 절벽을 넘으려고 시도한다.

한편에서는 단돈 몇백 원이라도 더 벌기 위한 처절한 노력도 공존한다. 스마트폰 앱을 통해 퀴즈를 풀거나 광고를 보며 포인트를 모으는 앱테크 시장 규모가 수천억 원대로 성장하고, 걷기만 해도 현금성 포인트를 주는 '캐시워크' 같은 앱이 1,000만 다운로드를 기록한 것은 결코 우연이 아니다. 이는 Z세대가 월급이라는 전통적 소득원을 불신하고 고위험성 투자와 저위험성 티끌 모으기를 동시에 시도하며 필사적으로 자신만의 현금 흐름을 만들고 있음을 보여준다.

이들의 달라진 시간 개념은 소비에서도 명확히 드러난다. 이들은 내 집 마련이 사실상 불가능해졌다고 여기고, 미래를 위해 현재를 희생하는 것을 비합리적이라 여긴다. 경기 침체기에 수백만 원에서 수천만 원에 이르는 명품 가방이나 의류 대신 상대적으로 가격대가 낮아 나를 위한 작은 사치로 실현할 수 있는 립스틱, 아이섀도 등 스몰 럭셔리 화장품을 찾는 소비자들이 늘고 있다. 집 대신 당장 손에 쥘 수 있는 작은 사치와 인스타그램에 올릴 추억에 집중하는 것이다.

무엇이 우리를 갈라놓았나

언제부턴가 노력보다는 소유가, 땀보다는 운이 중요해졌을까. 성실한 노동의 가치가 자산 증식의 속도를 따라잡지 못하는 현실, 특히 전세 제도와 교육열이라는 한국만의 독특한 조건들이 결합되면서 부동산은 단순한 거주 공간을 넘어 계급 대물림의 도구가 되었고, 이는 우리 사회를 돌이킬 수 없는 양극화의 길로 이끌었다. 출발선이 달라지면서 같은 속도로 달려도 도착점은 전혀 다르게 나타나는, 공정한 경쟁 자체가 불가능해진 사회의 민낯이 드러나고 있다.

노동 가치를 앞지르는 자산의 증식 속도

우리 사회에 부의 양극화라는 그림자가 짙게 드리운 이유는 과연 무엇일까? 그 원인을 밝히기 위해 경제 전반을 정밀 진단해 보았다.

먼저 근로소득을 보자. 2015~2024년 월급액은 꾸준히 증가했다. 하지만 세금과 4대 보험을 제외하고 물가상승률까지 반영한 실질임금, 즉 손에 쥐고 쓸 수 있는 돈의 가치는 얼마나 올랐을까? 2015년의 실질임금은 월평균 약 315만 원이고, 2024년에는 약 357만 원이다. 약 10년 간 실질임금 누적 상승률은 약 13%로, 연평균 1.4% 수준이었다. 물가 상승과 고정비 지출을 감안하면 실질 구매력은 거의 제자리걸음이나 다름없다.

진짜 문제는 자산이다. 2016년 6월 전국 아파트 매매 중위가격은 약 2억 7,900만 원이었으나, 2025년 6월에는 약 3억 6,000만 원으로 10년간 29% 올랐다. 특히 서울은 더욱 급격한 상승을 보였는데, 2016년 6월 아파트 매매 평균가격은 약 5억 6,000만 원이었으나, 2025년 6월에는 13억 원 수준으로 132% 가까이 뛰었다. 노동 가치는 한 걸음씩 나아간 반면 자산 가치는 두세 걸음 이상 앞서간 셈이다.

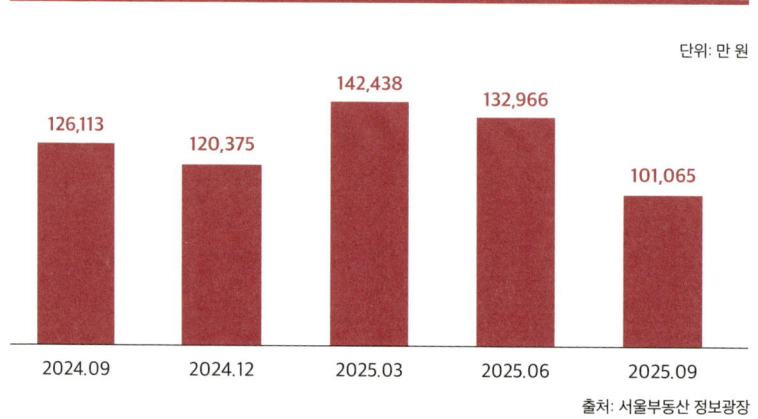

서울 아파트 평균 거래 금액 (단위: 만 원)

2024.09	2024.12	2025.03	2025.06	2025.09
126,113	120,375	142,438	132,966	101,065

출처: 서울부동산 정보광장

'조물주 위에 건물주'라는 말처럼, 자산 폭등은 아파트를 넘어 상가·빌딩 시장까지 확산됐다. 성수동, 연남동 등 핫플레이스에 위치한 꼬마빌딩조차 가격이 천정부지로 솟구쳤다. 건물주들은 월급쟁이의 평생 급여를 넘어서는 시세차익과 월세 수입을 동시에 거머쥐었다. 많은 이들이 그토록 희망하는 불로소득을 만든 것이다.

주식 역시 불로소득을 얻을 수 있는 대표 자산으로 인식되고 있다. 특히 코로나19 초기인 2020~2021년 이른바 '동학개미운동' 시기에는 폭발적인 상승세를 보였다. 2020년 한 해 동안 우리나라의 코스피 지수는 31%, 코스닥 지수는 45% 상승했다. 해당 시기 동안 자산을 두 배 이상 불린 사람도 등장했으며, 이는 같은 기간 실질임금 상승률을 압도적으로 상회하는 수준이었다. 불장을 경험한 이들은 그때의 수익률을 잊지 못하고, 성실한 노동보다는 불로소득을 추구하는 경향이 강해졌다.

이렇게 자산이 스스로 부를 키우는 경험은 성실한 노동의 의미를 퇴색시키기에 충분하다. 물론 투자를 한다고 해서 무조건 수익을 얻을 수 있는 것은 아니다. 하지만 2015~2024년에 서울 아파트값이 100% 이상 폭등했다. 코로나 시기의 불장을 경험한 투자자들은 수익의 맛을 잊지 못하고, 성실한 노동보다는 불로소득을 추구하는 경향이 강해졌다. 이렇게 자산 증식 속도가 빨라질수록 부의 양극화는 더욱 심화될 것이다.

공식으로 증명된 자산의 상승 속도

월급이 오르는 속도보다 아파트값이 10배 더 빠르게 상승하는 기묘한 현실. 어떻게 이런 일이 가능할까?

먼저 시장에 돈이 너무 많이 풀렸다. 막대한 유동성이 기름을 부었다는 뜻이다. 2008년 글로벌 금융위기와 2020년 코로나19 팬데믹을 거치며 각국 중앙은행은 경제가 멈추지 않도록 시장에 돈을 쏟아부었다. 한국은행 역시 기준금리를 0.5%라는 사상 최저 수준까지 낮추며 기업과 가계가 아주 싼 이자로 돈을 빌릴 수 있게 했다. 중앙은행이 경제라는 자동차를 멈추지 않게 하기 위해 금리라는 기름을 사상 최저 수준으로 흘려보낸 셈이다.

하지만 저성장 국면에서 헐값이 된 돈은 기업 투자나 임금 상승을 만들지 못했고, 더 확실한 수익이 보장되는 부동산과 주식 같은 자산 시장에 집중적으로 몰려들었다. 자산 인플레이션이 시작된 것이다. 이는 마치 가뭄이 든 논밭은 그대로인데 저수지의 수위만 위험할 정도로 높아진 것과 같다. 시중에 돈은 넘쳐나는데 내 월급 통장만 그대로인 이유가 바로 여기에 있다.

더 근본적인 원인은 프랑스의 경제학자 토마 피케티의 자본주의 핵심 이론, 자본수익률 r > 경제성장률 g을 통해 들여다볼 수 있다. 이 공식이야말로 양극화의 비밀을 푸는 가장 중요한 열쇠다. g는 국가의 전체 파이가 커지는 속도로, 월급의 인상 속도를 예로 들 수 있다. r은 돈이 스스로 돈을 버는 속도, 즉 자산 가격 상승률이다. 피케티가 증명한 내용에 따르면, 역사적으로 보면 거의 항상 r이 g보다 컸다. 즉, 돈이 돈을 버는 속도가 노동으로 돈을 버는 속도보다 항상 빨랐다는 뜻이다.

이 공식을 바탕으로 실질적인 예시를 살펴보자. 여기 똑같이 1억 원의 자산을 가진 A와 B가 있다. A는 성실한 월급쟁이로 1억 원을 예금에 넣어두고 월급으로 생활한다. 그의 자산은 경제성장률만큼, 즉 연 2%씩 늘어난다. 반면 B는 1억 원을 연 5%의 수익률을 내는 자산, 그중에서 부동산에 투자했다. 20년 뒤 두 사람의 자산은 어떻게 달라졌을까?

A의 1억 원은 연 2%의 복리로 약 1억 4,900만 원이 된다. 하지만 B의 1억 원은 연 5%의 복리로 2억 6,500만 원을 훌쩍 넘어선다. 출발선은 같았지만 어디에 서있었느냐에 따라 자산의 크기가 거의 두 배 가까이 차이 나게 된 것이다. 이것이 바로 r > g가 만들어내는, 시간이 갈수록 격차가 벌어질 수밖에 없는 불평등 구조다. B가 특별히 더 똑똑하거나 더 열심히 일해서가 아니라 그가 올라탄 자산 에스컬레이터가 노동 계단보다 빨랐기 때문이다.

지난 10년간 대한민국은 이 공식이 극적으로 실현된 무대였다. 우리나라의 경제성장률은 연평균 2.6% 수준을 기록한 반면, 부동산을 중심으로 한 자산 가격은 이를 크게 상회하는 상승률을 보였다. 특히 0.5%라는 사상 최저 금리 환경에서 자산 투자와 단순 저축 간의 수익률 격차는 더욱 벌어졌다. 이 게임에서 자산 에스컬레이터를 탄 사람과 노동 계단만 오른 사람 사이의 격차는 구조적으로 확대될 수밖에 없었다.

한국판 부동산 불패 신화

자산 가치가 급여 상승률을 훨씬 뛰어넘는 현상은 세계 어디서나 나타난다. 한국은행 통계에 따르면, 우리나라 가구의 평균자산 중 75.2%는 부동산에 묶여있다. 미국(28.5%), 일본(37%), 영국(46.2%)과 비교해도 부동산에 대한 자산 의존도는 매우 높다고 볼 수 있다. '부동산은 결코 배신하지 않는다'는 종교 같은 믿음이 우리 사회 깊숙이 뿌리내리고 있기 때문이다. 이것은 단순한 탐욕이나 그릇된 믿음이 아니라 압축 성장을 경험한 이들의 학습 결과라고 할 수 있다.

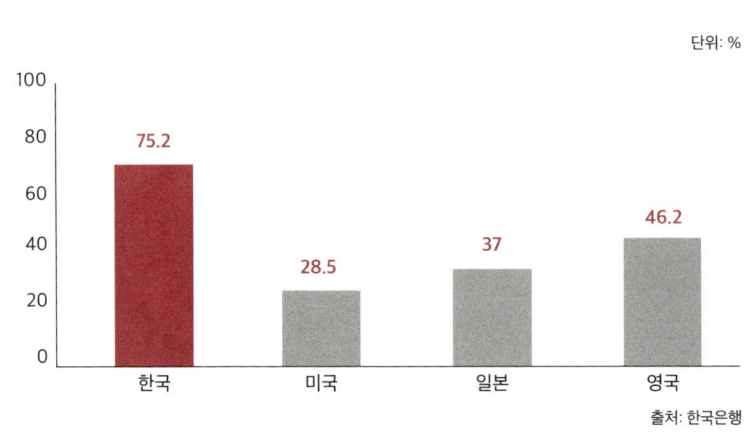

이러한 부동산 쏠림 현상에는 독특한 임대차 제도인 전세가 결정적인 역할을 했다. 10억 원짜리 아파트의 전세가가 7억 원일 때 집주인은 단 3억 원만으로도 10억 원짜리 집을 소유하게 된다. 세입자에게 받은 7억 원의 보증금은 2년간 무이자로 빌린 대출금이나 다름없다. 전세 시스템은 타인의 돈으로 레버리지를 극대화하는 '갭투자'를 가능케 했다. 자기자본을 가진 사람이 부동산 자산을 취득하고, 이것을 기반으로 또 부를 축적하며 부의 증식 속도를 가속화시켰고, 결과적으로 양극화를 심화시킨 것이다.

여기에 우리 사회의 또 다른 특수성인 교육열이 더해지며 부동산 가격에 불을 붙였다. '좋은 대학=성공' 공식이 지배하는 사회에는 학군 프리미엄이 존재한다. '초등학교를 품은 아파트'라는 뜻의 부동산 용어 '초품아'도 치열한 교육열의 산물이다.

학부모들이 자녀의 명문대 입학이라는 목표를 위해 서울 강남구 대치동과 양천구 목동으로 학군 입성 전쟁을 벌이는 현상은 이제 일상이 됐다. 특히 학군지 이사 시기가 초등학교 졸업 전으로 점차 빨라지면서 대치동 집값을 가열시키고 있고, 실제로 학군지 아파트 가격은 최근 2~3년간 20~30% 상승하는 등 강한 프리미엄을 형성하고 있다. 대치동 래미안 대치팰리스 전용 84㎡는 2021년 약 37억 원에서 2025년 47억 원으로 약 27% 상승하며 신고가를 경신했고, 목동 신시가지 2단지 95㎡형도 2025년 26억 원에 거래되며 연초 대비 4억 원(약 18%) 상승했다. 이러한 학군지 프리미엄은 부동산 시장의 강력한 수요 요인으로 작용하며, 집값을 계속 밀어 올리고 있다.

길 하나를 사이에 두고 학군이 달라지고, 그 지역 부동산을 소유했다는 사실만으로 교육과 자산이 대물림되는 '그들만의 리그'가 형성된다. 교육열은 부동산으로 이어져, 태어날 때 이미 부의 크기가 결정되는 지경에 이른 셈이다.

부의 양극화가 그려낸 풍경들

부의 양극화는 상상조차 어려운 호화 소비와 생존을 건 초저가 경쟁이 뒤섞인 기묘한 풍경을 만들어냈다. 한편에서는 수억 원대 와인과 슈퍼카를 누리고, 다른 한편에서는 6,000원 짜리 치킨과 5,000원 짜리 도시락을 위해 줄을 선다. 이 극단적 대비는 부의 축적 방식이 완전히 달라진 결과로, 우리가 마주해야 할 사회적 격차를 고스란히 보여준다. 지금 이 순간에도 이분법적 소비가 우리 사회를 갈라놓고 있다.

VVIP, 그들만의 리그

한 병에 수천만 원을 호가하는 와인이 경매장에서 팔리고, 하룻밤 숙박비가 1,000만 원에 달하는 호텔 스위트룸은 몇 달치 예약이 꽉 차 있다. 연회비 300만 원짜리 신용카드를 쓰기 위해 사람들은 기꺼이 줄을 서고 도로에서는 5억 원짜리 슈퍼카가 심심치 않게 목격된다. 이것은 영화나 드라마 속 이야기가 아니다. 오늘날 우리나라 최상위 계층의 풍경이다.

그렇다면 이 리그에 속한 사람들은 대체 몇 명이나 될까? 스위스 투자은행 UBS가 발표한 2025 글로벌 자산 보고서에 따르면, 우리나라에는 순자산 100만 달러, 즉 14억 원 이상을 보유한 백만장자가 무려 130만 명이 넘는다. 이는 전 세계에서 10번째로 많은 수치다. 이 수치는 불황에도 흔들리지 않는 거대한 프레스티지 시장이 소수의 재벌이 아닌 우리나라 인구의 약 2.5%, 즉 40명 중 1명꼴로 존재하는 수많은 자산가에 의해 유지되고 있음을 의미한다.

한국수입자동차협회에 따르면, 2024년 한 해 동안 1억 원 이상 고가 수입차의 신규 등록 대수는 총 6만 2,520대에 달했다. 이는 전체 등록 수입차(약 26만 3,000여 대)의 약 23.7%에 해당하는 규모로, 고금리·고물가 환경에서도 프리미엄 소비 시장은 흔들림 없이 유지되고 있음을 보여준다. 특히 3억 원 이상 초고가 수입차의 경우, 2023년 기준으로 3,138대가 신규 등록되었는데, 이는 2018년(307대) 대비 무려 10배 이상 증가한 수치다. 초고가 차량 수요는 단기간에 폭발적으로 증가하고 있으며, 자동차 시장 전반에서 '상위 1%' 소비가 확대되고 있는 흐름을 뚜렷하게 보여준다.

이들 차량의 상당수는 법인 명의로 등록되어 있으며, 2024년 전체 수입차 중 법인 등록 비중은 35.3%에 이른다. 이는 단순한 '이동 수단 구매'를 넘어, 법인 세금 전략, 이미지 마케팅, 지위 과시용 자산 소비가 결합된 양상으로 읽힌다. 4억 원대의 '람보르기니 우루스'는 젊은 자산가층의 상징으로, 7억 원에 달하는 '롤스로이스 팬텀'은 전통적 부의 위엄을 과시하는 아이콘으로 자리 잡았다. 이제 도로에서 흔히 볼 수 있는 수입차는 단순한 브랜드 선호를 넘어, 경제적 지위를 시각적으로 표출하는 수단이 되었다.

그들의 자산은 미술품과 하이엔드 시계 시장에서 더욱 노골적으로 드러난다. 김환기 화백의 대표작 〈우주〉는 2019년 홍콩 크리스티 경매에서 약 132억 원에 낙찰되어 한국의 현대미술 경매 사상 최고가를 기록했다. 평범한 직장인이 평생 벌기 힘든 금액이 단 하나의 작품에 담긴 셈이다. 실제로 하나금융연구소의 대한민국 웰스 리포트에 따르면, 고자산가일수록 금, 예술품, 시계 등 실물자산 보유 비중이 높아지고 있고, 대체자산 투자를 선호한다. 이들은 희귀 미술품이나 하이엔드 시계를 인플레이션에 대응하는 방어 자산이자 국경을 넘어 부를 이전할 수 있는 은밀한 비밀금고로 인식하고 있다.

이처럼 견고한 성벽은 보이지 않는 서비스와 네트워크를 통해 더욱 높아지고 있다. 연회비만 300만 원에 달하고 엄격한 자체 기준을 통과한 소수에게만 발급되는 현대카드의 더 블랙The Black 같은 VVIP 카드는 분리된 세계의 출입증 역할을 한다. 수십억 원 이상의 금융 자산을 예치해야만 이용할 수 있는 시중은행의 프라이빗 뱅킹 서비스 역시 단순한 자산 관리를 넘어 세무·법률 자문에서 가업 승계까지 가문의 부를 설계하고 지키는 집사 역할을 한다. 부의 양극화가 심화될수록 이들의 세계는 더욱 밀도 높게 농축된다.

가성비를 넘어 초저가로 향하는 사람들

VVIP들이 수백만 원, 수천만 원대 명품을 사기 위해 백화점 문을 열기 전부터 줄을 서는 동안 성 밖의 세상에서는 전혀 다른 오픈런 풍경이 펼쳐진다. 바로 6,990원짜리 반값 치킨을 사기 위해 대형마트 앞에 몰린 사람들이다. 2022년 한 마트가 선보인 이 치킨 한정판매는 개점 한 시간 전부터 줄이 길게 늘어서는 진풍경을 연출했고, 몇몇 지점에선 번호표까지 배부했다. 대상이 샤넬 백에서 치킨으로 바뀌었을 뿐, 원하는 것을 얻기 위한 절박함으로 그려진 경쟁의 풍경은 놀라울 만큼 닮았다.

가성비가 일상이 된 시대, 그 중심에는 국민 가게 다이소가 있다. 2024년 다이소의 연 매출은 무려 3조 9,689억 원에 달했다. 단 하나의 철학 5,000원 이하의 실용적인 가격을 고수하면서도 생활용품의 품질과 디자인 범위를 확장하며 온라인 쇼핑의 공세 속에서도 전성기를 이어가고 있는 유통 공룡이다. '다이소에 가면 없는 게 없다'는 말은 이제 단순한 소비자 감탄을 넘어 고물가 시대의 생존 전략이 되었다.

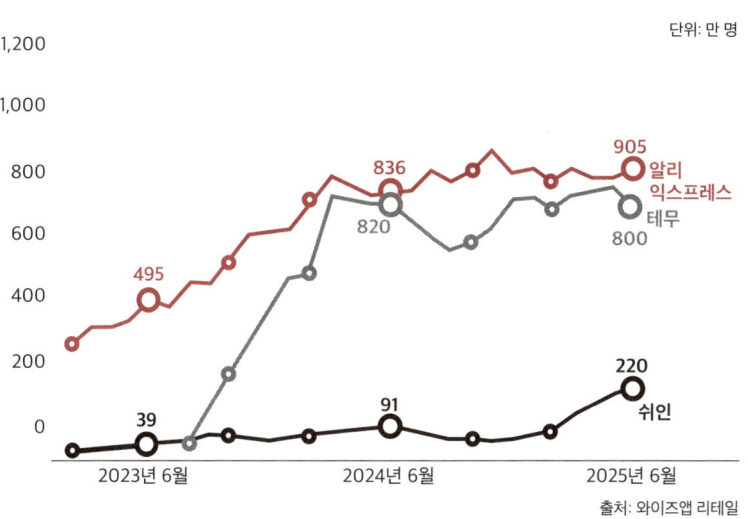

온라인 쇼핑 진영의 판도 바뀌고 있다. 이른바 '대륙의 역습'이라 불리는 알리익스프레스와 테무, 쉬인은 국내 유통망을 건너뛰고 공장에서 소비자에게 직접 상품을 배송하는 초저가 직구 모델로 앱 사용자 수는 2023년 6월부터 2025년 6월까지 계속 증가했다. 2025년

6월 알리익스프레스의 월간 활성 사용자 수^{MAU}는 905만 명, 테무는 800만 명, 쉬인은 220만 명으로 쿠팡의 독주를 실질적으로 위협하고 있다. 믿기 힘들 만큼 저렴한 가격, 배송 속도, 개선 리뷰 마케팅 등으로 이들은 소비자에게 가성비의 새로운 기준을 제시하고 있다.

초저가 전략은 우리의 밥상과 커피 한잔에도 스며들었다. 편의점의 자체 브랜드^{Private Brand, PB} 상품은 CU 28%, GS25 29.1%, 세븐일레븐 30%에 달할 만큼 편의점 전체 매출의 3분의 1 가까이 차지한다. 한때 '김혜자 도시락'으로 상징되던 가성비 식품의 인기는 여전하며, 직장인들의 손에는 5,000원대 스타벅스 커피 대신 1,500원짜리 메가커피와 컴포즈커피가 자리 잡았다. 이 두 브랜드의 매장을 합치면 전국 6,000개 이상, '생존 커피'라는 말이 과장이 아니라는 걸 보여준다.

한때 소비자의 외면을 받았던 패밀리 레스토랑 업계가 활기를 되찾은 것도 같은 흐름이다. 외식 물가가 고공행진을 이어가면서 '비싼 한 끼'로 여겨졌던 패밀리 레스토랑이 오히려 가성비 식당으로 여겨지면서 합리적인 선택지로 탈바꿈된 것이다. 애슐리퀸즈 매장 수는 2022년 59곳에 불과했으나 2024년 109곳으로 증가했고, 2025년 상반기 매출은 2,200억 원으로 전년 동기를 크게 웃돌았다.

이렇게 해서 절약한 돈은 어디로 가는 걸까? 부모 세대처럼 내 집 마련이나 결혼 자금이라는 '미래의 투자'로 향하고 있을까? 현실은 그렇지 않다. 현재의 절약은 미래를 위한 투자라기보다 생존을 위한 최소 방어선이다. 2024년 합계출산율은 0.75명으로 2015년 이후 9년 만에 반등했지만, 여전히 초저출산의 굴레를 벗어나지 못하고 있다. 혼인율 역시 2024년 22만 2,000건으로 전년 대비 14.8% 증가했음에도 2030세대가 연애와 결혼, 출산을 미루거나 포기하는 가장 큰 이유는 여전히 '소득과 주거의 불안정'이다.

연애, 결혼, 출산을 포기한 '삼포 세대'라는 말은 이제 내 집 마련과 인간관계까지 포기한 '오포 세대'를 넘어 삶의 모든 희망을 포기한다는 의미의 'N포 세대'로까지 확대되었다. 이처럼 포기를 선택한 청년이 1,000만 명을 넘었다고 해서 '포청천'이라는 단어까지 생겨났다고 하니, 단어의 진화 과정 자체가 어떻게 해서 '포기'가 청년들의 보편적인 정서로 자리 잡게 되었는지를 씁쓸하게 보여준다.

중간의 실종

양극단의 소비가 폭발적으로 성장하는 동안, 중간 가격대와 품질을 내세우던 많은 브랜드와 매장은 어디로 사라진 것일까? '중간의 실종'은 먹고, 입고, 사는 일상 영역에 걸쳐 현실로 나타나고 있다.

외식 산업에서는 강남이나 청담동의 고급 파인 다이닝 레스토랑이 여전히 치열한 예약 경쟁을 벌이고 있다. 부유층은 한 끼 식사에 기꺼이 수십만 원을 지불하며 미식의 경험을 소비한다. 반면 CU·GS25의 김혜자·백종원 도시락은 '갓성비' 아이콘으로 불티나게 팔린다. 이들에게 점심값 1만 원은 사치이며 단돈 5,000원 내외로 한 끼를 해결하는 것이 생존의 미덕이다.

하지만 그 중간에 있던 패밀리 레스토랑들은 전반적으로 고전을 면치 못하고 있다. 외식업계 전반에 걸친 양극화 현상 속에서 중간 가격대 매장들이 가장 큰 타격을 받고 있는 것이다. 실제로 아웃백 스테이크하우스는 2024년 매출 4,305억 원으로 전년 대비 5.9% 감소했고, 영업이익은 31%나 줄어들었다. 일부 예외적으로 성장한 브랜드들이 있지만, 이는 전체적인 '중간의 실종' 트렌드를 거스르지는 못한다. '이 돈 주고 먹을 바엔 차라리 더 비싼 곳에서 제대로 즐기거나, 아니면 편의점에서 훨씬 싸게 때우겠다'는 인식이 확산된 결과다.

패션업계에서도 이 같은 현상이 도드라진다. 불경기의 영향으로 명품 시장은 과거처럼 폭발적 성장을 이어가지는 못하고 있지만, 인기 제품을 구매하기 위한 오픈런 현상은 여전하다. 실제로 에르메스·루이비통·샤넬 등 초고가 명품 브랜드의 2024년 국내 매출은 사상 최대치를 기록했다. 지속적인 가격 인상에도 불구하고 구매층의 충성도와 리셀 가치, 희소성 마케팅 등의 이유로 매출 증가세가 이어졌다.

반면 알리익스프레스·테무의 수천 원짜리 티셔츠나 1만 원대 바지를 한철 입기용으로 사는 이들이 늘고 있다. 중산층이 즐겨 입던 지오다노, 탑텐 같은 국내 중저가 캐주얼 브랜드 혹은 자라ZARA, H&M 같은 글로벌 SPA 브랜드들은 저가 경쟁에 뛰어들거나 프리미엄 포지셔닝을 시도하다가 실패하며 점차 설 자리를 잃고 있다. 명품과 초저가 사이에서 소비자의 선택을 받지 못하는 샌드위치 신세가 된 것이다.

리빙·가전 시장에도 비슷한 양극화 현상이 나타난다. 삼성 비스포크와 LG 오브제컬렉션처럼 프리미엄 디자인과 스마트 경험을 강조한 하이엔드 가전은 나만의 공간을 꾸미려는 고소득층에게 여전히 강한 매력을 발휘하고 있다. 2025년 2분기 LG전자 생활가전 사업본부의 매출은 8조 8,429억 원, 영업이익은 6,944억 원을 기록하며, 프리미엄 디자인 가전의 급속한 성장세를 증명했다. 특히 오브제컬렉션을 필두로 한 프리미엄 라인은 생활가전 사업 전반의 실적 성장에 핵심 동력이 되었다. 삼성전자 역시 AI 기능과 연결성을 강화한 비스포크 가전을 글로벌 시장으로 확대하며 프리미엄 가전 경쟁에 본격적으로 뛰어들었다. 이처럼 고소득층은 가전을 삶의 질을 향상시키는 투자로 여기고 기능·디자인·브랜드 경험을 모두 따져 지갑을 연다.

당근마켓과 같은 중고 플랫폼에서는 이사하면서 싸게 처분하는 가구와 가전이 활발하게 거래된다. 잦은 이사와 1인 가구 증가 추세 속에서 새 제품에 큰돈을 들이기보다 필요한 기간만큼 싸게 쓰고 되파는 실속형 소비가 확산된 것이다. 이런 상황에서 중간에 어정쩡하게 위치한 중견 가전·가구 브랜드는 프리미엄 시장을 노리는 대기업과 초저가 시장을 장악한 중고 플랫폼 사이에서 큰 압박을 받고 있다.

가장 심각한 문제는 우리 경제의 뿌리이자 실질적인 허리인 자영업자와 중소기업의 붕괴다. 2025년 4월 기준 자영업자는 약 561만 5,000명으로 전체 취업자의 20% 이상을 차지했다. 그러나 현실은 냉혹하다.

창업 기업의 5년 생존율은 약 27~30%에 불과해, 10곳 중 7곳이 5년 안에 문을 닫는다. 특히 자영업자 대출 연체율은 2025년 1분기

1.88%로 장기 평균(1.39%)을 크게 상회하고 있으며, 다중 채무자이면서 저신용·저소득인 취약 자영업자의 연체율은 12.24%에 달해 12년 만에 최고치를 기록했다. 생존율은 낮고 연체율은 높아지면서 자영업자의 인력·재정 기반이 날로 흔들리고 있다. 이는 단순한 소비 변화가 아닌, 중간 계층을 지워내고 경제 활력을 잠식하는 구조적 붕괴 신호다.

갈라진 대한민국의 내일

초저가 경쟁은 단순히 '더 싸게 파는' 싸움이 아니라, 데이터를 기반으로 한 효율 혁명으로 진화하고 있다. 온라인과 오프라인의 경계를 허문, 대량 판매와 개인화 옵션이 결합된 모델이 새로운 부를 만들어낸다. 이제 승부처는 가격이 아니라 물류·AI·데이터를 결합한 운영 최적화로 바뀌어가는 양상이다.

초저가 시장의 미래 성장 기회

양극화된 경제는 초저가 시장을 차세대 성장 엔진으로 탈바꿈시킨다. 이 시장은 더 이상 단순한 저가 경쟁이 아닌 데이터와 효율성을 기반으로 하는 새로운 유통 및 서비스 산업의 핵심 기회가 될 것이다. 우리는 이 흐름을 통해 극한의 가성비 시대에 나의 소비와 지출을 어떻게 최적화할지, 나아가 이 거대한 흐름 속에서 어떤 기회를 포착할지에 대한 힌트를 얻을 수 있다.

온라인 쇼핑 시장은 지속적으로 성장 중이다. 2025년 7월 기준, 국내 온라인 쇼핑 거래액은 23조 335억 원으로 전년 동기 대비 7.3% 증가했다. 이중 모바일 쇼핑 비중은 78.8%로 전년 동월(76.9%)에 비해 1.9%p 증가했다. 이제 소비자는 언제 어디서나 최저가를 찾는 데 익숙해졌다. 이는 초저가 시장이 일시적 유행이 아닌, 플랫폼 전략의 판도를 바꿨음을 보여준다.

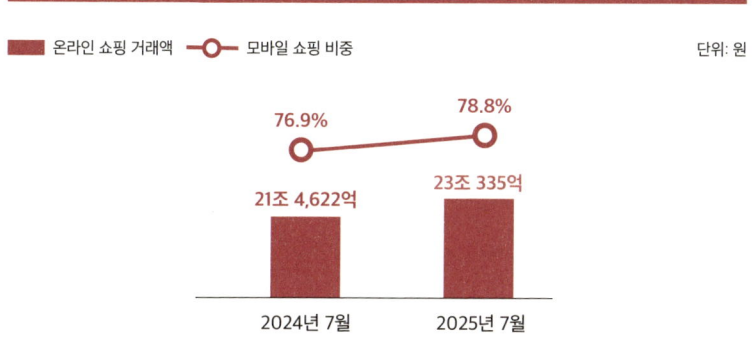

글로벌 유통업계에서도 '가치 채널의 부상'이 가속화되고 있다. 하드 디스카운트(대량 판매로 시중보다 저렴하게 판매) 스토어인 알디Aldi는 최근 몇 년간 미국에서 연간 100~200개의 신규점을 꾸준히 오

픈하며 빠른 성장세를 보이고 있다. 2024년 약 120개 매장을 개점했고, 2025년에는 225개 이상의 신규 매장 개점을 계획하고 있어 미국 진출 50년 역사상 단일 연도 기준으로 최대 규모의 확장을 추진하고 있다.

브랜드 제품을 정가보다 훨씬 낮은 가격으로 판매하는 오프 프라이스 스토어(유통사가 이월 상품을 직접 매입하여 저렴하게 판매) TJ맥스를 운영하는 TJX는 2025년 2분기 매출이 전년 동기 대비 7% 증가한 144억 달러(약 20조 원)를 기록했고, 영업이익은 16억 5,000만 달러(약 2조 원)로 12.2%나 늘었다. 이로써 압도적으로 저렴하거나 대체할 수 없는 트렌드가 소비를 양극화하고 있음을 보여준다.

국내에서는 소비자의 선택권을 확대하면서도 비용 부담을 줄이는 새로운 모델들이 확산되고 있다. 새로운 소비 트렌드인 '토핑 경제'가 초저가 시장의 진화를 보여주는 대표적인 사례다. 마라탕에 취향대로 토핑을 추가하거나 요거트 아이스크림에 다양한 토핑을 얹는 방식처럼, 기본 상품은 저가로 제공하되 개인화된 추가 옵션으로 수익을 창출하는 모델이 확산되고 있다.

이러한 토핑 경제는 저가 시장에서도 개인화를 실현하는 혁신적인 방식으로 주목받고 있다. 소비자는 불필요한 기능이 포함된 고가의 패키지 대신 원하는 요소만 선택해 비용을 절감할 수 있다. 샐러드 프랜차이즈 '샐러디'는 기본 샐러드에 원하는 토핑만 추가하는 방식으로 개인 맞춤형 서비스를 제공하고, 신발 회사 '크록스'는 기본 신발에 개성을 더하는 지비츠라는 옵션을 판매한다.

더 나아가 구독 서비스 영역에서도 토핑 경제가 확산되고 있다. 유튜브 프리미엄은 광고 제거와 백그라운드 재생 등 추가 옵션을 선택할 수 있게 하고, 쿠팡 와우 멤버십은 기본 배송 서비스에 OTT 서비스를 추가하는 방식이다. 이는 외식뿐 아니라 교육, 뷰티, 헬스, 문화 등 다양한 서비스 분야에서 '가격 중심 소비'가 확대될 가능성을 시사한다.

궁극적으로 초저가 시장의 본질은 단가 인하가 아니라 고효율 구조 구축에 있다. 아마존이나 알리바바가 AI 기반 수요 예측과 재고 최적화를 통해 물류비를 낮추듯 이제 국내 기업들도 초저가 유통에 AI 엔진과 빅데이터 분석을 결합하고 있다. 소비자에게는 검색하지 않아도 나를 이해하는 추천 시스템이, 기업에는 팔릴 상품만 효율적으로 진열하는 운영 최적화가 곧 경쟁력이 된다.

개인 투자자와 예비 창업자라면 이 흐름에 주목해야 한다. 초저가 시대는 단순한 가격 경쟁이 아니라 AI+물류+소비 데이터가 교차하는 효율의 전쟁이기 때문이다. 미래 유통의 판도는 초저가 플랫폼에서 결정되고 있다.

프리미엄의 진화

양극화의 또 다른 축인 최상위 계층은 불황도 비껴간 '그들만의 리그'를 굳건히 유지하며 새로운 부의 엔진을 돌린다. 이들의 소비는 단순한 사치를 넘어 자산 증식과 시간 해방을 위한 투자로 진화하며 프리미엄 시장을 끝없이 키운다. 우리는 이 흐름을 통해 엘리트 자본이 어디로 향하고 어떤 가치를 창출하는가에 대한 통찰을 얻고, 다가올 미래 시장에서 어떤 기회를 주목해야 할지 파악할 수 있다.

명품 시장은 글로벌 둔화에도 가치 저장 수단으로 독점적 지위를 굳히고 있다. 특히 아시아 시장이 성장을 견인하고 있다. 2024년 글로벌 개인 명품시장이 2% 감소한 가운데 루이비통·샤넬 등 대부분 브랜드의 매출이 감소했지만 에르메스는 14.7% 성장했고, 국내에서는 에르메스·루이비통·샤넬 모두 사상 최대 매출을 달성하며 지역별 편차를 보였다.

이러한 양상은 단순히 부유층의 구매력이 증가했기 때문만이 아니다. 극심한 인플레이션과 불확실한 경제 상황에서 명품은 예측 가능한 가치 보존 수단이자 희소성 자산으로 재조명되고 있다. 특히 리셀 시장의 확산과 '샤테크' 등의 투자 개념이 확산되면서, 명품은 전통적인 소비재를 넘어 엘리트 자산 포트폴리오의 대안 투자 수단으로 자리매김하고 있다.

현금이 화폐 가치를 잃고 전통적인 투자처마저 불안정한 상황에서 명품 브랜드가 가진 고유의 장인정신, 역사, 그리고 철저한 희소성 전략은 대체 불가능한 가치 저장소로서의 매력을 더한다. 명품 브랜드는 앞으로도 독점 경험·가치에 초점을 맞춘 고도화된 마케팅·유통 전략이 주류가 되고, 이를 지원하는 기술·서비스 기업이 각광받을 것이다.

고액 자산가들의 시간 해방을 위한 초개인화 서비스 시장 역시 성장 가능성이 높다. 미래학자들은 2026년 이후 고액 자산가들이 시간을 돈보다 귀한 자산으로 인식하는 경향이 더욱 강화될 것으로 예측한다. 이들의 소비가 절약보다는 시간의 절대적 확보와 삶의 효율성 극대화에 초점을 맞추게 됨을 의미한다. 복잡한 세금 투자, 포트폴리오 관리, 해외 자산 운용, 자녀 교육, 건강관리 등에 들어가는 시간을 최소화하기 위해 이들은 기꺼이 최고 수준의 비용을 지불할 것이다.

국내 주요 은행들의 프라이빗 뱅킹 서비스 확대와 프라이빗 뱅킹 고객 자산 증가율은 이러한 흐름을 뒷받침한다. 앞으로 개인 맞춤형 컨설팅, 럭셔리 컨시어지, 전담 헬스케어, 그리고 개인 비서 역할까지 수행하는 AI 기반의 솔루션 등 고도로 개인화된 시간 절약형 프리미엄 서비스 시장이 폭발적으로 성장할 것이다. 이러한 시장에서 성장할 기업들은 데이터 기반의 초개인화 솔루션과 최고 수준의 신뢰와 네트워크를 제공하는 곳이 될 것이다.

프리미엄 시장은 단순히 비싸기만 한 것이 아니다. 이것은 시간의 가치를 사고, 희소한 자산을 확보하며, 독점적인 경험을 통해 삶을 확장하는, 새로운 부의 엔진으로 기능할 것이다. 당신은 이 시장의 움직임을 읽음으로써 자본이 향하는 방향성을 꿰뚫어 볼 수 있을 것이다.

디지털 심리 케어 시장의 미래

경제적·사회적 양극화가 심화될수록 개인의 고립감과 불안감은 더 깊어진다. 물질적 격차는 '나는 충분치 않다'는 심리적 압박으로 이어지고, 급변하는 사회는 예측 불가능성을 키운다. 이런 정서적 결핍은 개인 문제를 넘어 사회의 지속 가능성을 위협하는 구조적 과제로 부상한다. 이 가운데 디지털 심리 케어 분야는 양극화 시대의 새로운 기회 영역으로 부상하고 있다.

사회적 고립감이 증가되는 것에 대한 논의는 계속되고 있다. 최근 통계에서는 1인 가구의 비중이 증가하면서 특히 청년층에서 외로움과 정서적 고립을 호소하는 비율이 높게 나타난다. 2023년 고독사 사망자는 3,661명으로 전년 대비 증가하였으며 이중 상당수가 1인 가구였다. 이러한 정서적 위기는 디지털 기반의 멘탈 헬스케어 시장의 성장에 중요한 촉매제로 작용하고 있다.

디지털 치료제 시장의 성장세는 가파르다. 글로벌 마켓 '인사이트'는 디지털 치료제 시장이 2023~2032년에 연평균 31.4% 성장할 것이라고 내다봤고, 한국보건산업진흥원은 해당 시장이 2024년 약 78억 8,000만 달러(약 11조 원)에서 2034년 567억 달러(약 79조 원) 규모로 성장할 것이라고 예측했다.

디지털 치료제란 모바일 애플리케이션, 인공지능, 가상현실VR, 웨어러블 기기 등 디지털 기술을 활용하여 질병을 예방·관리·치료하는 소프트웨어 기반의 치료 솔루션이다. 의료진의 처방하에 임상적으로 검증된 디지털 플랫폼을 통해 환자의 건강 상태를 실시간으로 분석하고 개인 맞춤형 치료를 제공한다. '저출생 고령화' 파트에서도 확인했듯, 정신건강 분야 DTx가 시장을 주도할 것으로 보인다. 불안, 우울증, 불면증, ADHD, PTSD 등 정신건강 질환과 함께 당뇨병,

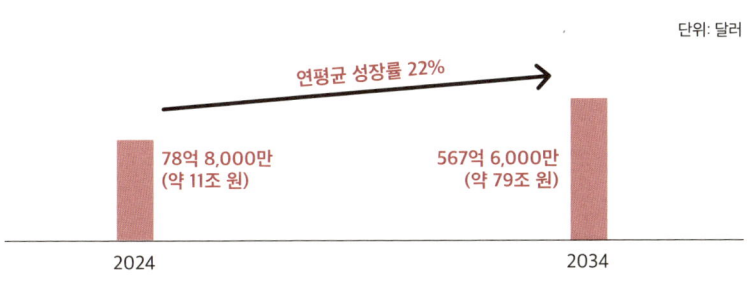

심혈관 질환 등 만성질환 관리 영역에서 활용도가 높아지고 있다.

2024년 6월, 국내에서 처음으로 디지털 치료제가 정식으로 처방되기 시작했다. 웰트Welt가 개발한 '슬립큐'는 불면증을 겪는 이들을 위한 새로운 해법으로 주목받고 있다. 단순히 수면을 돕는 앱이 아니라 수면일기 데이터를 바탕으로 개인별 적정 취침 시간을 제안하고, 행동 중재와 이완 요법을 개선하는 인지행동치료CBT-I 기반의 디지털 치료제다. 휴레이 포지티브는 '하이디'라는 솔루션을 통해 당뇨병, 비만, 고혈압 등의 만성질환 데이터를 분석하고 식사, 복약, 운동에 이르기까지 맞춤형 상담을 제공한다. 특히 삼성화재, 현대해상 등 주요 보험사와 국민건강보험공단과 협업하여 기업-소비자-플랫폼B2B2C 사업 모델로 확장해 나가고 있다.

앞으로 디지털 심리 케어는 AI 챗봇 기반 예측·관리 솔루션으로 진화할 것이다. AI 챗봇은 대화는 기본이고, 음성·표정을 분석해 심리 상태를 85% 정확도로 진단하고 맞춤 코칭을 제공한다. 시장조사업체 폴라리스마켓리서치는 AI 기반 정신건강 관리 시장 규모가 2024년 12억 달러(약 1조 7,000억 원)에서 2032년 103억 달러(약 14조 5,000억 원)까지 커질 것으로 내다봤다. 또 다른 시장조사업체 글로벌 인포메이션은 2023~2032년에 정신건강 분야 AI 시장 연평균 성장률을 22.3%로 추산하기도 했다.

고도화된 AI 기술은 인간의 외로움과 결핍을 치유하는 관계형 서비스로 확장될 가능성이 있다. 이른바 가상 친구, 버추얼 연인과 같은 관계형 AI 서비스는 감정적 연결의 부담을 줄이며 익명성과 접근성을 무기로 새로운 정서 산업을 형성하고 있다. 이미 일본과 중국에서는 이러한 서비스가 상용화되어 있으며 우리나라에서도 관련 스타트업들이 등장하고 있다.

결론적으로 양극화 사회는 물질적 풍요뿐 아니라 인간의 본질적인 관계와 정서마저 결핍시킨다. 하지만 이러한 결핍은 역설적으로 외로움, 불안감, 연결의 욕구라는 인간 본연의 니즈를 해결하는 새로운 산업과 비즈니스 모델을 끊임없이 탄생시킬 것이다. 우리는 이 흐름에서 인간 감정과 관계를 깊이 이해한 새로운 기회를 포착할 수 있다.

03
렌트 리스크

전세사기에서 벗어날 대안

    2023년 우리 사회를 뒤흔들었던 '빌라왕' 전세사기 사건을 기억하는가? 수만 명의 청년과 신혼부부가 평생 모은 전세보증금을 한순간에 잃게 만든 그 사건 말이다. 지금도 그 악몽은 끝나지 않았다. 오히려 더욱 교묘한 형태로 진화하며 계속되고 있다.

    전세는 서민들에게 단순한 임대차 계약이 아니다. 전세보증금은 매달 사라지는 월세와 달리 2년 뒤 온전히 돌려받을 수 있는 강력한 믿음이고, 다음 단계의 더 나은 집으로 갈 수 있다는 희망이다. 즉, 전세는 내 집 마련으로 가는 가장 안전한 징검다리로 여겨졌었다.

    하지만 '빌라왕' 사태와 그 이후로도 끊이지 않는 전세사기 사건들은 이 약속의 고리가 얼마나 허술한 것인지를 처참하게 드러냈다. 세입자는 집주인의 세금 체납 여부조차 제대로 알 수 없었고, 보증보험은 제 역할을 하지 못했으며, 사회 시스템은 개인의 전 재산을 지켜주지 못했다. 가장 안전한 사다리라고 믿었던 것이 사실은 가장 위험한 외줄 타기라는 것이 증명된 것이다.

사회적 신뢰의 붕괴는 한국 주거 시장의 패러다임을 뿌리부터 바꾸고 있다. 이제 전세, 특히 빌라 전세는 기피 대상으로 전락했다. 그 결과 전세를 신뢰하지 못하게 된 수많은 사람들이 매달 생돈이 공중 분해되는 것을 알면서도 울며 겨자 먹기로 월세 시장으로 내몰리는 거대한 주거 난민 생활을 시작하게 되었다.

거대한 월세 쇼크는 개인에게는 새로운 렌트 리스크를, 시장에서는 그 리스크를 해결하려는 새로운 비즈니스의 기회를 동시에 만들어내고 있다. 지금부터 우리는 렌트 리스크라는 거대한 파도가 어떻게 우리의 삶과 산업 지도를 바꾸고 있는지, 그리고 그 안에서 어떤 미래를 준비해야 하는지 들여다보고자 한다.

렌트 시장의 현주소

그동안 전세는 내 집 마련을 향한 가장 확실한 디딤돌이었다. 2년 뒤 온전히 돌려받을 수 있는 보증금은 다음 단계로 올라서기 위한 종잣돈이자 월세보다 경제적인 합리적 선택의 대명사였다. 이제 그 공식이 완전히 깨졌다. 안전을 최우선으로 하는 새로운 주거 트렌드가 시작된 것이다. 문제는 이 안전한 월세 시장이 생각보다 훨씬 가혹하다는 점이다. 치솟는 월세는 청년들의 지갑을 털어가고, 꿈을 포기하게 만들며, 사회 전체를 뒤흔드는 새로운 위험이 되고 있다.

데이터로 보는 아파트 월세 선호 현상

2023년의 전세사기 대란은 한국 주거 시장에 대규모 이탈 현상을 불러왔다. 그 목적은 단 하나, 빌라라는 위험 지대에서 탈출하는 것이었다.

전세사기 피해는 주로 다세대·다가구주택, 오피스텔에서 집중 발생했다. 이러한 현상은 경매 시장에서 더욱 처참한 모습으로 나타났다. 2024년 초까지 70%대였던 서울지역 다세대·연립 낙찰가율은 주택도시보증공사HUG의 경매 참여 이후 평균 80%대로 높아졌다. 하지만 수많은 집들이 깡통전세 상태가 되어 경매로 쏟아져 나오는 상황은 여전하며, 이는 전세금을 떼인 청년들이 사회생활을 시작하기도 전에 수억 원의 빚을 떠안고 신용불량자로 전락하는 사회적 재난으로 이어지고 있다.

결국 2025년 1분기 서울 연립·다세대주택 임대차 거래 중 월세 비중이 59.3%로 전세 비중(40.7%)을 앞섰다. 전세 거래는 4분기 연속 하락세를 보였으며, 월세 거래는 2분기 연속 증가했다. 수만 가구가 순식간에 전세에서 월세로 갈아탔다는 의미다. 더불어 세입자가 지불한 월세 총액은 역대 최고치를 기록했다. 2025년 7월 월세 총액은

서울시 연립·다세대주택의 전·월세 거래량

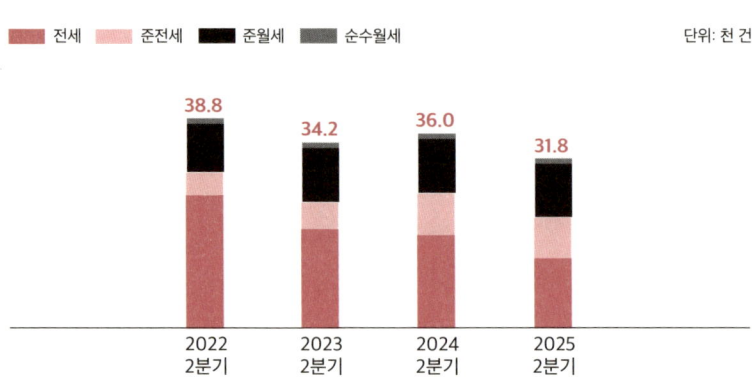

출처: 부동산 플래닛

최근 5년간 월세 부담금 총액

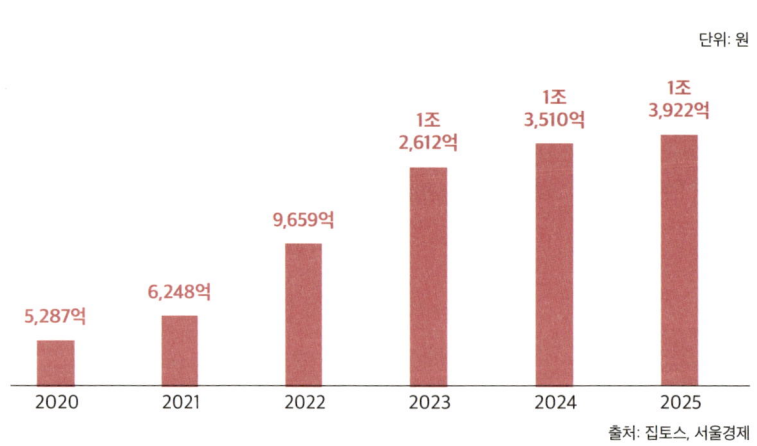

출처: 집토스, 서울경제

1조 3,922억 원으로 1년으로 환산하면 16조 7,000억 원에 달한다. 이는 2020년 7월과 비교하면 2.63배 증가한 수치다.

그렇다고 주거 난민들이 마주한 현실이 나아진 것도 아니었다. 그들이 마주한 건 비싼 입장료를 내야만 하는 아파트 월세 시장이었다. 빌라 전세를 탈출한 수요가 아파트로 몰리면서 서울 아파트 전세가격은 2023년 5월부터 2025년 하반기까지 꾸준히 상승했다. 2024년 서울 아파트 월세 계약 중 월세 100만 원 이상 비중은 39.1%에 달했으며, 2025년에도 고액 월세 거래가 꾸준히 지속되었다. 서울 아파트 월세지수는 매달 역대 최고치를 기록하는 중이다. 또한 집주인들은 높아진 금리 부담을 세입자에게 전가하기 위해, 순수 전세보다 보증금을 낮추고 월세를 받는 반전세 계약을 더 선호하는 경향이 뚜렷하다.

이러한 시장의 극적인 변화는 세입자들의 주거 선택 기준이 근본적으로 바뀌었음을 의미한다. 과거에는 경제성, 즉 매달 나가는 돈을 아끼고 목돈을 모을 수 있는 전세가 가장 현명한 선택으로 여겨졌다. 하지만 이제는 보증금을 떼일 위험이 없는 안전성이 최우선 순위가 되었다. 이는 2년간 수천만 원의 월세를 내더라도, 자신의 전 재산인 수억 원의 보증금을 지키려는 필사적인 몸부림이다. 자산 증식을 꿈꾸는 희망이 자산 보전을 위한 생존 가치로 완전히 바뀌어버린 현실을 여실히 보여준다.

하지만 이 안전에는 큰 대가가 따른다. 매년 수천만 원에 달하는 월세는 누군가에게는 주식이나 암호화폐에 투자해 자산을 늘릴 수 있는 소중한 종잣돈이다. 결국, 안전한 아파트 월세라는 선택은 전세사기라는 당장의 위험만 피하게 해줄 뿐, 자산가와의 격차를 더욱 벌리는 보이지 않는 덫으로 작용한다. 주거 난민이 안전한 아파트 월세에 들어선 순간, 끝없이 오르는 주거비 부담이라는 또 다른 문제와 마주하게 된다.

역전세와 깡통전세의 덫

전세사기의 공포가 악의를 가진 범죄자들에게 내 돈을 빼앗기는 것이었다면, 이제는 상황 자체가 우리를 벼랑 끝으로 내모는 시대가 되었다. 설사 집주인이 사기꾼이 아니더라도 집값 하락과 전세가 하락이라는 경제 현상만으로 내 전 재산을 증발시킬 수 있는 새로운 덫이 바로 역전세와 깡통전세다.

역전세는 전세가 하락으로 발생하는 문제다. 2023년 5억 원에 전세를 줬던 집주인이 2년 뒤인 2025년 전세 시세 하락으로 다음 세입자를 4억 원에 구해야 하는 상황이 되었다고 하자. 계약이 만료된 기존 세입자에게 5억 원을 돌려줘야 하지만 새로 받을 돈은 4억 원뿐이니 현금 1억 원을 구해야 하는 상황이 된다. 수중에 여윳돈이 없는 집주인이라면 1억 원을 돌려주지 못해 발을 동동 구를 것이다. 집주인의 고의가 아니지만 세입자 입장에서는 이사를 가야 하는데 보증금을 돌려받지 못해 발이 묶이게 된다.

상황이 더 악화되면 깡통전세가 된다. 이는 매매가 하락으로 발생하는 더 심각한 문제다. 예를 들어, 5억 원에 전세 계약한 집의 매매가가 4억 원으로 떨어졌는데, 집주인이 이 집을 담보로 2억 원을 대출 받아 근저당권이 걸려있다고 생각해 보자. 만약 집주인이 빚을 갚지 못해 집이 경매에 넘어가게 되면, 낙찰가 4억 원 중 은행이 우선순위로 근저당권에 해당하는 2억 원을 먼저 회수하기 때문에 세입자가 돌려받을 수 있는 돈은 최대 2억 원에 불과하다. 이 과정에서 세입자는 자신이 맡긴 5억 원 중 3억 원을 잃는 상황에 처하게 된다.

이러한 역전세와 깡통전세 피해는 주로 서민들이 거주하는 주택 유형에 집중되는데, 다세대주택이 30.3%로 가장 높은 피해율을 보였고 오피스텔이 20.8%, 다가구주택이 17.8% 순이었다. 이는 상대적으로 시세 변동이 크고 전세 비중이 높았던 유형의 주택이 구조적으로 취약하다는 것을 보여준다. 2024년 국회 예산정책처의 분석에 따르면, 2024년 상반기까지 만기가 도래하는 전세 계약 중 역전세 위험 가구는 59.4%인 65만 4,000호, 깡통전세 위험 가구는 10.9%인 11만 2,000호에 달했다. 역전세 위험 가구의 평균 차액은 7,319만 원, 깡통전세 위험 가구의 평균 차액은 2,345만 원으로 나타났다.

2021~2022년 집값 폭등기에 최소한의 자기자본으로 일단 사두면 오른다는 믿음 아래 많은 사람들이 갭투자에 나섰다. 그리고 시간이 흘러 2023년부터 이어진 조정기를 견디지 못하고 상당수가 백기를 들었다. 깡통전세의 최후였다.

개인들의 비극이 모여 얼마나 거대한 사회적 재난이 되었는지는 HUG의 통계가 증명한다. HUG는 다양한 보증 업무를 수행하며, 집주인이 보증금을 돌려주지 못할 때 세입자에게 대신 보증금을 변제해 주는 정부 산하 공공기관이다. HUG가 대신 갚아준 돈, 즉 보증사고액은 2024년에 무려 4조 4,896억 원으로 역대 최고치를 경신했다.

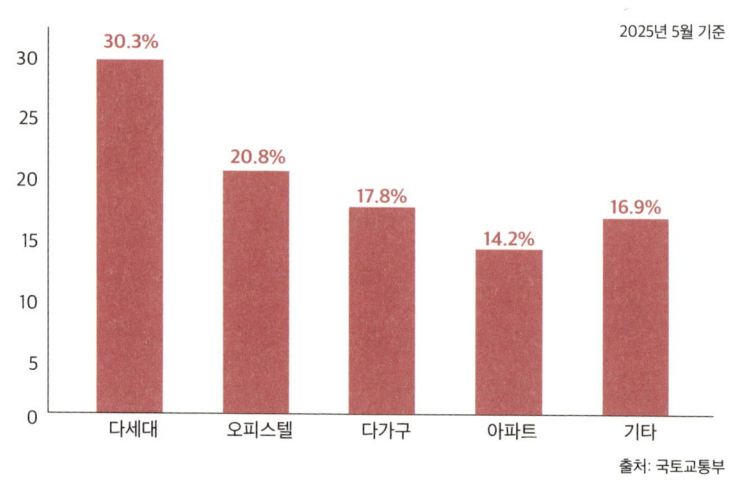

이는 2023년 HUG 연간 전세보증금 반환보증 수수료 수입 1,198억 원의 37배가 넘는 금액이다.

HUG가 집주인 대신 지급한 전세보증금이 2025년 상반기에만 1조 2,376억 원을 넘었다. 전세사기의 후유증은 여전히 계속되고 있다. 특히 깡통전세 피해의 90% 이상이 서민과 청년층이 주로 거주하는 빌라와 오피스텔에서 발생하고 있다. 사회적 약자에게 피해가 고스란히 전가되는 최악의 상황이 반복되고 있는 것이다.

그동안 우리나라의 전세제도는 주거 사다리 역할을 해왔지만, 최근 역전세와 깡통전세 문제가 심화되면서 신규 투자자의 자금으로 기존 투자자에게 배당을 지급하는 다단계 금융사기인 폰지 사기와 유사한 구조로 전락했다. 다음 세입자의 보증금으로 이전 세입자의 보증금을 돌려주는 돌려막기 방식 때문에, 새로운 전세 수요가 줄어들면 전세 시장 전체가 붕괴할 위험에 직면하게 된 것이다.

더 복잡한 문제는 해당 부동산에 부과된 재산세, 종합부동산세와 같은 당해세이다. 2023년 4월 전까지는 당해세가 세입자의 보증금보다 우선해 변제되었으나, 현재는 세입자가 전입신고와 확정일자를 취득한 이후에 부과된 당해세에 한해 세입자가 우선 배분받을 수 있도록 개선되었다. 하지만 여전히 세입자가 계약 전부터 체납된 당해세나 확정일자 취득 이전에 부과된 당해세는 보증금 변제보다 우선되어, 예기치 못한 손해를 볼 위험이 남아있다.

이처럼 세입자들은 악의적인 전세사기뿐만 아니라 집값 하락으로 인한 집주인의 파산 위험과 예측 불가능한 세무 문제까지 떠안아야 하는, 더욱 복잡하고 불안한 주거 환경에 내몰리고 있다. 이러한 상황은 결국 세입자의 주거비 부담을 더욱 가중시킬 수밖에 없다.

주거비에 짓눌리는 사람들

전세사기의 공포를 피해 아파트 월세라는 상대적 안전지대로 피신한 주거 난민들. 하지만 이들이 맞닥뜨린 현실은 매달 월급의 상당 부분을 집주인에게 내야 하는 경제적 고통, 즉 렌트 푸어 현상이었다. 렌트 푸어라는 말은 단순히 월세를 내는 사람을 의미하는 것이 아니다. 소득 대비 너무 큰 주거비 부담 때문에 생활 전반의 지출을 크게 줄여야 하는 사람들을 가리키는 표현으로, 우리 사회가 직면한 현실적 문제를 담고 있다.

이들의 고통은 숫자로 명확하게 증명된다. 2023년 전국 청년 임차 가구의 소득 대비 임대료 비율, 즉 RIR$^{Rent\ to\ Income\ Ratio}$은 17.4%를 기록했다. 전국 임차가구 평균 RIR이 15.8%인 점을 고려하면 청년들의 주거비 부담이 상당하다는 것을 알 수 있다. 통상 RIR이 25%를 넘으면 주거비 부담이 과중하다고 판단하는데, 서울 거주 청년들의 경우 이 수치는 더욱 높을 것으로 추정된다.

2022-2023 주거실태조사

구분	일반		청년	
	2022	2023	2022	2023
자가 점유율(%)	57.5	57.4	13.2	14.6
자가가구 PIR(배)	6.3	6.3	6.7	6.7
임차가구 RIR(%)	16.0	15.8	17.4	17.4

출처: 국토교통부

월 300만 원을 버는 사회초년생을 예로 들어보자. 서울 원룸 월세와 관리비로 약 80~100만 원, 학자금 대출 원리금으로 30만 원, 교통비와 통신비로 20만 원이 나간다. 이 청년이 한 달간 식비와 생활비로 쓸 수 있는 돈은 150만 원 남짓으로 저축이나 투자는 사치에 가깝다. 이는 단순히 집주인의 탐욕 때문이 아니다. 2023년 이후 이어진 고금리 기조 속에서 전세금을 받아 은행에 넣어두는 것보다 월세를 받는 것이 훨씬 더 높은 수익률을 보장하기에 집주인 역시 합리적인 선택을 한 것뿐이다. 이것이 바로 자본 소유자의 합리적인 선택이 임차인의 고통을 가중시키는 렌트 리스크의 기본 구조다.

과도한 주거비 부담은 개인의 삶을 서서히 갉아먹는다. 국무조정실이 발표한 2024년 청년의 삶 실태조사에 따르면, 청년 가구의 월평균 생활비는 213만 원으로, 지출 내역 중 가장 큰 비중을 차지하는 항목은 식료품비(80만 원), 교통비(22만 원), 오락·문화비(18만 원) 순이었다. 주거비 부담이 클수록 오락·문화비와 교육비 등 미래를 위한 투자 성격의 지출부터 줄이는 경향이 나타난다.

이와 함께 가족을 꾸리는 일 또한 먼 미래의 일이 되어가고 있다. 주요 연구기관들은 높은 주거비 부담이 단순한 소비 위축을 넘어, 결혼과 출산을 가로막는 가장 큰 장애물 중 하나라고 지적한다. 2024년의 합계출산율과 혼인 건수는 전년 대비 증가했지만 전문가들은 상당 부분이 1990년대 초반 출생자들의 결혼 연령층 진입과 코로나19로 미뤄졌던 결혼 수요가 집중된 결과라고 분석한다.

이들에게 결혼과 출산은 더 이상 당연한 삶의 단계가 아니라, 수억 원에 달하는 막대한 비용이 수반되는 무거운 짐이다. 내 집 마련이 어려운 대다수 청년들에게 결혼과 출산의 포기는 비관적인 선택이 아니라 현재의 삶을 유지하기 위한 냉철한 재무 판단일 수 있다. 렌트 리스크는 우리가 '부의 양극화' 파트에서 살펴본 N포 세대 현상을 가속화하며, 사회 전체의 지속 가능성마저 위협하는 근본적 문제로 대두되고 있다.

렌트 리스크의 근본적 원인

렌트 리스크가 발생하는 근본 원인은 세입자를 보호해야 할 제도와 시스템이 애초부터 한쪽으로 치우쳐 있다는 점이다. 세입자 권리를 보장한다는 주택임대차보호법은 구멍투성이였고 HUG 보증보험과 공인중개사 제도는 안전판 대신 사기판으로 전락했다. 정보 비대칭을 해소할 기술 솔루션이 등장했으나 여전히 핵심 데이터를 제대로 공개하지 않아 대다수 세입자는 전 재산을 걸고도 깜깜이 계약을 피할 길이 없다. 이 모든 제도적·구조적 맹점이 수십 년간 누적되어 이제는 피할 수 없는 사회적 참사가 될 것이다.

세입자를 외면한 법과 제도

렌트 리스크는 어느 날 갑자기 터진 문제가 아니다. 그것은 수십 년에 걸쳐 내 집 마련을 맹목적으로 바라보고, 세입자의 권리는 상대적으로 소홀히 다뤄온 대한민국 부동산 정책과 법 제도의 예고된 결과였다. 한마디로 운동장이 처음부터 한쪽으로 기울어져 있었던 셈이다.

우리나라의 주택 정책은 경제 성장과 함께 주택 공급 확대와 자가 소유 촉진에 집중했다. 주택을 구매하는 이들에게는 다양한 세제 혜택과 대출 지원이 주어졌다. 그 결과 자가 소유는 부의 축적을 위한 가장 확실한 길이 되었지만, 전체 가구 중 38.8%(2023년 주거 실태 조사 기준)에 이르는 임차 가구의 주거 안정성은 정책의 사각 지대에 방치되었다.

물론 주택임대차보호법이라는 최소한의 안전망은 존재한다. 그러나 그 안전망에도 여러 구멍이 숨어있었다. 세입자가 전 재산인 보증금을 지키기 위해 의지할 수 있는 두 가지 법적 방패는 '대항력'과 '우선변제권'이다. 하지만 이 두 권리는 세입자를 완벽하게 보호해 주지 못하는 심각한 한계를 지니고 있다.

먼저 주택임대차보호법 제3조가 보장하는 대항력은 집주인이 바뀌어도 세입자가 계약기간까지 계속 살 수 있음을 주장할 수 있는 권리다. 그러나 법 조항은 '대항력은 주택 인도와 주민등록(전입신고)을 마친 다음날부터 제3자에 대해 효력을 가진다'는 조건을 붙이고 있다.

악질 임대인들은 이 허점을 노렸다. 세입자가 안심하며 전입신고를 마친 바로 그날, 집을 담보로 은행에서 거액 대출을 받는 것이다. 은행의 근저당권이 세입자의 권리보다 우선순위를 갖게 되어, 세입자는 보증금을 지킬 힘을 잃는다. 이런 틈새가 '빌라왕' 같은 조직적인 사기꾼들이 하루에도 수십, 수백 건의 계약을 동시에 진행하며 세입자의 보증금을 도둑질할 수 있는 통로가 되었다.

같은 법 제3조의2가 규정하는 우선변제권은 더 큰 결함을 안고 있다. 우선변제권은 집이 경매에 넘어갈 경우 다른 빚보다 보증금을 먼저 돌려받을 수 있는 권리다. 하지만 집주인이 체납한 재산세나 종합부동산세 등 당해세는 이보다 더 우선권을 가진다. 국회입법조사처(2023) 보고서에서도 이 문제점을 명확히 지적하였다.

더욱이 이 문제의 심각성은 세입자가 계약 시점에 예상할 수 없는 세금이 보증금보다 앞설 수 있다는 점이다. 예를 들어, 계약 후 집주인이 사망해 상속세가 부과되었거나 부동산 가격 상승으로 종합부동산세가 대폭 늘어났다면, 세입자의 보증금 순위가 뒤로 밀릴 수 있다. 다행히 2023년 4월 법 개정으로 세입자가 전입신고와 확정일자를 취득한 이후 부과된 당해세에 대해서는 우선 배분받을 수 있도록 개선되었지만, 계약 이전에 이미 체납된 당해세는 여전히 보증금에 우선 변제되어 예상치 못한 손실을 볼 수 있는 위험이 남아있다.

결국 렌트 리스크는 내 집 마련을 우선시해 온 정책의 편향성에다 세입자 보호에 미흡했던 제도적 허점들이 수십 년간 누적되어 터진, 예고된 사회적 참사라고 할 수 있다.

보증의 배신과 중개의 한계

앞서 살펴본 법과 제도의 허점은 시장의 문지기 역할을 해야 할 기관과 관계자들의 부실한 운영과 맞물려 리스크를 더욱 키웠다. 세입자들이 마지막 보루로 믿었던 HUG 보증보험과 공인중개사조차 때로는 위험을 방관하거나 조장하는 아이러니한 상황이 벌어지고 있다.

가장 뼈아픈 것은 보증의 배신이었다. HUG의 전세보증금 반환보증은 집주인이 보증금을 반환하지 못할 때 국가가 대신 책임지는 제도다. 세입자에게는 최후의 안전장치로 여겨졌다. 하지만 이 믿음은 산산조각 났다. 앞서 언급했듯 2024년 한 해 동안 HUG가 집주인 대신 갚아준 전세보증금 반환액은 4조 4,896억 원이다. 하루 평균 약 123억 원가량이 HUG 대위변제에 사용된 셈이다.

악성 임대인 문제는 더 심각하다. 악성 임대인들이 HUG 보증보험을 악용해 조직적인 전세사기 범죄에 가담한 사례가 여러 건 확인됐다. 일부 고액 보증사고는 수백억에서 수천억 원대에 이르며 사회적으로 큰 파장을 일으켰다. 이들은 국가가 대신 갚아주는 보증 제도를 '공짜 보험'처럼 악용하며 전세금을 가로채는 치밀한 사기 행각을 벌였다.

이러한 사기가 가능했던 배경에는 HUG의 미흡한 보증 심사가 자리한다. 감사원의 보고서에 따르면, HUG의 보증 심사 부실이 깡통전세 리스크를 방치했고, 사기범들이 이 틈을 타 전세보증금을 편취했다. 전세가율이 100%에 달하는 위험 매물까지 거르지 않으면서 HUG 보증서는 세입자들에게는 안심의 증표였지만 사기꾼에게는 성공 보증서나 다름없었다.

공인중개사의 역할도 허술하긴 마찬가지였다. 물론 일부 악의를 가진 중개사들이 적발되었지만, 선량한 다수의 중개사들도 세입자를 완벽히 보호하지 못했다. 과거 공인중개사법에 따르면 중개사의 의무는 서류상 권리관계 확인과 설명에 한정되었으며, 집주인의 실제 재정 상태나 세금 체납 여부를 조사하거나 보증할 법적 책임은 없었다. 중개사가 "문제없다."고 말해도 법적 효력을 가지지 못해 최종 위험 부담은 세입자에게 돌아가는 현실이었다.

정부는 2024년부터 공인중개사가 중개 대상물 확인·설명서에 집주인의 체납 여부와 확정일자 부여 현황 등을 명시하고 세입자에게 설명한 뒤 서명을 받도록 법을 개정했다. 이러한 개정은 정보 제공을 강화한 것이지만, 실질적인 책임은 여전히 세입자에게 전가된다는 비판이 남아있다.

깜깜이 시장의 비극: 투명성 부재가 낳은 재난

경제학에서는 '레몬 시장' 이론이라는 개념이 있다. 겉으로는 멀쩡해 보이지만 언제 고장 날지 모르는 중고차를 정보 없이 덥석 샀다가 나중에 문제를 겪는 상황이 대표적이다. 이는 마치 레몬을 덥석 물고 신맛에 놀라는 모양새와 같다. 판매자는 차량의 모든 결함을 알지만 구매자는 이를 알 수 없는 정보 비대칭 상황에서 결국 양질의 중고차는 시장에서 사라지고 불량품만 남게 되어, 시장 전체의 신뢰가 무너진다는 것이 '레몬 시장' 이론의 핵심이다.

전세 시장에서도 심각한 정보 비대칭이 존재해, 이른바 '레몬 시장' 현상이 발생해 왔다. 집주인은 대출 여부, 세금 체납, 담보권 설정 등 주택과 관련된 모든 정보를 알지만, 세입자는 이를 정확히 파악하기 어려워 위험한 주택을 걸러내기 힘들다. 이렇게 불투명한 시장 환경이 낳은 최악의 사례가 바로 '빌라왕' 사태다. 어떻게 한 명의 사기꾼이 수천 채가 넘는 집을 소유하며 시스템을 유린하는 동안 아무도 알아채지 못했을까?

우리나라에는 세입자가 등기부등본을 통해 담보권 설정 등 일부 정보를 확인할 수 있지만, 일본의 '임대주택 등록제'처럼 세입자가 임대인의 체납 이력이나 신용 상태 등 전반적인 위험 정보를 세입자가 체계적으로 파악할 수 있는 제도는 마련되어 있지 않다. 그래서 한 명의 악성 임대인이 수백, 수천 채의 위험한 계약을 맺고 있는 전체 상황을 파악할 방법이 없다.

또한 임대보증금을 집주인 개인의 선의에만 의존하는 구조도 독특한 위험 요소다. 영국에서는 보증금 보호 제도에 따라 집주인은 정부가 승인한 제3기관에 보증금을 의무적으로 예치해야 한다. 그래서 집주인이 파산해도 보증금이 안전하게 보호되지만, 우리나라에서는 집주인의 재정 상태 때문에 세입자의 재산이 좌지우지되는 기묘한 운명 공동체가 된다.

이런 깜깜이 시장의 비극은 단순히 정보 비대칭에 그치지 않는다. 2023년 주거 실태조사에 따르면, 전체 가구 중 자가 점유율은 57.4%, 임차 가구는 38.8%이다. 이중 상당수 주택이 임대사업자로 등록하지 않은 개인 소유여서 세입자는 임대인의 대출, 세금 체납, 보증사고 이력 등 기본적인 정보를 확인하기 어렵다. 비등록 임대인은 전세금 반환 능력, 대출 현황, 체납 세금 등 의무 공개 대상이 아니기 때문에 세입자는 임대인의 위험을 가늠조차 할 수 없다. 임대주택 정보 공개와 세입자 보호를 제도가 잘 갖춰진 해외에 비해, 우리나라의 정보 투명성이 떨어져 사기 예방에 한계가 있으며, 이로 인해 세입자의 불안도 가중되고 있다.

데이터 기반 서비스도 아직 미진하다. 2023년 2월에 출시된 '안심전세' 앱은 초반 일주일 만에 5만 건이나 다운로드되며 주목받았으나, 시세 조회나 공시지가 정도를 제공하는 데 그쳐 한계를 드러냈다. 임대인의 대출 잔액, 체납 세금, 과거 보증사고 이력 등의 핵심 정보는 여전히 부분적으로만 공개된다. 부동산과 기술을 결합한 프롭테크 PropTech (Property와 Technology의 합성어) 기업들이 임대인 신용 리포트 서비스를 개발했지만, 월 1만 원 안팎의 구독료 때문에 확산 속도는 더디다.

결국 정보의 비대칭 문제는 여전하고, 시장의 신뢰를 회복하는 것은 여전히 요원해 보인다. 시장의 신뢰를 회복하기 위한 근본적인 변화 없이는 렌트 리스크의 어둠을 걷어내기 어려울 것이다.

렌트 리스크를 타파할 미래 사회

렌트 리스크 시대는 세입자의 불안에서 비롯된 신뢰의 공백이 비즈니스 기회로 전환되는 시대다. 대기업이 제공하는 안정성과 프롭테크가 만든 정보의 투명성, 생활 구독을 기반으로 한 경험 중심의 서비스가 주거 시장의 패러다임을 완전히 바꾸고 있다. 이제 세입자는 집을 소유하지 않고도 안전과 편의를 누리며, 자유로운 이동이 가능해졌다.

기업형 임대 사업자와 프롭테크

역설적이게도 붕괴된 신뢰의 폐허 위에서 신뢰 그 자체를 상품으로 판매하는 신사업이 떠오르고 있다. 과거에는 당연하게 여겼던 안전이 이제는 돈을 주고 구매해야 하는 프리미엄 서비스가 된 것이다. 2026년 렌트 시장의 성공 기회는 바로 이 신뢰를 제공하는 기업들에게 있다.

가장 먼저 이 기회를 잡은 것은 자본력과 브랜드 파워를 가진 대기업이다. 집주인과의 분쟁이나 리스크에 지친 세입자들은 '대기업이 운영하니 보증금을 떼일 걱정은 없겠지'라고 생각하며 대기업이 공급하는 기업형 임대주택 시장으로 몰려들고 있다. 이들이 구입하는 것은 단순히 집이 아니라 보증금 반환 걱정, 수리비 분쟁, 집주인의 갑작스러운 방문 등 과거 세입자들이 당연히 감수해야 했던 스트레스로부터 완전히 해방되는 안전한 주거 경험이다.

SK그룹 계열의 부동산 개발 전문 기업인 SK D&D의 주거 브랜드 '에피소드'는 우리나라에선 보기 드문 임대주택이다. 에피소드는 프리미엄 임대주택을 표방하며 피트니스센터, 라운지, 루프탑 등 입주민 전용 커뮤니티 시설을 운영하며 정기적으로 네트워킹 파티와 취미 클래스를 개최한다. 단순한 임대가 아니라 확실한 계약을 통해 안정성과 높은 생활수준을 함께 제공하는 모델이다.

기업형 임대주택의 시장 점유율은 앞으로 계속 확대될 것이다. 롯데건설 '엘리스', GS건설 '자이하우스' 등도 시장에 속속 진입하고 있다. 이들 기업은 그동안 집주인이 제공하지 못했던 안정성과 서비스 품질을 새로운 비즈니스 기회로 삼고 있다.

그러나 임대료가 높은 기업형 임대주택이 모든 세입자에게 해법이 될 수는 없다. 이 지점에서 신뢰의 격차를 메우는 두 번째 플레이

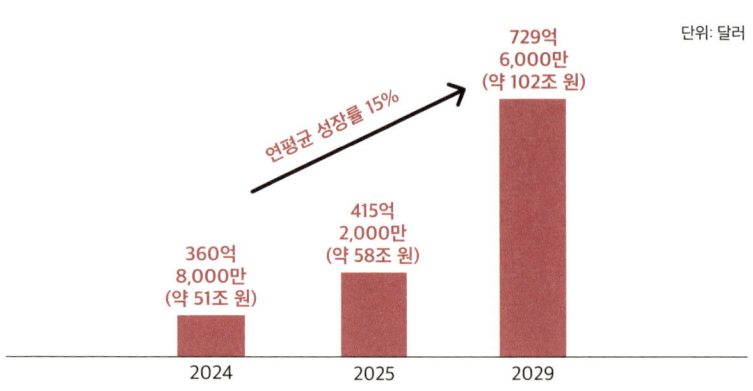

출처: 더 비즈니스 리서치 컴퍼니

어, 프롭테크가 등장한다. 2025년 상반기에만 국내 임대차 관리 및 투명성 관련 프롭테크 스타트업에 수천억 원대 투자가 몰렸다. 이는 부동산 전문 벤처투자회사VC뿐만 아니라 IT 전문 VC들도 신뢰 공백을 거대한 기회로 보고 있음을 보여준다. 한국 프롭테크 포럼의 2025년 상반기 보고서에 따르면, 글로벌 프롭테크 시장은 2029년 730억 달러(약 102조 원) 이상으로 성장할 것으로 예상된다.

프롭테크 기업들은 '안심'이라는 가치를 판매한다. 예컨대, 등기부등본만으로 확인할 수 없었던 집주인의 국세·지방세 체납 정보, 확정일자 부여 현황, 다주택 여부, 과거 보증사고 이력 등을 공공 데이터와 신용평가사 데이터를 연계해 분석한 임대인 신용 리포트 서비스가 대표적이다. 세입자는 커피 한잔 가격 정도의 수수료만 내면, 계약 전에 임대인의 신뢰도를 데이터로 확인할 수 있다.

또한 불투명했던 빌라나 오피스텔의 적정 시세를 빅데이터와 머신러닝으로 분석·예측하는 데이터 애널리틱스 기업도 주도적 역할을 한다. 과거에는 빌라 시세를 주변 아파트 가격을 참고하는 수준으로 파악하는 정도였으나 밸류맵, 부동산플래닛 등의 기업들은 국토교통부 실거래가 데이터 수백만 건을 분석하여 특정 빌라의 거래이력, 주변 시세, 공시지가를 종합적으로 제공한다. 이는 깡통전세의 위험을 사전에 경고하면서, 보증금이 안전한 수준인지를 세입자 스스로 판단할 수 있도록 객관적인 눈을 제공한다는 점에서 렌트 리스크 시대의 필수적인 도구로 자리 잡고 있다.

'다방', '직방'과 같은 임대 플랫폼들 역시 단순한 매물 중개를 넘어 전자계약과 임대관리 SaaS 시장에 막대한 투자를 하고 있다. 변호사가 검수한 전자계약서, 월세 납부 알림, 수리 요청 및 처리 내역 공유 등으로 거래 투명성을 높이고, 임대인과 임차인 모두를 자사 플랫폼에 묶어두려는 전략이다. 새로운 시장에서는 결국 세입자의 불안을 가장 확실히 해소하는 자가 승자가 될 것이다.

생활 구독과 코리빙

렌트 리스크와 주거 불안정은 사람들의 생활 방식을 근본부터 변화시키고 있다. 부동산 가격이 급등하고 전세사기 대란을 겪으면서, 젊은 세대는 더 이상 내 집 마련을 꿈꾸지 않게 되었다.

이러한 인식 변화는 물건을 소유하는 대신 구독 형태로 소비하는 생활 구독 경제의 급성장으로 이어지고 있다. 2~3년에 한 번씩 이사를 해야 하는 월세 유목민에게 침대, 소파, 냉장고, 세탁기 같은 무거운 가구와 가전제품은 평생 쓸 자산이 아닌, 매번 돈과 수고를 들여야 하는 부담일 뿐이다.

그동안 저가 렌탈이 단순히 비용 절감에 집중했다면, 2026년의 생활 구독 경제는 전혀 다른 차원의 경험을 제공할 것이다. LG전자의 'UP가전 2.0' 모델이 대표적이다. UP가전 2.0은 지속적인 소프트웨어 업그레이드와 맞춤형 서비스, 케어 서비스가 결합된 경험 관리 서비스로, 소비자는 제품 그 자체보다는 최신 상태로 유지되는 편리한 삶을 구독할 수 있다.

가구 구독 스타트업 '살구(구 미공)'는 1인 가구의 2~3년 거주 기간에 맞춰 침대, 소파, 책상 등 가구를 월 단위로 빌려 쓸 수 있는 서비스를 제공한다. 이사를 할 때는 반납하거나, 새로운 집으로 이전 설치를 요청하기만 하면 된다. 이 트렌드는 그림(오픈갤러리), 식물(꾸까), 고급 매트리스(슬립앤슬립)까지 삶 전반의 구독형 소비로 확장되고 있다. 소유라는 낡은 개념이 우리 삶의 기본 영역에서부터 옅어지고 있음을 명확히 보여준다.

물건을 구독하는 흐름은 주거 공간 자체를 구독하는 '코리빙^{Co-living}' 트렌드로 이어진다. 높은 주거비를 감당하기 어렵고 1인 가구로서 사회적 고립감을 느끼는 젊은 세대에게 코리빙 하우스는 새로운 주거의 대안으로 떠올랐다. 부동산 데이터 전문 기업 알스퀘어에 따르면, 2022~2024년 코리빙 하우스의 임대 수요는 연평균 22% 증가했고, 홍콩계 글로벌 오퍼레이터 위브리빙 등 해외 기업들의 진출도 가시화되고 있다.

'맹그로브', '어반플레이' 등의 코리빙 브랜드들은 사적 공간을 철저히 보장하면서, 호텔급 라운지, 피트니스 시설, 서재, 주방과 같은 공용 공간을 제공한다. 이들이 판매하는 진짜 상품은 공간이 아닌 경험과 커뮤니티다. 입주민들을 대상으로 한 요가 클래스, 네트워킹 파티, 독서 모임 등 다양한 커뮤니티 프로그램을 통해 집은 잠만 자는 곳이라는 고정관념을 깨고 느슨한 연대를 맺고 함께 성장하는 라이프스타일 플랫폼으로 주거 공간을 재정의하고 있다.

결국 렌트 리스크 시대의 젊은 세대는 소유의 무거운 짐을 내려놓고, 불안정한 주거 환경 속에서 유연하고 다양한 경험을 선택하며 주거 소비의 패러다임을 완전히 바꾸고 있다. 렌트 시장의 또 다른 기회는 바로 소유 대신 경험을, 집 대신 라이프스타일을 구독하는 비즈니스 모델을 선보이는 기업들에게 열릴 것이다.

부의 이동 트렌드 2026

2025년 11월 19일 초판 1쇄 인쇄
2025년 11월 26일 초판 1쇄 발행

지은이 | 손희애
펴낸이 | 이종춘
펴낸곳 | ㈜첨단

주소 | 서울시 마포구 양화로 127 (서교동) 첨단빌딩 3층
전화 | 02-338-9151
팩스 | 02-338-9155
인터넷 홈페이지 | www.goldenowl.co.kr
출판등록 | 2000년 2월 15일 제 2000-000035호

본부장 | 홍종훈
편집 | 문다해, 박지아
교정 | 강현주
디자인 | 유어텍스트, 윤선미
전략마케팅 | 구본철, 차정욱, 오영일, 나진호, 강호묵
온라인 홍보마케팅 | 이지영
제작 | 김유석
경영지원 | 이금선, 최미숙

ISBN 978-89-6030-654-7 03320

BM 황금부엉이는 ㈜첨단의 단행본 출판 브랜드입니다.

- 값은 뒤표지에 있습니다. 잘못된 책은 구입하신 서점에서 바꾸어 드립니다.
- 이 책에 나오는 표현, 수식, 법령, 세법, 행정 절차, 예측 등은 오류가 있을 수 있습니다. 저자와 출판사는 책의 내용에 대한 민/형사상 책임을 지지 않습니다.
- 이 책은 신저작권법에 의거해 한국 내에서 보호를 받는 저작물이므로 무단 전재 및 복제를 금합니다.

황금부엉이에서 출간하고 싶은 원고가 있으신가요? 생각해보신 책의 제목(가제), 내용에 대한 소개, 간단한 자기소개, 연락처를 book@goldenowl.co.kr 메일로 보내주세요. 집필하신 원고가 있다면 원고의 일부 또는 전체를 함께 보내주시면 더욱 좋습니다.
책의 집필이 아닌 기획안을 제안해주셔도 좋습니다. 보내주신 분이 저 자신이라는 마음으로 정성을 다해 검토하겠습니다.